참견과 오지랖

참견과 오지랖

초판 인쇄 2025년 6월 20일
초판 발행 2025년 6월 25일

지은이   이현우
펴낸이   이찬규
펴낸곳   북코리아
등록번호 제03-01240호
주소   13209 경기도 성남시 중원구 사기막골로 45번길 14
        우림라이온스밸리2차 A동 1007호
전화   02-704-7840
팩스   02-704-7848
이메일   ibookorea@naver.com
홈페이지   www.북코리아.kr
ISBN   979-11-94299-51-6(03810)

값 19,000원

* 본서의 무단복제를 금하며, 잘못된 책은 구입처에서 바꾸어 드립니다.

STORY CREATIVE

참견과 오지랖

이현우 창작 산문집

북코리아

책머리에

　　이런저런 광고회사에서 나름 이름을 걸고 활동했던 카피라이터였다. 대학에서 공부도 하고 학생들과 소통하면서 일은 할 만큼 했다. 이제 여기저기 기웃기웃 놀러 다니고 세상 참견이나 하면서 오지라퍼로 살아가고 있다. 이제부터 정말 치열하고 신명나게 삶을 즐길 나이다. 놀이를 하든 운동을 하든 게임을 하든 어디 가서 찌질하다는 소릴 듣긴 싫다. 과로사하지 않을 만큼 온몸을 다해 놀고, 배터리가 방전될 때까지 심장 뛰게 운동하고, 게임의 룰을 지키면서 멋진 승부에 몰입하고 싶다. 때론 치열하게 때론 찌질하게! 놀이와 운동, 게임을 즐기는 장년의 다이내믹과 버라이어티! 이 책은 장년에 접어든 인생의 타임라인 리포트다.

　　이미 아무것도 안 하고 있지만 더 격렬하게 아무것도 안 하고 싶다. 그래도 글은 좀 쓰고 싶다. 네이버 블로그와 브런치 스토리, 밀리의 서재에 틈틈이 써 올린 글 꼭지가 제법 된다. 에세이라 해도 좋고 꽁트라 해도 될 글도 있다. 칼럼도 있고 비평도 있고 독후감, 여행기도 있다. 이런저런 글들을 다시 정리해서 산문집으로 묶어 보았다. 이 책은 일과 놀이, 체험과 생각 사이사이로 흘러나오는 글들의 저수지이기도 하다.

유야무야, 비몽사몽, 기웃기웃, 빈둥빈둥… 내 삶의 모양새를 닮은 생존 보고서다.

진짜의 아우라가 사라지고 가짜가 판치는 현실. 기술이 생성하는 초현실 세상은 온갖 판타지와 이미지로 황홀하다. 생각은 AI가 다해 주니 그저 취향의 알고리즘에 이끌려 편하게 살아가면 될까? 아무래도 아닌 것 같다. 이 책은 기웃기웃 빈둥빈둥 살면서 마주치는 생각거리들을 정면으로 부딪쳐 격파하는 프로젝트이기도 하다. 생각으로 풀기 힘든 문제들은 상상으로, 때론 선을 넘어 공상과 망상의 경지까지. 인터넷 자료와 책, 가끔 AI와 협업하면서 헝클어진 세상을 공략하는 썰, 말, 글의 페스티벌이다. 여기는 상상과 망상, 몽상들이 출몰하는 종횡무진 생각의 놀이터이다. 입장료는 없지만 한번 들어오면 출구를 찾기 힘든 미로일 수도 있다.

이런저런 글쓰기 플랫폼 덕분에 글쟁이의 행복을 만끽하고 지냈다. 독자들의 응원과 브런치 작가들의 격려가 큰 힘이 되었다. 아이디어가 톡톡 튄다는 애기도 제법 들었고 글솜씨가 쓸만하다는 칭찬도 자주 들었다. 감히 글쟁이 기분을 내는 건, 오랜 카피라이터 경력과 칼럼 기고 활동에도 바탕을 둔다. 광고쟁이의 발상력과 문장력을 이제 소소한 일상과 놀이, 사색과 성찰, 여행의 사이사이에 스며드는 글로 살려내는 창작실험을 하고 있다.

글쓰기는 독자와의 대화이고 소통이라고 생각한다. 내 글의 씨앗은 어디에서 왔는지? 어떻게 싹을 틔우고 꽃을 피워 열매를 맺었는지? 글감의 발상과 창작의 과정을 고백하고 기록해 두고자 했다. "어깨 힘

책머리에

빼고 글 쓰는 법", "경험, 기억과 상상, 무엇이 중한가?", "글이 막히면 어떻게 돌파하지?" 글쓰기 강의나 강연, 세미나 같은 자리에서 나온 이런저런 질문들에도 진심으로 진지하게 화답하려고 애썼다. 책의 갈피갈피에 브런치북 독자들의 궁금증에 솔직하게 대응하고, 때론 부족한 점을 고백하고 소통하는 창작 노트를 부록 삼아 붙여 놓았다.

차례

하나. 일과 놀이 사이

01 장년의 참새방앗간: 15
    은퇴한 백수들의 놀이터

02 내기게임의 법칙: 23
    찌질한 승리보다 당당한 패배!

03 고수들 가라사대…:   27
    골프와 당구 레전드의 토크쇼

04 재미 중독증일까?:   37
    일도 운동도 게임처럼 놀이하듯!

05 은교의 복직기: 41
    백수의 구직활동 다큐픽션

06 나무꾼 농사꾼 친구들: 54
    목공방과 포도농장 탐방기

07 사표의 규격: 62
    어쩌면 날개였을 지도…

08 경이로운 OPAL 친구들: 71
    '삼수회'에 게스트로 초대되다!

09 잘못 온 선물: 76
대한민국 최고액의 원고료가 내 통장에 들어왔다!

10 홀릭의 순간: 88
마니아가 되는 사소한 계기들

둘. 생각과 망상 사이

11 어쩌다 꼰대!: 99
참견과 오지랖의 미학

12 언어에 대한 예의: 110
이기주《언어의 온도》를 읽다

13 고통은 나의 힘: 113
역경과 고뇌를 창작으로 승화시킨 예술가들

14 고요 속의 외침: 128
소아과 의사 출신 정치인의 현장 기록과 고백

15 이토록 친밀한 타인: 133
가까이 있어도 다가서지 못하는…

16 이토록 다른 우리들: 143
늘 곁에 있어도 너무 먼 당신들

17 빨강, 어쨌든 뜨거운: 149
아침을 여는 색에 대하여 ①

18 파랑, 때로는 우울한: 162
아침을 여는 색에 대하여 ②

19 할배하고 나하고: 169
조부님과의 가상 대화

20 벚꽃 엔딩, 어떤 독후감: 180
    《칼국수 아줌마의 수육 한 접시》를 읽다

셋. 진짜와 가짜 사이

21 어디까지가 진짜야?: 189
    AI가 만들어 가는 세상

22 꿈쟁이들의 썰. 잔치: 193
    꿈 전문 작가, 학자, 예술가들의 가상 토크쇼

23 인공지능은 만능일까?: 205
    진품의 아우라가 그립다!

24 먹방의 요지경: 209
    니들이 폭식의 맛을 알아?

25 셀럽은 흥행의 성공조건?: 212
    스타시스템이 지배하는 영화, 예능, 드라마

26 제목에 속지 마라!: 215
    자기 계발서의 덫에 걸리지 않으려면…

27 개혁의 시나리오: 220
    준비 안된 의료개혁의 후폭풍

28 숫자의 환상: 230
    의료개혁의 허상

29 정독 불능: 235
    '도둑맞은 집중력' 탓일까?

30 추천의 조건: 240
    나는 한 번이라도 '찐 독자'였을까?

넷. 길과 길 사이

31 타력의 알고리즘: 245
    때론 외부의 힘이 인생을 만든다

32 제주 명랑운동회: 252
    고교동창 네 친구의 이박삼일 골프투어

33 운수 좋은 하루: 257
    서울 촌놈의 서울 도심 탐방기

34 크로아티아 세렌디피티: 268
    아드리아해에 남겨둔 특별한 추억들

35 브루나이 메모리: 279
    엠파이어 호텔에서의 힐링 추억담

36 어떤 어부의 노래: 288
    윤선도의 섬, 그리고 바다

37 보길도에 다시 스며들다: 295
    낚시는 핑계였을 뿐…

38 설렘, 불안, 찰나의 행복: 301
    미리 써본 홍콩·마카오 3박 4일 여행기

39 오십 년 지기들의 봄나들이: 319
    경북고 재경 '58 동기 야유회 후기

40 동굴에서 탈출하기: 329
    스마트폰을 벗어나 더 큰 세상으로!

하나

일과 놀이 사이

01 장년의 참새방앗간
은퇴한 백수들의 놀이터

　　22년간 일하다가 정년퇴임한 지 일 년이 지났습니다. 생각해 보면 나는 참 행운아였던 것 같습니다. 그때는 잘 몰랐지만 일 년 정도 직장 생활에서 벗어나 보니까 그런 생각이 점점 더 절실해집니다. 근무하던 직장이 가족이 사는 곳과 떨어진 지역에 있다는 건 불편함도 컸지만 좋은 점이 더 많았던 것 같습니다. 무엇보다 나만의 공간이 있었다는 겁니다. 대학이 제공하는 꽤 널찍한 연구실도 있었고 혼자 기거하는 아파트도 있었으니까요.

　　사무실과 은신처에서 마음껏 자유를 구가하다가 그런 공간이 없어진 것은 엄청난 상실입니다. 가족들과 떨어져 지역에서 직장 생활하는 것이 일상인 사람은 이해할 겁니다. 그리움과 외로움도 컸지만 간섭받지 않고 일하고 놀 수 있는 이점도 쏠쏠했던 것 같습니다.

　　전생에 나라를 구하면 기러기 생활을 하게 되고 3대가 덕을 쌓으면 주말부부가 된다는 얘기도 있지요. 그때는 나와는 상관없는 농담으로 들렸어요. 외롭고 괴로워 죽겠는 사람한테 염장 지르는 소리 같기도 했는데 이제야 공감이 되는군요.

친구들과 여행도 다니고 제주도 한달살이, 봉사활동, 강의, 색소폰 배우기, 운동, 독서토론회 같은 걸로 시간을 보내다 보니 집에 있는 시간도 별로 없었지요. 그러다 보니 생각보다 아내와의 문명충돌도 발생하지 않았던 것 같습니다.

이제는 바깥으로 쏘다니는 열정과 재미도 시들해지고 집으로 돌아왔습니다. 별 수 없이 아내의 그늘 아래서 삼시 세끼를 해결합니다. 삼식이 새끼라고도 하지요. 지방생활을 오래 하면서 요리실력이라도 늘렸으면 좋았을 텐데….

사람들과 어울려 밥을 먹거나 아내가 배달시켜 주는 포장식품으로 세월을 보낸 게 후회도 되는군요. 지금이라도 시간 내서 요리학원 다닐 용기가 필요한 것 같습니다. 일단은 버킷리스트에 담아둡니다.

옛적에 처녀 총각들은 방앗간 근처에서 밀회를 즐겼다고 합니다. 왜 하필이면 방앗간인지는 잘 모르겠네요. 거기서 그들이 방아를 찧었는지, 쿵덕쿵덕 방아 찧는 소리가 연애에 필요했는지는 알 수도 없고 상상도 잘 안됩니다.

참새들도 방앗간은 그냥 못 지나간다고 합니다. 여자들도 마음껏 수다 떨 수 있는 방앗간이 있습니다. 장년 남자들에게도 참새방앗간 같은 공간은 꼭 있어야 할 것 같습니다. 늙으면 양기가 입으로 다 모인다고 합니다. 어디 가서 입방아라도 찧어야 에너지가 발산되고 스트레스가 풀릴 거 아닙니까?

밖에서 입방아를 찧고 집으로 돌아오면 가정의 평화가 이루어질지, 가족 간의 대화가 줄어들어 집안 분위기가 삭막해 질지는 모를 일입니다. 또 입은 닫고 지갑은 열어야 존경받는다는 얘기도 있지요. 책에는 있지만 현실에서는 어려운 것 같습니다.

●●●

　은퇴한 남자들은 어디에서 놀까? 주위를 둘러보면 장년 남자들은 다양한 놀이터를 배회하는 것 같습니다. 도서관, 당구장, 골프장, 영화관, 술집, 카페, 산, 산책로… 어쩌면 이 공간들이 바로 남자들의 참새방앗간일 겁니다.

　요새 들어 내 나름대로의 놀이 루틴이 생긴 것 같습니다. 전용 방앗간이 생긴 셈이지요. 블로그, 스크린 골프장, 당구장, 도서관, 헬스클럽은 나만의 놀이터이고 방앗간입니다. 놀이에만 탐닉하는 죄책감을 덜기 위해 가끔 동네 도서관과 헬스장도 다니지만 이내 졸리고 금방 지칩니다. 솔직히 말해 도서관에는 한 시간도 앉아있기 힘듭니다. 사십 대 때부터 온 노안 때문에 글자도 가물거리고 집중도 안 되어서 책을 빌려서 금방 돌아오게 됩니다.

　넷플릭스 영화 시리즈에 빠져서 책은 거의 안 읽는 편이지만 그나마 일본 추리소설가 히가시노 게이고의 작품 읽는 재미는 꽤 쏠쏠합니다. 동갑내기 작가라는 것에도 더 끌렸던 것 같습니다.《나미야 잡화점의 기적》이나《블랙 쇼맨》,《아름다운 흉기》같은 소설책이 최근에 도서관을 떠나 우리 집에 다녀갔습니다.

　스크린 골프는 객지생활의 외로움과 괴로움을 버텨내는 '생존의 무기'였기에 새삼스러운 취미도 아니지요. 하지만 당구는 새롭게 빠져든 마약 같습니다. 우연히 들른 집 근처 당구장에서 동호회원 모집을 한다길래 덜컥 가입해 버렸지요. 한 달에 5만 원만 회비로 내면 일주일에 사흘 오전을 자유롭게 이용할 수 있게 구청 복지과와 당구장이 협약해서 지원하는 프로그램이라더군요.

장년들 사이에서 당구와 골프는 특히 인기 있는 스포츠 취미인 거 같습니다. 신체적 운동과 함께 사회적 교류를 촉진하고 전략적 사고와 집중력을 요구하기 때문에 정신 건강에도 긍정적인 영향을 미친다는 확신이 듭니다.

당구장은 가장 대중적이고 흔한 장년들의 참새 방앗간입니다. 당구는 몸을 크게 움직이지 않아도 되기 때문에 관절에 무리가 가지 않으면서도 적절한 신체 활동이 됩니다. 여기서는 손보다 입이 더 바쁘기도 합니다. 큐를 잡고 있는 손보다 다른 사람들의 플레이에 참견하는 입이 더 열 일을 하는 하는 사람들 꼭 있습니다. 제가 다니는 당구장에서도 이런 대화가 흔하더군요.

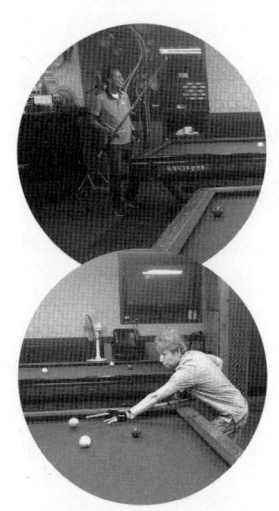

출처: 네이버 블로그

"거, 김 사장. 치수 제대로 놓은 거 맞아? 아무리 봐도 이백은 너무 짠 거 같아."
"자세 더 낮추고 역회전을 더 먹였어야지. 당점이 높으니까 자꾸 큐 미스도 나고 방향이 틀어지잖아."

손보다 입이 더 바쁜 건 골프장에서도 마찬가집니다. 필드에서도 그렇고 스크린 골프장에서도 남의 플레이에 일일이 레슨 하는 오지라퍼가 꽤 있습니다. 특히 스크린 골프장은 이런 참견꾼들이 살기 좋은 참새들의 천국 같습니다.

"몸을 오른쪽으로 더 틀어놓고 벙커 왼쪽을 에이밍해 봐."

"샷이 너무 빨라. 백스윙도 충분히 되기 전에 급하게 내려오니까 자꾸 뒤땅이 나는 거지."

출처: 네이버 블로그

물론 진짜 고수님의 금과옥조 같은 지도말씀은 피가 되고 살이 됩니다. 거의 티칭 프로와 같은 완벽한 스윙과 샷, 어프로치와 퍼팅을 직관하면서 같이 게임하는 것은 그 자체로 엄청난 공부지요. 실력차가 너무 커서 긴장감도 없고 엉성한 플레이를 참아내면서 보는 것이 스트레스일 텐데도 내색 않고 같이 놀아주는 것만도 황송한 일이지요. 그런 고수일수록 겸손과 예의도 남다릅니다. "저도 잘 못하지만 한 가지만 팁을 드려도 될까요?"라고 양해를 구하고 원 포인트만 정확하게 지적을 합니다. 변변하게 레슨 받을 기회도 없이 닥치고 게임만 하면서 겨우 백돌이를 면한 저 같은 하수에게는 그야말로 꿀팁이고 개이득이지요.

필드에 나가면 이런 스승도 꼭 있습니다. 정작 캐디는 입을 다물고 있고 사이비 티칭프로들의 입방아가 18홀 내내 지칠 줄 모르고 이어집니다. 가끔은 그 참견러의 스코어가 나보다 더 안 좋은 것을 알았을 때는 황당하고 불쾌하기까지 합니다. 내가 얼마나 어설프게 보였으면 이럴까 하는 생각에 짜증도 나고 자괴감이 점점 더 커집니다. 당구든 골프든 지나친 참견은 선수의 자신감을 떨어뜨릴 수 있고 스트레스를 유발할 때가 더 많은 것 같습니다. 한두 번은 도움이 될 때도 있지만 참견이 지나치면 집중력이 흐트러지는 경우가 많더군요.

생각해 보면 그런 입방아는 내가 더 많이 찧고 있는 것 같습니다. 나이가 들수록 말이 많아지고 오지랖이 넓어지는 꼰대가 되어가는 것이지요. 그래도 집에서 가족들과 덜 부딪히려면 참새방앗간에라도 들락거려야 할 것 같습니다. 삼식이처럼 집밥만 축내는 것보다는 다른 사람들과 어울려서 입방아로 쭉정이라도 찧으면서 재미나게 살고 싶습니다.

・・・

Q 이 글의 발상 포인트는 무엇인가요?

퇴직 후 새로운 삶에 적응하는 과정에서 자연스럽게 떠오른 생각들을 정리하다 보니 이 글이 나왔습니다. 은퇴한 남자들이 어디에서 어떻게 시간을 보내는지를 고민하다 보니, 당구장, 스크린 골프장, 도서관 같은 곳이 마치 '참새방앗간'처럼 기능하고 있다는 깨달음을 얻었지요. 그리고 제 자신이 어느새 그런 공간들을 전전하고 있다는 사실이 재밌기도 하고, 조금은 씁쓸하기도 했습니다. 글을 쓰면서 과거의 직장생활과 현재의 변화, 그리고 앞으로의 방향을 자연스럽게 돌아보게 되었어요.

Q 제목을 '장년의 참새방앗간'으로 정한 이유가 있나요?

'참새방앗간'이라는 표현이 주는 재미 때문입니다. 그냥 지나칠 수 없는 곳, 늘 들르게 되는 공간이라는 의미도 있고, 입방아를 찧는다는 중의적인 뜻도 있어서 글의 분위기와 잘 맞아떨어졌어요. 흔히 '여자들의 수다방'은 쉽게 떠올리지만, 장년 남자들에게도 그런 공간이 필요하다는 생각을 담고 싶었습니다. 사실 '참새방앗간'이라는 단어 자체가 정겹고 유머러스한 느낌을 주기 때문에, 무겁지 않게 글을 풀어나가는 데도 도움이 됐어요.

Q 글에서 '기러기 생활'과 '삼식이'에 대한 표현이 있는데, 은퇴 후 가정생활에 대한 솔직한 감정을 담은 건가요?

네, 아주 솔직한 감정입니다. 객지 생활을 할 때는 자유를 누리면서도 외로웠고, 집으로 돌아오니 편안하지만 또다른 불편함이 생기더군요. '삼식이'라는 단어 자체가 유머러스하면서도 은퇴 후 남성들이 처한 현실을 잘 보여주는 상징 같았어요. 가정에서의 역할 변화에 적응하는 과정에서 느끼는 작은 갈등이나 허탈감도 있고, 한편으로는 아내와 함께하는 시간이 늘어나면서 생기는 변화도 흥미로웠습니다. 글을 쓰면서도 '이거 다들 공감하겠지?' 하면서 피식 웃었던 부분이에요.

Q 글 중에서 당구장과 골프장에서의 대화가 생생한데, 실제 경험에서 나온 내용인가요?

그렇습니다. 당구장에서든 골프장에서든, 특히 스크린 골프장에서는 저런 대화가 끊이지 않아요. '오지라퍼'들의 조언이 때로는 도움이 되지만, 지나치면 스트레스로 다가올 때도 많습니다. 제가 직접 듣고 경험한 말들을 조금 과장해서 넣었어요. 당구장에서 "치수 제대로 놓은 거 맞아?" 같은 말은 정말 자주 나오는 대사입니다. 골프에서도 스윙 자세나 백스윙 타이밍을 지적하는 분들이 많고요. 한편으로는 저도 모르게 저런 참견을 하고 있지는 않은지 돌아보게 됩니다.

Q 은퇴 후 취미를 찾는 과정에서 당구와 골프가 특별히 매력적이었던 이유가 있나요?

일단 신체적으로 큰 무리가 가지 않으면서도 경쟁 요소가 있어서 재미를 느낄 수 있는 스포츠이기 때문이에요. 골프는 오랜 시간 쳐왔고, 당구는 은퇴 후 본격적으로 빠져들었어요. 당구는 상대방과의 거리도 가깝고, 게임 진행 중에 대화가 많다 보니 자연스럽게 사회적 교류가 이루어지더군요. 은퇴 후에 사람들과 어울릴 공간이 필요했는데, 당구장이 딱 그런 역할을 해주었습니다. 골프도 마찬가지죠. 그리고 무엇보다 이 두 가지 모두 한계를 극복하는 과정에서 얻는 성취감이 있습니다. 나이가 들어도 실력이 늘어나는 게 보이면 재미가 배가 되더군요.

Q 이 글을 읽는 독자들에게 전하고 싶은 메시지가 있다면?

은퇴 후에도 '자기만의 참새방앗간'을 찾는 것이 중요하다는 점입니다. 사람마다 방식은 다를 수 있지만, 혼자 고립되지 않고 사회적 관계를 유지하는 것이 삶의 질을 높이는 데 큰 역할을 한다고 생각해요. 저 같은 경우는 당구장, 스크린 골프장, 도서관이 그런 역할을 해주고 있지만, 다른 분들은 봉사활동, 여행, 창업 등 자신에게 맞는 방식으로 '놀이터'를 찾을 수 있겠지요. 중요한 것은 억지로 의미 있는 일을 찾아야 한다는 부담을 갖기보다는, 자연스럽게 재미있고 지속할 수 있는 활동을 발견하는 것이 아닐까 싶습니다.

02 내기게임의 법칙
찌질한 승리보다 당당한 패배!

　운동, 체육, 스포츠, 게임… 비슷한 말처럼 들리기도 하지만 개념과 어감에는 분명한 차이가 있다. 운동은 의무감 또는 사명감으로 하는 사람들이 많다. 체육은 정신적인 부담을 덜고 몸에 집중하는 활동에 가깝다. 하지만 생활체육, 생존체육, 생계형 체육 등의 무게 차이는 있다.

　운동은 자칫하면 노동이 될 수도 있다. 목적만 있고 재미가 없으면 지루한 반복행위에 그칠 수 있다. 체육이라고 해도 그렇고 스포츠라고 고쳐 불러도 별 차이는 없을 것이다. 그런데 운동, 체육, 스포츠가 게임의 모양새를 띠는 순간 얘기가 확 달라진다. 게임은 스포츠를 재미의 신세계로 이끈다.

　테니스, 탁구, 당구, 야구, 농구, 골프 같은 운동이 재미있는 이유는 스포츠에 게임의 법칙이 개입하기 때문이다. 점수라고도 하고 스코어라고도 불리는 숫자를 두고 티키타카하는 맛이 선수와 관객을 흥분하게 하는 것이다.

출처: 네이버 블로그

　축구는 다른 구기종목에 비해 스코어의 변동이 많진 않지만 패스와 드리블, 공격과 수비의 변화무쌍한 공방전이 숨을 죽이게 만든다.
　수영이나 육상, 격투 종목이라고 다를 건 없다. 속도의 나노게임, 인내의 극한게임에는 어김없이 숫자와 스코어가 실재한다.
　러브 15, 30, 40 게임 등의 점수로 치환되는 게임 룰 없이 랠리만 지속된다면 테니스는 얼마나 심심할까? 듀스와 매치포인트는 테니스와 탁구, 배구, 배드민턴을 극도의 긴장과 몰입으로 끌어올리는 절묘한 장치다.

　게임에는 숫자의 냉혹한 질서가 있고 승패에는 게임 머니의 비정한 결과가 따른다. 내기가 심해지면 도박이 되지만 우정과 의리를 지키려면 경계선을 넘지 말아야 한다.

　'창의성'의 연구에 평생을 바친 심리학자 미하이 칙센트미하이의 제안은 내기의 죄책감에 면죄부를 준다. 《몰입의 즐거움(Finding Flow)》

칙센트미하이,《몰입의 즐거움》

이라는 책의 핵심을 소개한다. 이 책에서 그는 도박이 되지 않을 정도의 가벼운 내기는 행복감을 유지하는 비책이 될 수도 있음을 경험으로 증명했다. 커피 한잔을 사이에 두고 펼치는 아무말 대잔치가 주는 몰입감과 유사하다.

심심한 게임이 싫은 사람들은 어김없이 내기를 즐긴다. 몰입감을 유지하면서 상도의를 지키는 묘수가 있다. 바로 핸디캡 스코어다. 당구를 치는 사람들이라면 치수 산정을 두고 신경전을 해본 경험이 틀림없이 있을 것이다. 4구의 경우 30, 50, 80, 100, 120, 150, 200 등의 승점 목표치를 두고 사전에 기싸움을 하기 일쑤다. 중, 하수의 경우에 그렇다는 얘기고 고수들의 풍경은 좀 더 우아할 것이다. 골프에서 고수가 하수를 배려하는 차원에서 하사하는 핸디캡 스코어와 다를 바 없다. 언더나 싱글 플레이어는 보기 플레이어와 백돌이에게 10점, 20점을 핸디로 주고도 남는 장사를 한다.

당구든 골프든 내기 게임은 스트레스가 되기도 하지만 거부할 수 없는 유혹이기도 하다. 피할 수 없다면 즐겨야 한다. 납득할 수 있는 치수와 핸디를 정해 놓고 펼치는 가벼운 내기는 무죄다. 내기는 가볍게, 승부는 치열하게!

참견과 오지랖

출처: 네이버 블로그

03 고수들 가라사대…
골프와 당구 레전드의 토크쇼

골프와 당구에서 타이거 우즈(Tiger Woods)와 토브욘 브롬달(Torbjörn Blomdahl)은 전설 같은 현역입니다. 이 두 고수들이 한국에서 만날 가능성은 없을까요? 인비테이셔널 골프대회나 세계 당구선수권대회가 공교롭게 같은 시기에 서울에서 열린다면 반드시 불가능할 것도 없을 듯합니다. 이들이 한 자리에 앉으면 어떤 대화를 나눌 수 있을까요? 그런 궁금증에서 가상 토크쇼를 마련해 봤습니다. 제가 사회를 보면서 두 분이 강제로 말을 섞도록 오지랖을 떨어 봤습니다.

타이거 우즈

토브욘 브롬달

골프와 당구가 만났다!: 레전드들의 가상 토크쇼

사회자 두 분 모두 각각의 종목에서 전설적인 성과를 이루셨는데요. 입문자들에게 가장 중요한 것이 무엇이라고 생각하시나요?

우즈 저는 골프를 처음 시작할 때부터 늘 기본기가 중요하다고 배웠습니다. 드라이버를 멀리 치는 것보다 올바른 자세와 기본 동작이 정말 중요하거든요. 그리고 골프는 단순한 기술의 싸움이 아니라 인성과 매너가 중요한 스포츠입니다. 필드 위에서의 태도, 상대방과의 관계, 그리고 자연에 대한 예의가 결국 골프의 본질을 이해하는 데 큰 영향을 미친다고 생각해요.

브롬달 저도 비슷한 생각입니다. 당구, 특히 쓰리쿠션 당구에서는 실력도 중요하지만 정신력과 전략적 사고가 핵심이에요. 초보자들이 처음에는 공 하나하나에 집중하지만 사실은 게임 전체를 바라보는 눈이 필요합니다. 그리고 상대방을 존중하는 태도, 경기 중의 침착함, 이런 것들이 모두 성장에 도움을 줄 수 있습니다.

사회자 경쟁에서 압박감을 이겨내는 것은 어떤 스포츠에서나 중요한데요. 두 분은 어떤 방법으로 이를 극복하셨나요?

우즈 저는 항상 멘털 트레이닝을 중요하게 생각해 왔어요. 많은 사람들이 저를 보면서 '어떻게 저런 상황에서 저렇게 침착할 수 있지?'라고 묻곤 하죠. 그건 단순히 경기장에서만 이루어진 것이 아니라 매일매일 꾸준히 제 정신력을 단련하는 연습 덕분입니다. 스트레스를 이겨내기 위해서는 그 순간을 미리 상상하고 준비하는 것이 중요합니다.

브롬달 당구에서도 마찬가지입니다. 저는 경기 중에 한 번의 실수도 치명적일 수 있기 때문에 항상 평정심을 유지하려고 노력합니다.

샷 하나하나에 지나치게 몰두하기보다는 전체적인 게임의 흐름을 생각하며 침착하게 다음 샷을 준비하는 것이 중요하죠. 특히 어려운 상황에서 차분함을 유지하는 것이 승리의 열쇠라고 생각합니다.

사회자   경기를 하다 보면 어처구니없는 실수를 하거나 생각대로 안될 때가 많습니다. 이때 자칫하면 화를 내거나 심한 자책 또는 비관적인 표정이 나올 때도 있는데 두 분은 어떻게 대처하셨는지요?

브롬달   그런 상황에서 실수를 했을 때는 일단 깊게 숨을 쉬고 차분해지려 노력하는 게 중요합니다. 순간적인 감정에 휘둘리기보다는 내가 실수를 했다는 사실을 인정하고 그걸 통해 배울 수 있다는 점에 집중하려고 해요. 이건 스포츠뿐만 아니라 다른 어떤 상황에도 적용될 수 있는 태도인 것 같아요.

우즈   그런 순간들을 긍정적인 기회로 바라보는 시각이 필요합니다. 실수는 실패가 아니라 학습의 일환이고 그 실수를 통해 더 나아갈 수 있는 방법을 찾는 과정이죠. 이렇게 생각하면서 차근차근 자신감을 회복하고 더 나아지려고 하는 마음가짐이 중요하다고 봅니다.

사회자   프로님들께는 우문일지 모르지만 골프든 당구든 아마추어들이 게임을 하려면 실력차이가 현실적으로 있지 않을까요? 그럴 때 이런 격차를 해소해 주는 운영의 묘수로 '핸디'라고도 하는 스코어 보정치를 적용하는데요. 두 분은 골프와 당구에서 핸디캡이 어떤 의미를 가지고 있다고 생각하시나요?

우즈   골프에서 핸디캡은 누구나 공정한 게임을 할 수 있게 해주는 중요한 도구예요. 실력이 다르더라도 핸디캡을 통해 동등한 조건에서 즐길 수 있죠. 하지만 중요한 것은 자신에게 적용되는 핸디캡을 통해 자신의 실력을 파악하고 이를 향상하기 위한 도구로 사용해야 한다는 점입니다. 이기고 지는 것에 너무 연연하지 말고 나 자신을 발전시키는 데 집중하는 것이 중요하죠.

브롬달 당구에서도 마찬가지로 아마추어들의 경기에서는 이른바 '치수'가 중요한 역할을 해요. 실력 차이가 나는 플레이어들끼리도 충분히 경쟁력 있는 게임을 할 수 있도록 만들어 줍니다. 특히 초보자들은 핸디캡을 부여받았을 때 그것을 단순한 이점이 아닌 성장할 수 있는 기회로 삼는 것이 필요합니다. 스스로를 더 강하게 만들기 위해 핸디캡 시스템을 이용하는 것이죠.

사회자 핸디는 어떻게 보면 고수가 되기 위해 치러온 비용 같은 건데요. 이걸 하수가 당연한 권리인 것처럼 핸디를 요구하는 것은 예의가 아니지 않을까요? 두 분께는 어떨지 모르겠지만 바둑을 예로 들어 볼까요? 고단자와 저단자가 동등한 조건으로 대국을 하는 걸 당연하게 여기잖아요?

브롬달 맞아요. 핸디캡을 요구하는 것은 일종의 대가를 치르지 않고 고수와 동등한 조건에서 경기를 하려는 것과 비슷한 면이 있을 수 있습니다. 아마추어 바둑에서는 고급자와 저급자가 대국을 할 때 핸디캡을 두기도 하는 것 같은데요. 이유는 그 차이를 메꾸기 위해서지만 유단자들의 경우 그렇게 하지 않잖아요? 고수는 이미 많은 시간과 노력을 들여 실력을 쌓아왔기 때문에 그 자체로 그만한 가치를 인정받는 것이라 생각해요.

우즈 핸디를 요구하는 것은 그동안 쌓아온 경험이나 노력의 결과를 인정하지 않고 쉽게 얻으려는 것으로 볼 수 있죠. 어쩌면 이와 같은 태도는 상대방에 대한 존중을 결여한 것처럼 보일 수 있습니다. 물론 상황에 따라 공정한 핸디캡이 필요할 때도 있지요.

하지만 기본적으로 실력에 따라 대우하는 것이 더 바람직하고 서로에게 공정한 경쟁을 만들어가는 것이 중요하다고 생각합니다.

사회자 마지막으로, 내기에서 지기 싫어하는 하수들에게 어떤 조언을 해주시겠어요?

우즈 (웃으며) 내기에서 지기 싫어하는 마음은 누구나 갖고 있죠! 하지만 초보자들에게 중요한 건 승패보다는 경험입니다. 질 때도 많겠지만 그 속에서 배우는 것이 훨씬 더 가치 있다고 생각해요. 중요한 것은 자신을 향상하는 데 집중하는 것이지 당장 이기려고만 하는 마음은 오히려 성장을 방해할 수 있어요.

브롬달 맞습니다. 이기고 지는 것은 일시적인 거고 실력이 쌓이면 자연스럽게 승리도 따라옵니다. 초보자들은 오히려 패배를 배움의 기회로 삼아야 해요. 지는 걸 두려워하지 말고 매번 실수를 통해 나아질 방법을 찾으세요. 그것이 결국 더 나은 플레이어로 성장하는 길입니다.

사회자 저 같은 하수에게는 피가 되고 살이 될 금싸라기 같은 말씀들 같습니다. 아무튼 아마추어 골퍼와 당구인들이 새겨 들어야 할 귀중한 조언 같기도 하고요. 아, 끝으로… 이 대화록은 고수님들의 발언과 전혀 일치하지 않을 수 있음을 양해말씀 드립니다. 사회와 기록을 맡은 제가 영어와 스웨덴어를 거의 알아듣지 못했기 때문입니다. 상식과 상상에 의존할 수밖에 없음을 미리 밝혀 드립니다. 암튼 고맙습니다.

• • •

Q 어떻게 이런 아이디어를 떠올렸나요?

　　골프와 당구는 기술, 집중력, 그리고 전략이 중요하다는 점에서 닮은 점이 많습니다. 특히 초보와 고수의 간극을 메우는 핸디캡 같은 요소도 비슷하고요. 예를 들어, 골프를 칠 때는 공의 스핀과 방향을 조절하는 정교함이 필요하고, 당구에서도 공의 회전과 각도를 계산하는 세밀함이 요구됩니다. 이렇게 두 종목을 연결시키는 상상은 자연스레 떠올랐습니다.

　　또 한 가지 영감을 준 것은 골프 토너먼트 중 우연히 본 타이거 우즈의 경기였습니다. 그가 긴 퍼팅을 성공시킨 뒤 침착하게 경기를 이어가는 모습을 보고 '이런 인물이 당구의 레전드와 만나면 무슨 대화를 나눌까?' 하는 호기심에서 꽁트 창작의 욕구가 생겼죠.

Q 왜 토크쇼 형식을 선택했나요? 두 전설적인 인물의 발언은 실제 성격과 맞다고 보나요?

　　토크쇼는 자연스러운 대화를 통해 인물의 생각을 드러내는 데 효과적인 형식입니다. 두 전설적인 인물이 서로의 철학을 주고받는 모습을 상상하니 대화 형식이 적합하다고 판단했어요. 또, 인터뷰 형식이 지루함 없이 글을 읽는 맛이 있을 것 같았습니다.

　　글에 등장하는 발언은 실제 인물의 인터뷰와 철학을 참고했지만, 대부분 제 지식과 상상에 의존했습니다. 두 사람은 멘털과 기본기, 전략과 침착함을 중시하는 선수들이죠. 그래서 이들의 실제 성격과도 어느 정도 부합한다고 생각해요.

Q 골프와 당구를 선택한 이유가 있나요?

　　제가 두 종목 모두 직접 즐깁니다. 가끔 친구들과 라운딩을 나가기도 하고 스크린 골프를 치기도 하지요. 월 수 금요일 오전엔 당구장에서 연습을 하며 소소한 내기를 즐기기도 합니다. 골프는 넓은 필드에서 자연과 함께하는 매력이 있고, 당구는 실내에서 집중과 전략을 겨루는 재미가 있습니다. 특히 쓰리쿠션은 공 하나로 다양한 각도를 만들어내야 해서 지능적인 스포츠라는 점이 흥미로웠습니다.

Q 타이거 우즈와 브롬달의 발언은 어디까지 상상이고, 어디까지 사실인가요?

모든 발언은 제 상상에서 나왔습니다. 하지만 각 스포츠의 철학과 기본 정신을 반영하려 노력했어요. 예를 들어, 타이거 우즈는 실제로도 "멘털 트레이닝"과 "자기 관리"를 중요하게 생각하는 선수로 유명합니다. 그는 "경기에서의 실패는 개인적인 실패가 아니다"라는 말을 자주 하는데, 이를 토대로 그의 캐릭터를 상상해 대화를 구성했습니다.

브롬달은 제가 쓰리쿠션 경기를 보며 느꼈던 인상을 바탕으로 캐릭터를 잡았습니다. 그의 침착한 태도와 경기를 넓게 보는 안목은 실제 경기에서 자주 드러나는 특징이죠.

Q 초보자들에게 가장 중요한 것은 무엇이라고 생각하나요?

글에서도 나온 것처럼 기본기가 가장 중요합니다. 예를 들어, 골프에서는 초보자들이 드라이버로 멀리 치는 데만 집착하는 경우가 많습니다. 하지만 정확한 스윙 자세가 잡히지 않으면 오히려 거리만 늘고 정확도는 떨어지죠. 타이거 우즈도 초창기에는 "퍼팅 연습에 시간을 더 들였다"는 인터뷰를 통해 기본기의 중요성을 강조한 적 있습니다.

당구에서도 마찬가지입니다. 초보자들은 흔히 공 하나하나를 맞히는 데만 집중하지만, 실력 있는 선수들은 경기 전체를 보고 다음 샷을 준비합니다. 브롬달처럼 각도를 계산하고 공의 움직임을 예측하는 기본 훈련이 필요합니다.

Q 왜 '핸디캡'에 대해 그렇게 강조했나요?

핸디캡은 초보와 고수가 함께 즐길 수 있도록 만든 배려의 시스템입니다. 예를 들어, 골프에서는 핸디캡을 통해 실력 차이를 보정하여 공정한 경쟁이 가능합니다. 제가 직접 라운딩을 했을 때 80타를 치는 친구와 90타 정도를 치는 저 사이의 차이를 핸디캡으로 조정해 본 적이 있는데, 이 덕분에 더 재미있게 경기를 즐길 수 있었죠.

당구에서도 치수를 적용한 경기가 많은데, 예를 들어 4구 경기에서 고수가 300점을 칠 때, 저 같은 하수는 200점을 놓는 식입니다. 이런 방식은 단순한 배려를 넘어 초보자들에게 도전 의식을 심어줄 수도 있습니다.

Q 글을 읽은 독자들의 반응은 어땠나요?

한 독자가 "타이거 우즈와 브롬달의 만남이라니, 이건 스포츠판 '어벤저스' 아닌가요?"라는 댓글을 남기며 재미있어했어요. 또 다른 분은 "골프 치는 친구들과 당구장에서도 이 이야기를 나누었다"며, 대화 주제로 활용하기 좋다고 칭찬해 주셨습니다. 특히 스포츠를 잘 모르는 독자들도 유머와 상상력을 통해 공감하며 읽을 수 있어 좋았다는 반응이 많았습니다.

Q 어떤 메시지를 독자들에게 전달하고 싶었나요?

스포츠는 단순히 기술을 겨루는 것 이상의 의미를 가진다는 점을 전하고 싶었습니다. 골프는 주로 필드에서 즐기고 당구는 실내에서 하는 스포츠라는 차이는 있습니다. 하지만 필드 라운딩이나 스크린 골프든 당구든, 피지컬 파워와 멘털 컨트롤, 전략적 마인드가 중요한 경기입니다. 이처럼 스포츠가 우리 삶의 태도와 철학에도 영향을 미칠 수 있다는 점을 재미있게 보여주고 싶었습니다.

Q 만약 실제로 타이거 우즈와 브롬달이 만난다면 무슨 이야기를 나눌 것 같나요?

아마도 서로의 스포츠에서 가장 어려운 기술에 대해 이야기를 나누지 않을까요? 예를 들어, 타이거 우즈가 드라이버로 300야드를 치는 기술에 대해 설명하면 브롬달은 쓰리쿠션에서 공을 얇게 치는 '더블 쿠션' 기술에 대해 이야기할 것 같습니다. 두 사람이 각자의 기술적 어려움을 비교하며 스포츠 철학에 대해 깊은 대화를 나누는 장면을 상상해 봅니다.

Q 다음에 비슷한 형식으로 또 쓴다면 어떤 주제를 선택하겠어요?

축구의 리오넬 메시와 체스의 매그너스 칼슨의 대화를 상상해 보고 싶습니다. 메시가 "어떻게 그렇게 순간적으로 판단을 내리나요?"라고 묻는다면 칼슨은 "체스에서는 수를 읽는 연습을 많이 합니다. 축구에서도 공간을 읽는 능력이 중요하지 않나요?"라고 대답하는 식으로요. 두 전략가의 대화는 또 다른 매력을 줄 것 같습니다.

Q 이 글을 쓰면서 가장 어려웠던 점과 재미있었던 부분은 무엇인가요?

두 인물의 목소리를 상상으로 구성하는 과정이 어려웠습니다. 타이거 우즈와 브롬달의 실제 경기와 인터뷰를 참고하면서도, 각자의 개성을 살리는 대사를 쓰는 것이 쉽지 않았어요. 다만 글을 완성한 뒤 독자들이 "정말 둘이 이런 대화를 나누었을 것 같다"는 반응을 보여주셔서 보람이 있었습니다.

마지막 부분, 사회자가 "영어와 스웨덴어를 잘 못 알아들었다"라고 고백하는 장면을 쓰면서 혼자 빵 터졌습니다. 모든 걸 상상과 상식에 의존했다는 점을 드러내는 유머가 독자들에게도 통할 거라 생각했어요.

04 재미 중독증일까?
일도 운동도 게임처럼 놀이하듯!

퇴임하고 제일 먼저 한 일은 헬스클럽 등록하기였습니다. 나이가 들수록 근육이 급격히 빠진다고 합니다. 꾸준히 규칙적으로 근력을 단련해야 한다고 합니다. 때마침 집에서 2, 3분 거리에 있는 헬스클럽에서 파격적인 요금으로 연회원 모집하는 이벤트를 하길래 바로 등록했지요. 하지만 운동하러 가는 그 짧은 거리가 때론 너무 멀게 느껴지기도 합니다. 단조롭고 지루한 운동을 매일 하는 것은 쉽지 않은 일이었지요. 게임은 그렇지 않은데 말입니다. 운동은 의무감으로 해야 하지만 게임은 재미로 하기 때문입니다.

재미있으면 아무리 힘들어도 누가 말려도 기어코 하기 마련입니다. 아무리 멀어도 가고야 맙니다. 집에서 네 시간 걸리는 골프장도 혼자 운전해서 가는 수고를 아끼지 않는 이유는 재미 말고 뭐가 있을까요? 운동하러 나서는 나에게 아내는 종종 묻습니다. 당신이 말하는 운동이 그 운동이야? 헬스클럽 가는 척하고 걸핏하면 놀이터로 슬쩍슬쩍 새는 것을 눈치채 버린 거지요. 실제로 운동하러 나서서 근처에 있는 스크린골프장이나 당구장 가는 일이 한두 번이 아니었거든요. 골프 치는 사람들은 그래서 골프 치러 간다고 말하기 미안해서 운동하러 간다고 하는 것 같습니다. 따지고 보면 골프나 당구도 운동이 안 되는 것은 아니어서 그다지 죄책감 들 일은 아니지만요. 운동도 되고 재미도 있으니까 꿩 먹고 알 먹기인 셈이지요.

운동을 안 할 수는 없지만 재미가 없어 꾸준히 하기 힘들다. 그러면 어떻게 해야 할까요? 방법은 있습니다. 운동을 게임처럼 하면 됩니다. 그래서 모든 운동은 게임으로 발전한 것 같습니다. 심지어 공부도 게임처럼 하면 재미있습니다. 대학에서 학생들에게 강의할 때도 자주 한 말입니다. 레포트 쓰기, 프로젝트 하기, 팀워크 하기, 프레젠테이션 준비하기… 이 모든 것들에 게임의 룰을 적용해 봐라. 혼자만의 규칙도 좋고 상대가 있는 경기의 형태로 만들어 보라. 구간구간에 게임의 룰을 적용해서 성공했을 때 스스로에게 보상하는 건 어떨까? 말 잘 듣는 강아지에게 간식 주듯이, 채찍보다는 당근으로 망아지 훈련시키듯이 성공보수가 있는 게임이 필요한 것이지요. 핸드폰 게임이나 스포츠 게임 하듯이 공부나 운동에도 게임의 룰을 적용해 보자는 겁니다.

● ● ●

일 년간 열심히 다니던 헬스클럽을 한 달 정도 쉬다가 어저께부터 새로 시작했습니다. 이벤트 가격으로 다시 회원모집을 하길래 큰맘 먹고 재등록했지요. 뉴진스의 〈하입보이〉, 블랙핑크의 〈더 걸스〉, BTS의 〈다이너마이트〉, 보아의 〈아틀란티스 소녀〉 같은 곡들의 익숙한 비트가 나의 운동세포를 다시 깨우는 느낌이었습니다. 기껏해야 나미의 〈인디언 인형처럼〉이나 왁스의 〈화장을 고치고〉… 노래방에서 이 정도면 나름 트렌디하다고 플렉스 했었는데. MZ세대들이나 좋아할 이 노래가 장년에 접어든 내 고막을 간지럽힌 것도 사실은 게임본능 때문이었던 것 같네요. 노래 가사 중의 한 소절이라도 기억해서 멜론에서 다시 들을 수 있으면 이겼다고 셀프 칭찬하는 소확행을 즐겼던 것 같습니다.

전완근, 이두근, 삼두근, 광배근, 승모근, 복근, 대퇴근, 가자미근을 생각하면서 덤벨, 바벨, 체스트 프레스, 레그 프레스, 벤치 프레스를 수박 겉핥기 하듯 스치고 나면 마무리는 트레드밀입니다. 보통 20분 정도 하는데 컨디션 되는 날은 30분 정도 타기도 합니다.

유산소 운동의 시그니처는 달리기. 달리기 하면 러닝머신이라는 국룰은 나한텐 맞지 않은 듯. 처음엔 달리기 모드에 맞춰 분당 180미터 정도까지 속력을 내 봤지만 너무 호흡도 가쁘고 심박동도 높아져서 무리였습니다. 마무리는 좀 부드럽게 하자는 생각으로 걷기 모드로 바꿨어요. 1분에 100미터의 속도로 2, 30분 걸으니까 적당한 듯했습니다. 땀도 제법 나고 심장도 충분히 나대는 것 같아서 기분 좋은 느낌이더군요. 매일 2, 3킬로미터 걷는 것은 긴장했던 근육을 풀어주고 노폐물을

출처: 네이버 블로그, 다음 카페

어느 정도 배출하는 효과가 있는 것 같습니다.

　그래도 매일 이십 분 걷는 것은 호락호락하지 않습니다. 근력운동에 비하면 힘은 훨씬 덜 들지만 솔직히 지루합니다. 매번 오늘은 십 분만 걷고 내려올까 유혹에 빠져듭니다. 왠지 하다 만 듯한 찜찜함 때문에 그래도 꾸역꾸역 최소한 20분은 채우게 됩니다.

　힘은 덜 들어도 단순반복은 재미없습니다. 목표시간을 채우는 것은 인내심을 요구합니다. 시시각각 포기하고 싶은 생각을 이겨내야 합니다. 그래서 걷기라는 단순노동에 게임의 룰을 적용해 보았습니다. 노래 세곡이 끝날 때까지 트레드밀에서 내려오지 않기, 디지털 패널을 보지 않고 땅만 보고 걷다가 딱 1분째에 거리 확인하기 같은 법칙을 적용해 봅니다. 4분에 한 번씩 차임벨 소리가 나게 알람 설정하기, 속도를 늘려가면서 분당 걸음 수를 끌어올리기 같은 변화를 주어 보기도 합니다. 그러다 보면 그럭저럭 2, 30분이 훌쩍 지나갑니다.

　단순한 일을 못 견디는 버릇… 이쯤 되면 병일까요? 조금이라도 재미요소를 넣어 지루함을 극복하려는 잔꾀… 이쯤 되면 게임중독일까요?

　궁금합니다. 당신들은 어떻게 하고 있는지요?

05 은교*의 복직기
백수의 구직활동 다큐픽션

　퇴임한 지 일 년이 지났다. 적어도 이삼 년 동안은 일을 하고 싶은 생각이 없었다. 그런데, 맨날 집에서 뒹굴거리다 보니까 뭐가라도 일을 해야 할 것 같은 강박증이 발동한다. 온라인 강의나 기고 정도론 성이 안 찬다.

　티브이를 틀면 나오는 유명인들, 지금도 활발히 활동하는 친구들을 보면 은근히 불안감이 스멀스멀 올라온다. 부럽기도 하고 초조감도 든다. 이렇게 자꾸 나이가 들면 영영 안방 늙은이가 되어버리는 건 아닐까? 일에서 완전히 멀어져 버리는 건 아닐까?

　누군가는 후배가 대표로 있는 회사의 고문을 하기도 한다. 친구의 배려로 사무실에 출근해서 무보직이지만 수당도 받고 법카를 쓰기도 한다. 하지만 나한테는 안 맞는 일이다. 그럴 만큼 인복도 없고 감당도 안 되는 호사다.

＊　은교: 퇴임교수=퇴교. 그래서 은퇴교수를 줄여 써 봤지만 그게 그 말인 것 같다. 제목도 장난 같지만 이 글도 반은 장난이다.

봉사활동이라도 하고 싶다. 무료 강의나 돌봄 활동, 전철 배달, 주차 봉사, 편의점 알바 같은 것들도 떠오른다. 수련병원에서 전공의 하다가 사표 내고 자발적 실업자가 된 딸은 한동안 시급 알바를 했다. 출퇴근 도우미 운전을 하다 보니 나도 일하고 싶어졌다.

돈은 중요하지 않다고 입버릇처럼 말하지만 사실 용돈도 벌 수 있으면 좋겠다. 연금을 받고는 있지만 살짝 아쉽다. 강연 수당이나 심사비, 원고료 같은 거면 금상첨화다.

요즘 들어 연세대 퇴임하신 김형석 명예교수님 이야기도 예사롭게 보아 넘겨지지 않는다. 백세가 넘게 장수하시는 건 크게 부럽지 않다. 나도 자칫하면 그 나이까지 살지 모른다. 아직은 몸이 말을 들으니 교수님보다 더 다이내믹하게 사는 듯하다. 요즘의 나는 지·덕·체 중에서 체육이 가장 잘 되고 있다. 그래도 강연이나 저술 같은 일을 하시면서 자존감 높은 삶을 누리는 걸 보면 보기가 좋다. 그런저런 생각 끝에 구직활동에 돌입했다.

• • •

면접일이 다가왔다. 꽤 괜찮아 보이는 회사 같다. 깔끔한 양복을 차려입고 면접장에 들어섰다. '이 구역에서 가장 어린 사람' 포스를 한껏 뽐내는 면접관이 대기 중이었다. 나를 보며 실눈을 뜨는 그 표정, 어쩐지 완장을 찬 듯 기세가 당당하다.

면접관은 시큰둥했다. 내 나이쯤 되면 다들 일 처리 빠릿빠릿 못할 거라는 편견이 작용했으려나? 입가에 미소를 지었지만 살짝 주눅 들고 말았다. 단지 젊다는 것이 권력인가? 자괴감 쓰나미… 십 년만 젊었어도 저 사람에게 저자세일 일은 없었을 텐데.

면접관 앞에서 프레젠테이션을 하는 자신의 모습에 자괴감이 든다. 이게 뭐라고 떨리기까지 할까? 대학에서 교수를 했다는 이야기는 안 하게 된다. 오히려 일을 구하는 데는 방해만 되는 스펙일 테니까. 여유로운 미소로 자기소개를 시작했다. "저는 꽤 다양한 사람들을 만나며 사회 경험을 쌓아왔습니다. 차분히 업무를 처리할 자신이 있습니다."

그럭저럭 자기소개와 업무계획 등은 잘 말한 것 같다. 그래도 면접관의 반응은 썩 좋은 느낌은 아니다. 아무래도 나이가 문제일 거다. 자기들의 밑에 두고 관리하기도 편하지 않을 것이다. 빠릿빠릿 일을 잘하지도 않을 거다. 그래서 괜히 주눅 들게 된다. 암튼 일주일 후에 연락이 오기를 기다릴 수밖에 없다.

면접이 끝난 후, 마치 학창 시절 성적 발표를 기다리는 마음처럼 설렘과 긴장이 교차했다. 채용 결과는 일주일 내로 연락을 준다고 했다. 막상 집에 돌아오니 온갖 상상이 머리를 채웠다. '합격하면 무슨 일을 하게 될까?' 생각하다가도, "그런데 불합격이라면?" 하는 불안이 따라왔다. 그래서 지원할 만한 다른 일자리들을 찾아보기로 했다. 노인 돌봄 활동, 도서관 자원봉사, 심지어 편의점 아르바이트까지도 눈에 들어왔다. 그동안 들어보지도 않았던 업계 용어들에 머리가 지끈거렸지만, 나이 들어서도 유연함을 잃지 않겠다는 결심으로 다시금 마음을 다잡았다.

일주일 후, 드디어 전화가 왔다. "축하드립니다! 합격이십니다." 생각지도 못한 소식에 입꼬리가 슬며시 올라갔다. 그런데 담당자가 말했다. "근데… 면접관님이 선생님과의 대화에 너무 만족스러워하셔서요. 편하게 나눈 커피 타임 때 해주신 이런저런 말씀이 재밌다고 하셔서…"

잠시 머뭇거리더니 덧붙였다. "그래서 선생님이 새로운 '사내 멘토 프로그램'을 도맡아 주시면 좋겠다고 결론이 났습니다! 강연도 몇 차례 해주시면 더할 나위 없겠습니다. 젊은 직원들에게 굉장한 영감을 주실 것 같아요!"

예상 밖의 반전에 마음이 살짝 풀렸다. 직장인들 사이에서 내가 멘토로 자리 잡게 될 줄이야. 취업을 한 게 아니라 오히려 인생 경험을 전수하러 오게 된 셈이었다.

기쁨도 잠시, 문득 내일부터 정식 근무라는 소식에 긴장이 찾아왔다. "뭐, 어쩌겠나! 이력서는 화려해도, 신입은 신입이지!"

그렇게 나는 작은 회사의 '사내 멘토'로서 일하게 되었다. 뭔가를 가르치는 자리가 아닌, 조언자이자 인생 경험을 나누는 사람. 연륜 있는 경험을 나누는 자리에서 나름의 자부심을 느끼게 되었다.

출근 첫날, 카페에서 커피 한 잔을 사 들고 사무실에 들어섰다. 사람들이 하나둘씩 나를 힐끔거렸다. 늙수그레한 신입이 들어올 거라곤 상상도 못 했으리라. 다소 어색하게 "안녕하세요" 하고 인사를 건넸지만, 직원들의 표정에서 약간의 당혹감이 묻어 나왔다.

업무가 시작되고, 아침 미팅 시간이 되자 누군가 찾아와 속삭였다. "선생님, 오늘은 팀장님께서 중요한 프레젠테이션을 부탁하셨어요." 아니, 첫날부터 프레젠테이션이라니! 주춤거렸지만 강단에서 쌓은 경력이 있어 크게 당황스럽진 않다.

갑자기 긴장감이 도파민으로 올라오는 기분. 오전 내내 준비한 슬라이드를 넘기며 성심성의껏 발표를 마쳤는데, 문득 보니 직원들의 반응이 미묘했다. 발표를 너무 진지하게 한 나머지, 다들 숨죽이고 있었던 것. 아, 회사 프레젠테이션에서는 너무 엄숙한 분위기를 피해야 한다는 걸 깨달았다.

둘째 날엔 점심시간에 회사 식당에서 밥을 먹다가, 젊은 동료들이 모여 있길래 끼어들어 내 청년 시절 이야기를 시작했다. 그런데 막상 얘기를 하다 보니 다들 이미 알고 있는 SNS 트렌드나 최신 유행이라, 괜히 혼자 구세대처럼 보였을까 민망해졌다.

셋째 날엔 복사기를 사용하려는데 어딘가 작동이 수상하다. '역시 신식 기계는 어렵다….' 복사기 앞에서 꽤 오랜 시간 씨름하던 끝에, 젊은 직원이 다가와 다정하게 작동법을 알려줬다. "이렇게 버튼을 누르시면 되는데요, 이건 터치스크린으로….."

그렇게 일주일이 지나, 여기저기 소소한 실수를 반복하며 회사 생활에 조금씩 적응했다. 그러다 한 달 후, 사내 멘토 프로그램에서 내 이름이 정식으로 소개되었다. 처음엔 조금 당황했지만, 이내 직원들에게 내 이야기를 편하게 들려줄 수 있는 자리가 생겨 행복한 마음이 들었다. 매일 아침 커피 한 잔과 함께 '그 나이에도 멋지게 적응하는 신입'으로 불리게 된 내 모습에 묘한 자부심이 밀려왔다.

● ● ●

첫 주가 지나면서, 젊은 동료들 속에서 종종 위축되는 순간들도 생겨났다. 예전에는 수백 명의 학생 앞에서도 당당하게 서 있던 자신이었는데, 정작 회사에서는 사소한 실수 하나에도 얼굴이 빨개졌다.

#1. 어색한 침묵   팀장이 "우리 생각을 자유롭게 나눠 보죠!"라고 말하자 마음이 움찔했다. 교수 시절에는 의견을 이끌어 내고 주도하는 것이 일이었는데, 막상 신입으로서 발언하는 건 다른 느낌이었다. 용기 내어 의견을 내봤지만, 동료들이 짧게 "그런 것도 괜찮네요"라고 반응하고는 바로 다른 주제로 넘어갔다. 그 순간, 자기 의견이 별로였던 건 아닌가 하는 생각에 작아지는 느낌이 들었다. 그런 내 표정을 본 한 동료가 다가와 "괜찮으세요? 처음엔 누구나 그렇다니까요"라고 위로해 주었다. 그 한마디에 마음이 살짝 풀렸다.

#2. 보고서 소동   보고서를 쓰는데 논문이 되어버렸다. 장황하게 작성해 팀장에게 넘겼다. 팀장은 웃으며 말했다. "선생님, 요즘은 좀 간단하고 직관적으로 쓰는 게 트렌드예요." 쑥스러움이 몰려왔지만, 그래도 팀장의 말투는 사납진 않았다. 어깨를 움츠리지 않고 바로 수정했다.

#3. 말동무   나와 비슷한 또래의 '장년 신입' 한 분이 눈에 띄기 시작했다. 나보다 몇 년 더 선배이신데, 업무를 익히는 중이라는 점에서 공통점이 많았다. 그날 이후, 둘이 나란히 앉아 업무 얘기를 나누기도 하고 점심도 함께하게 되었다. 특히 퇴근 후 회사 근처의 작은 카페에 들러 커피 한 잔씩 하며 하루 동안의 소소한 실수를 털어놓는 시간이 좋았다.

"오늘 내가 젊은 친구한테 복사기 사용법을 또 물어봤네요. 조금씩 기억은 나는데, 요즘 기계들은 왜 이렇게 복잡한지!"

"저도 그래요! 간단히 말하면 될 걸, 괜히 길게 얘기해서 팀원들이 웃더라니까요."

그렇게 한바탕 웃다 보면 하루의 피로가 풀리곤 했다. 때로는 두 사람 사이에 나이를 뛰어넘는 공감과 위로가 쌓여가며, 회사 생활이 점차 익숙해지는 듯한 기분이 들었다.

◦◦◦

어느덧 두 달이 지났다. 내가 만든 작은 실수와 배운 것들이 켜켜이 쌓여간다. 동료들과도 조금씩 친해지면서, 처음의 주눅 들던 마음이 많이 사라졌다. 그리고 퇴근 후 말동무와의 짧은 대화 시간 덕분에 다시금 '나이 들어서도 배울 수 있다'는 긍정적인 마음이 자라나고 있다.

◦◦◦

Q 글을 읽으면서 정말 취업한 줄 알았어요. 부제가 다큐픽션인데 실제로 복직한 경험을 바탕으로 쓴 글인가요?

오해를 풀어야겠네요! 이 글은 100% 창작입니다. 물론 저의 경험과 주변 사람들의 이야기가 적당히 섞여 있긴 하지만, 실제로 제가 면접을 보고 합격한 적은 없어요. 다만, 은퇴 후 뭔가 다시 시작하고 싶은 마음이 강했던 건 사실이에요. 글을 쓰는 과정에서 '은퇴 후의 구직활동'이라는 소재가 자연스럽게 떠올랐고, 이걸 약간 비틀어 꽁트 형식으로 그려낸 거죠.

'다큐'는 그냥 약간의 페이크 요소로 보시면 되고요. 제 주변에서 들은 이야기들과 자신의 감정을 조금씩 끌어와 엮었기 때문에 실화처럼 느껴지셨을 수도 있겠네요. 특히 은퇴 후의 막연함이나 새로운 도전에 대한 불안감은 제 경험에서 나온 진솔한 감정입니다.

정말 실화로 믿고 축하 메시지를 보내주신 분들도 많았어요. "어느 회사인가요? 축하드려요!"라는 메시지부터 "취업 축하 화분 보낼 주소 알려주세요"까지! 글이 현실감을 잘 살렸다는 뜻일까요? 아니면 그만큼 공감이 많이 갔던 걸까요? 아무튼, 제가 글을 쓸 때 기대하지 않았던 반응이라 당황스럽고도 재미있었답니다.

Q   왜 하필 멘토 역할로 직업을 설정했나요?

멘토라는 직업은 단순히 일을 한다는 것 이상의 의미를 지니고 있어요. 은퇴 후에도 자신의 경험을 살려 세대 간의 다리를 놓는 역할이랄까요? 저는 '나이에 얽매이지 않고 자신의 가치를 증명하는 이야기'를 쓰고 싶었어요.

사실 제가 대학에서 강의를 하면서 학생들과의 소통에서 큰 보람을 느꼈던 경험이 있습니다. 그 기억을 바탕으로 '조언자'로서의 역할을 설정해 봤어요. 젊은 세대와의 교류는 나이와 상관없이 서로에게 긍정적인 영향을 준다고 생각합니다. 그래서 단순한 취업보다 더 의미 있는 역할로 풀어보고 싶었어요.

또, 구직활동을 하다 보면 예상치 못한 방식으로 자신이 가진 장점이 드러날 때가 있잖아요. 면접관이 면접 도중 "은교님 이야기를 젊은 세대에게 들려주면 좋겠다"는 생각을 떠올리고, 결과적으로 멘토 프로그램으로 연결된다는 설정은 은퇴 세대와 신입 세대가 서로를 이해하는 과정을 그리기 좋은 장치라고 느꼈죠. 그리고 솔직히, 멘토라는 역할이 살짝 멋져 보이기도 했습니다. 글을 쓰면서도 "내가 은교라면 이 역할 좀 자부심 느끼겠는데?"라는 생각이 들더라고요.

Q 글 속 면접관 캐릭터가 꽤 현실적이에요. 혹시 누군가를 모델로 삼았나요? 면접 장면에서 주눅 든 모습도 너무 생생해서 공감됐고요.

날카로운 질문이네요. 면접관 캐릭터는 특정인을 모델로 삼았다기보다는, 제가 사회생활 중에 마주쳤던 여러 사람들의 단면을 조합한 결과예요. 특히, 젊은 나이에 권한을 가진 사람 특유의 당당함과 약간의 서투름이 섞인 태도를 표현하고 싶었죠.

면접 같은 낯선 환경에서 스스로 위축되는 기분은 누구나 한 번쯤 겪어보지 않았을까요? 특히 나이가 들수록 "내가 이 자리에 어울릴까?"라는 불안감이 커질 때가 있습니다. 글을 쓰면서 그 마음을 더 극대화해 표현해 봤어요. 스스로도 '젊음이 권력처럼 느껴질 때가 있다'는 생각에 쓴웃음을 지을 때가 있었고요.

면접관이 가진 '나이에 대한 선입견'도 현실적인 부분이에요. 나이가 많으면 조직에 적응이 어려울 거라는 편견이나, 젊은 사람이 더 빠릿빠릿할 거라는 생각 같은 것들 말이죠. 하지만 이 캐릭터가 너무 나쁘게 보이진 않길 바랐어요. 그래서 면접관이 결국 은교의 이야기에 흥미를 느끼고, 멘토로 추천하는 모습으로 마무리했죠. 세대 간의 간극을 살짝 메워보고 싶었달까요?

Q 첫 출근 날, 커피 한 잔 들고 사무실에 들어가는 장면이 너무 생생해요. 그런 경험이 있은 건가요?

사실 커피 한 잔을 들고 출근하는 모습은 제가 상상 속에서 만든 장면이에요. 하지만 직장생활을 할 때나 어떤 모임에 처음 가는 날의 긴장감은 누구나 공감할 수 있는 감정이잖아요? 그 긴장감을 더 친근하게 풀어내기 위해 '커피'라는 일상적인 요소를 넣어봤어요.

그리고 솔직히, 이 장면은 약간 영화적인 느낌도 의도했어요. 커피 한 잔 들고 들어가는 신입사원이 머쓱하게 인사하며 어색해하는 모습이 머릿속에 그림처럼 그려졌거든요. 글을 읽는 독자들이 "아, 나도 저랬지" 하고 미소 지을 수 있길 바랐어요.

Q 은교가 신입으로서 실수를 반복하는 에피소드가 너무 재미있었어요. 혹시 이런 실수들은 어디서 영감을 얻었나요?

제가 직접 겪은 실수들은 아니지만, 주위에서 들은 이야기들을 적당히 각색했어요. 실제로 퇴임 후 새로운 일을 시작한 분들이 많아요. 그분들의 경험담을 참고하기도 했고, 제가 예전에 광고 업계에서 일했던 기억도 소환해 봤습니다. 또 최근 드라마나 책에서 묘사된 직장 문화를 접하면서 '요즘 세대는 이런가 보다' 하고 상상력을 덧붙였죠.

복사기 에피소드처럼 작은 실패담은 누구나 공감할 만한 소재라 생각해서 넣어봤고요. '복사기 사용법을 몰라 젊은 직원에게 도움을 받는다'는 장면은 친구가 실제로 겪었던 에피소드에서 아이디어를 얻었죠. 최신 기계를 다루는 일이 생각보다 은퇴 세대에게는 큰 도전이 되거든요.

보고서를 너무 장황하게 썼다가 혼나는 에피소드는 과거에 팀원들과 일하며 겪었던 경험에서 착안했어요. 당시에는 글을 간단하고 명료하게 써야 한다는 걸 몰라서 한참 혼났던 기억이 떠오르더라고요. 이런 소소한 일화를 재구성하면서 자연스럽게 웃음을 유도하려 했답니다.

Q 마지막에 등장하는 말동무 캐릭터는 어떤 의미를 담고 있나요?

말동무 캐릭터는 은퇴 후에도 사람 간의 연결이 중요하다는 메시지를 담고 싶어서 넣었어요. 혼자서 적응하기란 쉽지 않잖아요? 특히 나이와 경력이 있는 사람일수록 새로운 환경에서 위축되기 쉬운데, 비슷한 상황에 있는 동료가 있다면 서로 힘이 될 수 있다고 생각했죠.

그리고 '퇴근 후 카페에서 소소한 이야기를 나누는 시간'이라는 설정은 두 사람 간의 공감과 유대가 자연스럽게 쌓이는 과정을 보여주기에 좋은 장치였어요. 이 캐릭터 덕분에 은교도 자신감을 조금씩 되찾게 되고, 회사 생활이 조금 더 유쾌해지죠.

Q   이 글이 꽁트라면서도 공감 가는 이유는 뭘까요?

글을 쓰면서 최대한 현실적인 디테일을 살리려 노력했어요. 특히, 은퇴 후의 불안감이나 새로운 일에 도전하며 느끼는 긴장감 같은 감정은 누구나 한 번쯤 공감할 만한 요소잖아요.

게다가 세대 간의 갈등이나 서로 다른 업무방식에서 생기는 재미도 일부러 강조했어요. 은교가 복사기 앞에서 어쩔 줄 몰라하는 장면이나, 장황하게 보고서를 쓰는 모습은 웃음을 유발하면서도 은퇴 세대가 공감할 수 있는 소재죠.

무엇보다 이 글은 실패를 두려워하지 않고 다시 시작하려는 긍정적인 메시지를 담고 있어요. 그래서 독자들이 "아, 나도 한 번 도전해 볼까?" 하는 생각을 할 수 있다면 제 글은 성공했다고 볼 수 있겠죠.

Q   앞으로도 비슷한 시리즈를 쓸 계획이 있나요?

물론입니다! 은퇴 후 새로운 도전을 하는 이야기는 무궁무진한 소재가 있다고 생각해요. '은교의 복직기'처럼 구직활동과 첫 출근 이야기를 다룰 수도 있고, 은교가 직장생활을 하며 겪는 다양한 에피소드를 확장할 수도 있죠.

이번 글에 대한 독자들의 반응을 보니, 더 다양한 연령대의 사람들이 공감할 수 있는 이야기를 만들어 보고 싶다는 생각도 들었어요. 앞으로도 다양한 방식으로 독자들에게 공감과 재미를 전하고 싶습니다.

이 꽁트는 은퇴 후의 막연한 불안과 새로운 도전 속에서 발견한 희망과 웃음을 담은 이야기입니다. 읽어주신 모든 분들께 감사드리며, 앞으로도 따뜻하고 유쾌한 글로 찾아뵙겠습니다.

Q 은퇴 후에도 일하고 싶은 마음을 솔직하게 표현했는데, 실제로 그런 강박이 있나요?

강박이라기보다는 일하고 싶은 마음이 막연하게 드는 건 사실입니다. 어떤 퇴임교수님 예화도 들었지만, 주변에서 활발히 활동하는 사람들을 보면 은근히 자극을 받기도 하고요. 하지만 제가 어떤 직업을 갖게 된다면 '돈을 벌기 위해서'보다는 '삶에 활력을 얻기 위해서'일 것 같아요. 특히 제가 잘할 수 있는 강연이나 글쓰기 같은 일이라면 더욱 즐겁게 할 수 있을 것 같아요.

이 글을 통해 전하고 싶었던 건 '나이는 숫자일 뿐, 언제든 새롭게 시작할 수 있다'는 메시지입니다. 물론 나이에 따른 제약이 현실적으로 있을 수 있지만, 마음가짐 하나로 그 한계를 극복할 수도 있다고 생각해요. 작은 실패나 어색함도 하나의 배움이라 여기고 유연하게 받아들이는 태도가 중요하다고 믿습니다.

Q 독자들이 가장 좋아했던 장면은 무엇인가요?

많은 독자분들이 '복사기 앞에서 씨름하다가 도움을 받는 장면'을 가장 재미있게 읽으셨다고 하더라고요. 그 상황이 어쩐지 익숙하고 웃긴다면서요. 또 말동무와 카페에서 소소한 이야기를 나누는 장면에서 따뜻함을 느꼈다는 의견도 많았습니다. 제가 쓸 때도 특히 정성스럽게 묘사했던 부분이라 뿌듯했어요.

Q '은교'라는 이름에 특별한 의미가 있나요?

사실 처음에는 퇴임교수로 하려 했는데 어감이 별로 안 좋아서 '은퇴 교수'라는 의미로 은교라고 줄여봤습니다. 그런데 읽다 보니 그 자체로도 꽤 멋진 이름처럼 느껴지더라고요. 은퇴한 교수의 새로운 시작을 표현하기에 어울리는 이름 같기도 하고요.

06 나무꾼 농사꾼 친구들
목공방과 포도농장 탐방기

작년 12월 초, 겨울치곤 제법 햇볕 따뜻한 날. 아침 일찍 서둘러 괴산으로 향하는 길에 올랐다. 고교 동창 금용조를 만나기 위해서였다. 친구가 운영하는 '다시봄 목공방'에서 하루를 보낼 생각에 마음이 설렜다. 하지만, 출발부터 순탄치 않았다.

대중교통 파업으로 복잡한 전철 안에서 지연된 시간에 쫓기다가 결국 예정된 버스를 놓쳤다. 안 그래도 늦었는데 전철에서 스마트폰을 들여다보다 역 하나를 지나친 실수도 한몫했다. 어쨌든 한 시간 늦게 출발한 9시 50분 괴산행 시외버스. 이 모든 난리통에도 마음 한구석엔 친구와 만날 기대가 가득했다.

12시쯤 괴산터미널에 도착하니, 용조와 다른 두 친구가 기다리고 있었다. 문경에서 샤인머스캣 농장을 하는 동희와 포항 구룡포에서 올라온 희창이. 오랜만에 만난 반가움에 웃음꽃이 만발했다. 괴산 읍내에서 삼겹살 정식을 나누며, 옛 추억과 근황을 주고받는 시간은 금세 지나갔다.

다시봄 목공방

읍내에서 조금 떨어진 다시봄 목공방은 작지만 아늑한 공간이었다. 용조는 정교한 손길로 나무를 다듬으며 살아왔다. "목공은 삶을 조각하는 일이야." 그는 말했다. 목공방 구석구석에는 그의 철학이 녹아 있었다. 우린 그의 설명을 들으며 작업대를 둘러보고, 나무 결에 손끝을 스쳤다. 그곳에서 나무가 어떻게 단순한 소재를 넘어 사람과 사람을 잇는 가구가 되는지 직접 느낄 수 있었다.

세상을 다듬는 나무꾼

나무는 언제나 우리 곁에 있었다. 우리가 태어날 때 흔들리는 나무 요람으로 시작해, 마지막 안식처로 돌아가는 관이 되어주는 존재. 하지만 목공이란 단순히 나무를 깎고 붙이는 기술을 넘어선다. 그것은 우리의 삶을 아름답게 빚어내는 예술이자, 세상을 움직이는 혁신이었다. 설명을 하는 용조의 목소리는 담담했지만 친구들을 바라보는 눈빛에는 열정이 가득했다.

▶ **의자의 힘**

의자 하나가 세상을 바꿀 수 있다는 말을 들어본 적 있는가? 19세기 중반, 독일에서 등장한 토넷(Tonnet)의 곡목 의자는 그저 가벼운 카페 의자가 아니었다. 증기 기술로 나무를 구부리는 혁신적 기법은 대량 생산의 새 시대를 열었다. 작은 카페에서부터 왕궁까지, 이 의자는 모든 공간을 채우며 전 세계인의 일상을 바꿨다. 의자 하나가 세상을 '편하게' 앉히며 산업의 패러다임까지 흔들었다.

▶ 한 조각의 문을 통해

목공은 때로 역사의 흐름도 바꿔 놓는다. 1517년, 독일의 비텐베르크 교회 문에 마르틴 루터가 95개 조 반박문을 못질했던 순간을 상상해 보자. 튼튼한 목재로 만들어진 교회 문은 단순한 구조물이 아니었다. 그것은 새로운 사상이 퍼져나가는 시작점이었다. 만약 그 문이 강풍에 못 이겨 무너졌다면, 종교개혁은 어떻게 되었을까?

▶ 마음을 잇는 탁자

목공의 진짜 마법은 사람과 사람을 이어주는 데 있다. 공방의 공구들을 이것저것 둘러보다 잠시 탁자에 둘러앉은 우릴 마주 보며 목수 친구는 말했다.

"탁자는 사람을 모으는 거야. 식사든 대화든, 여기서 삶이 움직이는 거지."

그 말처럼 탁자는 단순한 가구가 아니다. 가족이 모여 식사를 나누고, 연인이 손을 잡고 미래를 이야기하며, 친구가 서로의 고민을 털어놓는 중심에 항상 탁자가 있었다.

▶ 오늘을 다듬는 목공 장인

오늘날 목공은 단순한 수공예가 아니다. 재활용 나무로 만든 가구는 환경을 지키는 상징이 되었고, 장애인을 위한 맞춤 가구는 삶의 질을 높이는 도구로 자리 잡았다. 전통 기법을 이어가는 장인이 있는가 하면, 3D 프린터로 나무를 다루는 현대적 목수들도 있다. 목공은 과거에서 현재로, 그리고 미래로 우리를 잇는다.

하나. 일과 놀이 사이

괴산, 다시봄 목공방

　나무는 변한다. 씨앗으로 시작해 나무가 되고, 목재가 되어 우리의 손에 닿는다. 그리고 목공은 그 변화를 아름답게 빚어낸다. 의자, 문, 탁자, 집, 심지어 예술 작품까지. 한 그루의 나무가 삶을 바꾸고, 한 목공 장인의 손길이 세상을 바꾼다.
　바로 내 친구 이야기다. 그는 대한민국의 청정마을 괴산에서 다시봄 목공방을 열고 오늘도 나무꾼의 철학을 다듬어 가고 있다.
　목공 친구의 열강이 끝날 무렵, 희창이가 포항에서 가져온 과메기를 내놓으며 한마디 했다. "목공도 좋지만, 이럴 땐 낮술 한잔 해야지." 과메기를 안주 삼아 나눈 낮술은 목공방의 한나절에 깊은 여운을 더해 주었다. 나무와 친구, 그리고 따뜻한 대화 속에 시간은 순식간에 지나갔다.

문경, 샤인머스캣 농장

해가 기울 무렵, 우린 동희의 농장이 있는 문경으로 향했다. 그곳은 포도와 고추, 그리고 사과대추가 주렁주렁 달린 작은 낙원이자, 동희의 땀과 열정이 담긴 공간이었다. 비닐하우스 옆 농막에 앉아 차 한잔을 나누며, 그의 이야기에 귀 기울였다.

"농사는 기다림의 예술이야." 그는 말했다. 샤인머스캣이 열리기까지 최소 2년. 매일같이 손길을 더하고 자연과 끊임없이 대화해야 한다는 그의 말에는 땅과의 동행에서 오는 깊은 철학이 담겨 있었다. 그는 단순히 농작물을 키우는 데서 멈추지 않았다. 샤인머스캣을 "작은 행복의 묶음"이라 부르며, 자연과 인간을 연결하려는 그의 마음은 우리를 감동시켰다.

세상과 맞서는 농사꾼

한 송이의 샤인머스캣, 한 알의 사과대추를 손에 넣기까지 농부는 얼마나 많은 싸움을 치러야 하는가? 시간과 체력, 대지와 비, 바람, 그리고 서리에 맞서는 싸움. 그러나 그 싸움 끝에는 땅이 주는 위대한 선물, 자연이 주는 보답이 있다. 대한민국 문경에는 그 고단한 싸움을 삶의 낙으로 바꿀 줄 아는 시인 같은 농부가 있다. 바로 내 친구 이야기다.

어린 시절부터 흙냄새를 맡으며 자랐다. 아버지가 키우던 감나무 밑에서 놀던 그는 나뭇잎 사이로 비치는 햇살과 여름날 내리치는 소나기를 똑같이 사랑했다. 그러나 농사일이 낭만적이지만은 않다는 걸 깨달은 건 그가 오랜 직장을 퇴임하고 다시 고향으로 돌아왔을 때였다.

귀농한 지 일 년 반, 그동안 씨를 뿌리고 묘목을 심고 새순을 가지치기하며 끊임없이 손길을 쏟았다. 여름에는 폭염과 싸우고 겨울에는 서리와 싸우며 한 걸음씩 나아갔다. 그런 과정을 견디면서도 그는 웃으며 말한다.

"포도 한 송이도 시를 써야 나오는 거야. 비가 시인이 되고, 내가 시인이 되고, 땅도 시인이 돼야 해."

단순히 농사를 짓는 데 그치지 않는다. 포도 알마다 웃음꽃이 피기를 바란다는 마음으로, 매년 소비자와 직접 만나는 자리를 꿈꾼다. 문경의 한적한 농로 양쪽, 그의 농장에서 매년 "포도 축제"가 열리는 장면을 상상해 본다. 사람들은 그의 손길이 깃든 포도를 맛보며 자연과 연결되는 순간을 경험할 것이다. 아이들은 밭을 뛰어다니고, 어른들은 푸근한 햇살 아래에서 흙 내음을 맡는다.

그는 사과대추라는 생소한 과일에도 도전하고 있다. "대추는 왜 작아야만 할까?"라는 질문에서 시작된 일이었다. 이 특별한 대추는 크기가 사과만 하고 당도가 높아 한 번 맛본 사람은 절대 잊을 수 없다. 그런데 이 작물은 여간 까다로운 게 아니었다. 기온, 습도, 토양 상태가 조금만 틀어져도 작황이 나빠졌다. 실패가 거듭되었지만 포기하지 않는다. 그는 국내 최초로 유기농 사과대추 인증에 도전하고 있다. 조만간 그의 대추는 문경의 대표 특산물이 될 것이다.

"농사는 세상을 바꾸는 일이야." 그의 말이다.

농부는 땅을 가꾸고, 작물을 키워내는 것에서 멈추지 않는다. 그는 자연과 인간이 공존하는 방법을 보여준다. 그는 지역 농부들과 협동조

문경, 샤인머스캣, 고추 농장

합을 만들어 농산물 가공 사업에도 도전할 생각이다. 이 과정에서 농촌의 일자리도 늘어나고, 도시 소비자와 농촌 생산자가 직접 연결되는 새로운 유통 구조가 만들어질 수도 있다. 그는 농부이자 시인이자, 세상을 바꾸는 혁신가이다.

친구의 이야기는 특별하지만, 동시에 우리 주변의 모든 농부에게도 연결된다. 그들은 모두 보이지 않는 곳에서 세상을 바꾸는 작은 혁명을 일으키고 있다. 우리가 먹는 과일과 야채들이 그 증거다. 샤인머스캣 한 송이를 들고서 그 빛나는 포도알을 바라볼 때, 한번 상상해 보자. 그

것이 세상과 맞선 농부의 노래와 같다는 것을. 그리고 그 노래가 우리의 삶을 얼마나 풍요롭게 만드는지를. 내 친구와 문경의 농부들이 그렇듯, 농사는 단순히 땅을 가꾸는 일이 아니다. 그것은 기다림이고, 인내며, 마침내 세상을 바꾸는 일이다. 지금 당신 손에 들린 과일 한 알과 고추 한 톨에도 그들의 숨결이 담겨 있다는 것을 떠올려 보라.

용조는 나무를 다듬으며, 동희는 땅을 가꾸며, 각자의 자리에서 세상을 조금씩 바꾸고 있었다. 그들의 손끝에서 만들어진 목공예품과 농작물은 단순한 상품이 아니라 삶의 철학이자 예술이었다. 그날 밤, 우리는 문경의 조용한 농장에서 포도밭 사이로 불어오는 바람을 느끼며 이야기를 나누었다. 나무의 결에서 시작된 하루가 대지의 숨결로 끝을 맺었다.

07 사표의 규격
어쩌면 날개였을 지도…

그만두겠습니다.

1989년 8월 18일
제작 2본부 이현우

내가 쓴 최초의 사표였다.

연차휴가를 다녀와서 이틀 후의 일이었다. 다니던 광고회사 본부장한테 제출한 문서였다.

군더더기 없는 문장이었다.
하지만 이 사표는 수리되지 않았다.
그렇다고 반려되지도 않았다.

다음 날부터 나는 출근하지 않았다. 스스로 사직했다고 믿었기 때문에 당연했다. 하지만 몸은 집에 있어도 마음은 회사에 붙잡혀 있었다.
"이렇게 간단히 끝나도 되는 걸까?"

찜찜함이 떠나질 않았다. 일주일이 지나도 회사에서는 아무런 연

하나. 일과 놀이 사이

락이 없었다. 신참 사원 하나가 사라졌다고 해서 티가 나는 조직은 아니었을 것이다.

사실 휴가 끝날부터 예상은 하고 있었다. 설악산 오색의 공중전화에서 본부장과 통화했을 때, 그의 목소리는 이미 모든 걸 말해주고 있었다.

"대청봉에 올랐다가 오색까지 내려왔는데 서울행 버스가 끊어져서요. 오늘은 여기서 자고 내일 첫차 타고 바로 출근해도 될까요?"

"그럴 필요 없어. 푹 쉬어."

다음 날, 나는 첫차를 타지 않았다. 오후 늦게 서울로 돌아와 집에서 푹 쉬었다. 그다음 날 일찍 회사에 나갔다. 본부장은 나를 보면서도 아무 말이 없었다.

"이 시안 다시 정리해."

다른 직원들을 향해 바쁜 듯이 업무지시를 이어갔다. 무표정한 얼굴로 서류를 넘기기도 했다. 자리에 앉아 있긴 했지만 할 일이 없었다. 팀장은 내게 말을 걸지 않았고, 팀원들도 나를 모른 척했다.

팔짱을 끼고 한참 동안 눈앞의 하얀 벽만 노려보다가 나는 빈 종이에 글씨를 끄적였다. 사직서라는 글자를 반듯하게 쓴 봉투에 넣어서 본부장의 책상에 던지다시피 올려놓았다. 그렇게 내 인생 최초의 사표는 전격적으로 제출되었다.

의자에 몸을 파묻고 어이없는 표정으

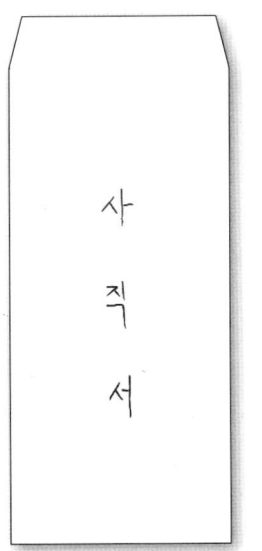

규격봉투에 담아 제출한 사직서

로 날 올려보던 본부장. 시선을 뒤통수로 느끼면서 사무실을 유유히 걸어 나왔다.

잠시 후 디자이너로 같이 입사한 동기 하나가 삐삐를 쳤지만 따로 연락하지 않았다.

일주일 정도 되는 날 때쯤이었을까?
총무팀 여직원이 집으로 전화를 걸어왔다.
"오늘 회사로 좀 나오셔야겠는데요."
"왜요? 사표 냈는데요…."
"그게~ 팀장님이 사표 형식이 안 맞다고 하셔서… 회사 양식에 맞게 새로 작성하셔서 제출해야 결재라인에 올라간다고…."

헛웃음이 나왔다. 사표 문안이 규격에 안 맞는 카피라고? 카피라이터 짬밥을 먹은 지 일 년 반 정도. 콘셉트에 안 맞는 카피라는 이유로 수없이 퇴짜를 맞았다. 밤새워 쓴 카피가 기획서나 브리프의 규격에 맞지 않아서 반려되긴 다반사였다.
직장 이 년 차의 무모한 오기와 만용이 서려있는 찐 날것의 사직서 문안까지 불합격이라니? 규격봉투에 반듯하게 넣어 제출한 최초의 사표가 '규격 외 카피'로 판정된 것이었다.

사표는 수리되지 않았다. 그렇다고 공식적으로 반려된 것도 아니었다. 그렇게 나는 시간을 뭉개며 회사생활을 이어 나갔다. 본부장도, 팀장도 나를 특별히 챙기지도 쫓아내지도 않았다. 공기처럼 떠다니던 나날이었다.

그러고 나서 두어 달쯤 지난 어느 날, 나는 마침내 회사 양식에 맞춘 정식 사표를 제출했다.

"본인은 일신상의 사유로 사직하고자 하오니 허락하여 주시기 바랍니다."

본부장이 말했다.
"지난번 사직서가 훨 좋았는데… 네가 쓴 카피 중에 최고였어. 가식 없고 성깔 있고."

진심이 느껴졌다.

사직서는 빠른 속도로 결재라인을 탔다. 그리고 문제없이 수리되었다.

그 뒤 나는 다른 광고회사로 이직했다. 새로운 회사에서도 규격과 콘셉트에 맞지 않는 카피를 수도 없이 써댔다. 퇴짜를 맞는 일은 여전했지만, 살아남는 카피도 많았다. 그렇게 내 커리어는 이어졌다. 지금 생각해도 내 생애 가장 기개 넘치고 시의적절했던 카피는 그때의 일곱 글자였다.

"그만두겠습니다."

그만두고 싶을 때, 보란 듯이 그만두는 결단. 그때도, 지금도 결코 쉽지 않은 일이다. 하지만 그 불량 사표는 내게 자유를, 그리고 날개를 달아 주었을지 모른다.

…

Q 사표에 '그만두겠습니다'라고만 쓴 이유가 궁금해요. 당시의 심정이나 상황이 그렇게 단순한 문장을 쓰게 한 건가요?

네, 당시에는 복잡한 심정을 간단한 문장으로 응축하려는 의도가 있었습니다. 사실 회사 생활이 힘들었던 건 맞지만, 그 상황을 길게 설명하거나 변명하고 싶지 않았어요. 짧은 문장에 모든 것을 담고 싶었죠. 광고 카피를 쓰던 직업적 습관도 작용했을 겁니다. 임팩트 있는 메시지 하나로 상황을 돌파해 보자는 마음이었거든요. 하지만 결과적으로는 '규격에 맞지 않는다'는 평가를 받았으니 웃픈 일입니다.

Q 사표가 수리되지 않은 상태로 회사에 남아 있던 시간이 어땠나요? 불편하지 않았나요?

무척 불편했습니다. 회사에서도, 저 스스로도 애매한 상태였어요. 본부장이나 팀장도 저를 딱히 챙기지도, 쫓아내지도 않았죠. 마치 회사라는 무대에서 공기 같은 배역을 맡은 느낌이랄까요. 하지만 오히려 그런 상황 덕분에 저 스스로의 결정을 다시 한번 생각해 보는 시간을 가질 수 있었습니다. 결국 두 달 뒤 정식 사표를 제출하면서 상황이 정리되었으니, 돌이켜보면 이 또한 필요한 과정이었던 것 같아요.

Q 본부장이 첫 번째 사직서를 칭찬했다는 이야기가 인상적이에요. 그 말에 어떤 감정을 느꼈나요?

솔직히 감동이었습니다. 광고 카피라이터로 일하면서 수없이 많은 문장이 퇴짜를 맞았거든요. 그런데 가장 개인적인 문장이었던 사직서가 '최고의 카피'라는 평가를 받으니 묘한 기분이 들더라고요. 물론 사표를 제출하고 나가는 상황이니 쓸쓸함도 있었지만, 그 말이 제게 큰 위로가 됐습니다. 내가 쓴 글의 진정성을 누군가 인정해 준 순간이었으니까요.

Q 다른 광고회사로 이직한 이후에도 퇴짜를 맞는 경험이 많았다고 했는데, 그 경험들이 창작에 어떤 영향을 미쳤나요?

퇴짜를 맞는 경험은 크리에이티브 업계에서 성장통 같은 겁니다. 처음엔 좌절도 했지만, 점차 배우게 됐어요. 퇴짜를 맞은 카피를 다시 보면서 스스로 비판적으로 바라보는 연습을 했고, 그 과정에서 한층 더 성숙해졌죠. 사실 카피는 다듬고 또 다듬어서 최종적으로 살아남는 게 중요한데, 그 과정을 견디는 힘이 생겼던 것 같아요. 그렇게 쌓인 내공이 제 커리어의 밑거름이 되었습니다.

Q 그만두겠습니다'라는 일곱 글자가 지금도 인생 최고의 카피라고 했는데, 그 이유는 뭔가요?

단순하지만 강렬한 메시지였기 때문입니다. 짧은 문장 안에 제 감정과 결심이 모두 담겨 있었어요. 광고 카피로 따지면, 소비자에게 강렬한 첫인상을 남기는 슬로건 같은 역할을 했다고 할까요? 지금도 그 문장을 떠올리면 당시의 결단력과 용기가 떠오릅니다. 그런 점에서 그때의 사표는 단순히 회사에서 나오는 수단을 넘어, 제게 큰 의미를 가진 작품 같은 존재예요.

Q 이 글이 화제가 되고, 독자들에게 많은 공감을 얻은 이유는 뭐라고 생각하세요?

아마도 대부분의 직장인들이 공감할 만한 경험이었기 때문일 겁니다. 누구나 한 번쯤은 사표를 고민하거나, 회사 생활에 회의감을 느낀 적이 있을 테니까요. 게다가 단순히 힘들었다는 이야기가 아니라, 유머와 약간의 반항 정신이 섞인 에피소드라서 더 재미있게 느껴지지 않았을까 싶어요. 저도 그 시절을 회상하면서 웃으며 썼기 때문에, 그 분위기가 독자들에게 전달된 것 같습니다.

Q 창작 동기와 이직 이야기에 대한 질문이 많은 것 같은데 독자들의 댓글 중에 특히 기억에 남는 것이 있나요?

한 독자가 "첫 번째 사표를 반려하지 않고 방치한 본부장님의 의도는 뭐였을까요?"라고 물었던 게 기억에 남아요. 그 질문에 제가 한참 고민하다가 "아마도 저를 시험해보고 싶었던 것 아닐까요?"라고 답했던 적이 있죠. 본부장님은 저를 싫어하지도, 크게 기대하지도 않았던 것 같아요. 대신 제가 어떻게 행동할지 지켜보며 묵묵히 기다렸던 게 아닐까 싶습니다. 그 당시에는 답답했지만, 지금 생각하면 묘하게 감사한 마음도 듭니다.

Q 이 에피소드는 직장 생활과 창작 과정에서 중요한 터닝포인트가 된 것 같아요. 다음에는 어떤 이야기를 쓸 계획인가요?

광고인으로서도 그렇고 작가로서도 제 창작 활동의 중요한 자산이 된 건 분명합니다. 틀을 깨고 나오니 더 큰 세상의 문이 열렸던 것 같습니다. 앞으로는 직장 생활뿐 아니라 인생에서 겪었던 다른 도전과 실패, 그리고 그로 인해 얻은 성취와 성장에 대한 이야기를 써 볼까 합니다. 특히 카피라이터로서의 경험과 일상에서 얻은 영감을 녹여내는 작업을 계속 이어가고 싶어요. 독자들과 공감하고 소통할 수 있는 글을 꾸준히 쓰는 게 제 목표입니다.

Q 사표 낸 시점이 1989년인데, 당시 광고회사는 다른 직장에 비해 이직이 비교적 쉬웠나요? 혹시 이것이 결단에 작용한 건 아닐까요?

맞습니다. 1989년 당시 광고업계는 지금보다 훨씬 더 빠르게 변하고, 역동적인 분위기였습니다. 크리에이티브한 아이디어와 열정이 있다면 경력이 길지 않아도 새로운 기회를 잡을 수 있는 환경이었죠. 제가 사표를 낸 것도 이런 업계의 분위기가 어느 정도 영향을 미쳤다고 생각합니다.

광고업계는 프로젝트 중심으로 돌아가기 때문에 특정 회사에서 배우고 익힌 기술이나 경험을 다른 회사에서도 충분히 활용할 수 있었고, 특히 카피라이터나 디자이너 같은 창의적인 직군은 이직이 상대적으로 자유로운 편이었어요. 물론 사표를 낼 때 이런 환경이 큰 자신감을 주기도 했죠. '여기가 아니어도 기회는 있다'는 믿음이 있었거든요.

하지만 또 한편으로는, 그런 믿음이 무모함이나 만용으로 작용할 수도 있었습니다. 당시 제가 광고업계에서 겨우 2년 차였던 만큼, 이직이 쉬울 거라고 너무 단순하게 생각한 면도 있었죠. 지금 돌아보면 결과적으로 다른 회사에서 새롭게 출발할 수 있었지만, 그 과정이 생각만큼 매끄럽지는 않았습니다. 광고업계가 이직이 상대적으로 유연했다고는 해도, 새로운 회사에 적응하고 인정받는 건 여전히 큰 도전이었거든요.

그래도 그런 환경이었기에, 당시 결단을 내릴 수 있었던 건 사실입니다. 한 가지 회사에 묶여 있기보다는, 여러 곳에서 다양한 경험을 쌓으며 성장하고 싶다는 바람도 결단에 크게 작용했죠. 결국 제 선택이 맞았다고 생각하는 건, 그 이후로도 광고라는 업계 안에서 꾸준히 커리어를 쌓아갈 수 있었기 때문입니다.

Q **휴가를 하루 더 연장해 달라는 요청을 본부장이 박절하게 거절한 건 야속하게 느껴졌을 것 같아요. 하지만 입장을 바꿔보면, 거의 신입에 가까운 직장 초년생으로서 무책임하거나 무계획한 행동으로 비칠 수도 있었을 텐데, 어떻게 생각하세요?**

정말 급소를 찌르는 질문이네요. 당시 제 입장에서는 야속하다는 감정이 컸던 게 사실입니다. 설악산 오색의 공중전화 부스에서 본부장과 통화하면서 "푹 쉬어"라는 말을 들었을 때, 그게 곧 나에 대한 무관심으로 느껴졌거든요. 내가 회사에서 중요한 존재가 아니란 걸 간접적으로 확인한 느낌이랄까요. 그래서 야속함과 서운함이 컸던 게 사실이에요.

하지만 지금 와서 다시 생각해 보면, 당시 제 행동이 분명히 무계획하고, 본부장 입장에선 무책임하게 보였을 수 있습니다. 새벽부터 설악산 정상에 오르느라 체력도 고갈된 상태에서 하산 후 교통편 문제를 예상하지 못했던 건 제 준비 부족이었죠. 아무리 첫 휴가였다고 해도, 직장 초년생으로서 스케줄 관리와 계획의 중요성을 간과했던 겁니다. 지금이라면 미리 교통편을 확인하고 계획을 조정하거나, 회사에 더 적절히 설명했을 거예요.

그리고 본부장의 입장에서 보자면, 신입사원이 휴가를 하루 더 연장하겠다고 한 요청은 어쩌면 다소 당황스러웠을지도 모르겠습니다. 업무라는 건 항상 흐름이 있고, 개인 일정이 아무리 중요한 이유가 있다 해도 팀 전체의 계획과 맞아야 하니까요. 당시엔 몰랐지만, 본부장이 저에게 "푹 쉬어"라고 했던 말에는 이미 무언의 메시지가 담겨 있었을 가능성이 큽니다. 어쩌면 "이런 식으로는 안 된다"는 조용한 경고였을지도요.

결국 제가 더 성숙했다면 휴가의 연장을 요청하기 전에 상황을 더 치밀하게 준비하고, 회사 입장에서도 납득할 수 있는 설명을 했어야 했습니다. 당시에 제게 부족했던 경험과 신중함을 이제는 충분히 인정할 수 있을 만큼 시간이 흘렀습니다. 그때의 행동이 본부장이나 동료들에게 어떻게 비쳤을지를 돌아보니, 회사라는 조직 안에서 신뢰를 쌓는 태도의 중요성을 더 뼈저리게 느끼게 되네요.

08 경이로운 OPAL 친구들
'삼수회'에 게스트로 초대되다!

대한민국의 시니어들은 경이로운 세대다. 굶기를 밥 먹듯 하다가 세끼 식사를 시작한 세대, 고층 빌딩을 처음 본 세대, 엘리베이터를 타고 아파트에 살기 시작한 세대. 자가용을 몰고 스포츠센터에서 운동하며 세계여행을 떠나기 시작한 첫 세대이기도 하다.

그들은 부모를 모시고 자녀를 키운 마지막 세대이자, 노후를 스스로 책임져야 하는 첫 세대다. 이제는 자식에게 기대기보다 자신의 노년을 스스로 꾸려야 한다. 원하는 소비를 하고, 건강을 챙기고, 즐기면서 사는 것이 중요하다. "젊음에 미치듯이 늙음에 미쳐야 한다"는 말이 그 어느 때보다도 와닿는다.

시니어 세대를 묘사하는 키워드들은 많다.
지공거사, 꼰대, 참견러, 오지라퍼, 틀딱, 연금충, 할배미, 할부지, 디지맹, 뒷방 세대, 지박령….

하지만 60대는 OPAL세대이기도 하다. 58년 개띠생 그런 거 하곤 상관없다. 'Old People with Active Life'라는 뜻이다. 놀라울 정도로 활기차고 박력 넘치는 삶을 사는 장년들. 그런 경이로운 사람들과 하루를

삼수회 지정클럽 라비에벨cc

지내다 왔다.

    50년이 넘도록 우정의 인연을 이어가고 있는 친구들. 홍안의 나이에 만나서 반세기가 넘도록 말을 섞고 몸을 엮고 잔을 맞대고 희로애락을 나누는 도반들이다. 1958년 언저리에 태어나 경북고등학교를 58회로 졸업했지만 아직 마음은 교정에 머물러 있는 사내들. 등산 동호회? 수영 클럽? 여행 친구들? 아니다!

    그들의 대화 속으로 들어가 보자. 정체가 금세 밝혀질 것이다.
- 대단하다. 에이지 슈터가 코 앞이네?
- 숏게임이나 퍼팅이 신의 경지에 왔어.
- 나이스 샷. 예술이다 예술!
- 아까비. 깻잎 한 장 차이네.
- 무슨 버디를 밥 먹듯 하냐?
- 우와, 빨랫줄 드라이브!
- 벙커 로브샷이 거의 필 미켈슨 급이야.

- 벌써 홀인원이 몇 번째야?

나하고는 상관없는 얘기다. 죽을 때까지 한 번이라도 들을 수 있을까? 시작한 지 15년 됐지만 여전히 골프는 설렌다. 심장이 뛴다. 아드레날린 뿜뿜이다. 하지만 여전히 어설프다. 게임이라기보단 고된 노동이다. 마음 따로 몸 따로다.

그래도 친구들과 치는 골프는 즐겁다. 신명 난다. 지역에서 직장 생활하느라 20년 이상 헤어져 있던 친구들과 일 년에 서너 번씩 만나 한나절 같이 걷고 낄낄대면서 찬사와 탄식을 나누다 보면 그 옛날 십 대의 시절로 돌아가 있는 느낌이다.

골프 모임도 많이 해보고 다양한 부류의 사람들과 플레이해봤지만 이토록 경이로운 모임은 겪어보지 못했다. 육십 대 후반의 나이가 무색할 만큼 팔팔한 체력과 기량을 갖춘 여전히 홍안의 노장들이다.

나갈 때마다 필드 게임이 서툰 나는 늘 민폐 수준이다. 그래도 불편해하거나 내색하는 친구는 없다. 학창 시절 이야기, 일상 이야기, 시국 이야기, 취미와 소일, 무슨 얘기든 종횡무진 티키타카가 끝없이 이어진다.

50년이 넘도록 우정을 이어온 친구들, 학창 시절을 함께한 동창들이 만든 골프 모임. '경고 58 삼수회'다. 같은 해에 경북고를 졸업한 친구들이 매월 세 번째 수요일마다 춘천 라비에벨cc에서 어김없이 모여 골프를 치고 인생을 나누는 자리다. 산전수전 즐기면서 산판 들판 뛰어노는 스무 명 남짓의 놀패들이고 선수들이다.

그들과 하루를 함께한 날, 필드는 늘 그랬듯이 설렘과 긴장으로 가득했다. 같이 플레이하다 보면 여기가 프로 대회장인가 싶을 정도다. 나는 여전히 초보 티를 벗지 못했지만 친구들과 함께하는 라운드는 그 자체로 즐겁다. 직장과 가정에 치여 서로 소식조차 모르고 살던 시절도 있었지만, 이제는 1년에 서너 번씩 만나 필드를 함께 걸으며 옛 추억을 되새긴다.

화창한 초봄. 생각보다 포근해서 라운딩 하기 좋은 날씨였지만 내겐 쪼매 혹독한 날이었다. 3번 우드로 해저드 앞 내리막 라이를 공략하다 공을 물에 빠뜨린 것도 모자라 엄지손가락을 접질려 버렸다. 순간 통증이 심했지만, 미스 샷의 통한이 더 컸다. 그다음부터는 그립을 제대로 하기 힘들 정도로 인대 손상을 직감했다. 얼음찜질을 하고 통증 완화액을 뿌렸지만 손가락은 퉁퉁 부어올랐다.

허리통증을 호소하면서도 여전히 장타와 정교한 그린 플레이를 시전하는 상목. 독특한 배치기 기술을 구사하면서 간간이 시원한 다이빙 샷과 함께 성격만큼이나 호쾌한 티샷을 날리는 고영. 안정된 포즈와 타이밍으로, 부드럽지만 임팩트를 겸비한 무한. 나는 매 홀마다 민폐 플레이를 했지만 내색 않고 오히려 부상을 염려해 준 친구들 덕분에 쌀쌀한 초봄의 꽃샘추위는 거의 느껴지지 않았다.

그래도 포기하거나 아픔을 내색하긴 싫어서 남은 15홀을 부상투혼으로 버텼다. 심한 위크 그립인데 샷이 제대로 될 리가 없었다. 뒤땅 치기, 훅 샷과 연속적인 쌩크. 늘 그렇듯이 이번에도 스코어는 엉망진창을 면치 못할 것이다. 다음 5월 라운딩을 기약하면 되지 뭐. ㅎㅎ

손가락은 점점 더 퉁퉁 부어올랐다. 그립을 제대로 잡을 수도 없었다. "괜찮냐?" "손가락 봐라, 부었네."

친구들은 걱정스러운 눈길을 보내면서도 내색 없이 배려해 주었다. 골프 실력이야 늘 꼴찌를 면치 못하지만, 이런 친구들과 함께하는 순간이 더없이 소중했다.

저녁 시간의 대화와 흥취도 그 어느 때보다 무르익었다. 누가 어떤 얘기를 꺼내도 빛의 속도로 맞장구를 치고 조크를 쌓아 올리면서 낄낄대는 토크쇼가 끝없이 이어졌다. 단체 톡방의 흔한 풍경과는 비할 바 없이 정겹고 훈훈한 분위기.

모임의 좌장이자 총무역을 맡아 헌신적으로 봉사하는 홍목 총장이 한껏 달아오른 분위기를 깰까 조심하면서 자리를 정리한다. 월례회 시상식은 따로 없지만 그래도 이례적인 성적 발표를 했다.

경정 프로가 버디를 다섯 개 잡으며 언더파 스코어를 기록했다는 라운딩 결과를 전하자 탄성과 박수가 쏟아졌다. 싱글 스코어를 낸 친구들도 열 명 남짓. 이렇게 멤버 중에서 높은 성적을 직관한 것은 처음이었다. 나는 당연히 꼴찌였겠지만 개의치 않는다. 이런 경이로운 모임에 초대받아서 함께 운동하는 것만 해도 영광스러운 경험이었다. 정식 멤버도 아닌데 기꺼이 불러 준 김총장의 배려와 과분한 소개, 친구들의 따뜻한 환대가 황송할 뿐이었다.

여전히 홍안의 기운을 가진 노장들, 이들과 함께하는 하루는 인생의 선물 같은 시간이었다. 어설픈 샷도, 접질린 손가락도, 쌀쌀한 꽃샘추위도 아랑곳없이 우리는 청춘의 순간으로 돌아가 있었다.

09 잘못 온 선물
대한민국 최고액의 원고료가 내 통장에 들어왔다!

발신자 불명의 메일을 받았다.
이렇게 시작되는 사연이었다.

"교수님 안녕하세요? 저 기억하실지 모르겠네요?"

글을 읽던 나는 입가에 흐릿한 미소를 띠었다. 그래, 안다. 기억한다. 그 혼란스럽고도 어딘가 씁쓸했던 사건의 전말을.

"왜 그때, 가수 이현우 씨의 모델 계약금을 교수님의 사보 원고료와 혼동해서 잘못 보내드렸던 일 말이에요. ㅎㅎ"

노래가 떠오르는 순간이다.

'아 옛날이여 지난 시절
다시 올 수 없나 그날
아니야 이제는 잊어야지~'

아니야, 절대 잊히진 않을 일이다.

그리고 두 번 다시 일어나서도 안될 일이었다.

교수직도 끝나고 명예교수지만 학교 이메일 계정은 살아 있다. 그 주소로 온 광고회사 경리팀 여사원의 긴 편지였다.

어느 날 내 계좌에 갑작스레 꽂힌 "8천만 원 미스터리 송금 사건"이 되살아난다.

이제는 지난 시절의 재미있는 해프닝으로 자리 잡았다. 당시엔 흥미는커녕 초조와 혼란의 연속이었다.

...

여사원의 후일담은 십 년의 시간을 건너 내게 다시 그날의 긴장을 떠올리게 했다.

1. 혼돈의 시작

금요일 오후였다.

나는 학교 내 은행 출장소의 ATM 앞에서 잠시 멍하니 서 있었다.

숫자가 잘못 보였을까? 눈을 비비고 다시 확인했다. 분명히, 1억 가까운 돈이 들어와 있었다. 송금자는 광고회사 사보 담당자였다.

'이 돈, 혹시 내가 모르던 원고료?… 아니지. 대한민국에서 사보 4쪽 원고료로 이 금액을 줄 리가 없다.'

때마침 자리를 지키고 있던 출장소장 앞으로 가서 말을 걸었다.

"소장님 제가 원고료를 받을 회사가 있는데 지금 찍어보니 이해하기 힘든 금액이 들어왔네요. 난감하네요."

내가 조회를 동의해 준 계좌에서 금액을 확인한 여사님이 남의 속도 모르고 너스레를 떤다. 부산 사투리를 쓰는 소장은 붙임성이 대단했다. 내 말을 듣더니 살짝 미소를 띠며 대꾸했다.
"와, 교수님 대단하시네예. 원고료가 이 정도라니, 엄청난 작가분을 제가 몰라뵀네예. 호호."
"아니, 농담하지 마시고. 이거 송금 착오예요. 바로 돌려줘야지 뭐."

소장은 고개를 갸우뚱하며 말했다.
"아니, 요새는 금융실명제라 교수님이 굳이 돌려주실 책임은 없심더. 계좌에 잘못 보내는 건 송금자의 분명한 실수지예. 차명 거래일 수도 있고예."

'차명 거래?' 순간 머릿속이 더 복잡해졌다. 소장의 의견은 현실적이었지만, 내 양심과는 정면으로 충돌했다.

2. 하필 금요일 오후

소장의 말을 듣고 나니 단순히 돌려주는 게 문제가 아니란 생각이 들었다.
누구에게, 어떻게 돌려줘야 하나? 송금 담당자를 찾아낼 수도 없고, 회사로 연락했다간 사건이 커질 테고, 그럼 담당자는 징계를 받을 수도 있다.

금요일 오후 은행 영업시간은 재빨리 지나갔다. 월요일까지 고민할 시간은 충분했지만, 머릿속은 이미 온갖 시나리오로 어지러웠다.

'혹시… 잠깐 내 돈이라 생각하고 그냥 두면 안 되나? 좀 있다 돌려줘도 되잖아.'

하지만 통장 잔액을 볼 때마다 희열보다 불안감이 몰려왔다.

3. 반납도 쉽지 않아!

월요일 아침, 정해진 영업 시작 시간보다 30분 일찍 은행에 도착했다. 출장소 소장은 나를 보자 반가운 표정으로 말했다.

"교수님, 그 돈 아직도 계좌에 있지예? 제 말대로 하셨네예. 잘하셨어요! 하하, 제가 잘 키워 드릴게예."

나는 웃음기 없는 얼굴로 소장의 눈을 보며 말했다.
"돌려줘야지요. 어떻게 하면 되지요?"

그래도 소장은 뒤끝을 보였다.
"그럼, 경리팀장 한번 내려오라 카이소. 돌려주는 일도 보통 정성이 아닌데 사례를 받아야지예."

문제는 반환 과정이었다. 이 큰 금액은 계좌 이체로도 어려웠다. 한도 초과라서 반드시 계좌를 개설한 지점으로 가야 한다는 것이었다.

'아니, 세상에 잘못 보낸 돈을 돌려주는 것도 이렇게 어려워야 하나?'

반환 과정에서 회사 측에 연락이 닿았다. 그러나 상황은 공개되지 않았다. 사보팀에 살짝 경리팀 송금 담당직원의 사내 전화번호를 물어봤다. 물론 송금착오 얘기는 입밖에 꺼내지도 않았다. 짐작한 대로 동명의 행운아에게 온 '잘못된 선물'이었다. 담당 여직원은 그때까지 송금착오를 까마득하게 모르고 있었다. 떨리는 목소리로 개인 통장번호를 불러주었다.

마침 월요일 강의는 오후부터였다. 택시를 타고 30분 거리의 개설 지점으로 달려갔다. 이체한도를 천만 원으로 늘려서 8번에 나누어 송금했다.

돌아오는 길에 가야공원 돼지국밥집에 들렀다. 소주 두 잔을 반주로 곁들이고 나서야 오후 강의가 있다는 게 떠올랐다. 서둘러 계산을 하고 식당을 나섰다.

4. 늦게 배달된 편지

글은 이어졌다.
"교수님 덕분에 저는 무사히 넘어갔습니다. 팀장님과 의논해서 잘 처리되었습니다. 일이 더 커졌다면 아마도 회사에서 징계를 받았을 거예요.
교수님께 정말로 큰 빚을 졌어요. 십 년이 지났지만 이제 퇴직을 앞두고 이 감사를 전하지 않으면 안 될 것 같았습니다."
편지는 그렇게 마무리되고 있었다. 그날의 혼란스러운 감정이 다시 떠올랐다. 하지만 금세 차분해졌다.

'고민하고 흔들렸던 거 맞지?
근데 다른 선택이 없었잖아?'

노래 한 소절이 흥얼거려졌다.
'아 옛날이여~ 다시 올 수 없는 그날~
아니야, 잊지 않아도 돼.'

•••

내 원고료는 어디까지일까?
잘 모르겠지만 한 가지는 확실하다.
잠시나마 나는 대한민국 최고액의 작가였다.
그 무렵 내 통장을 스쳐간 원고료가 분명히 말해주고 있다.

•••

Q 글감은 주로 어디에서 찾나요?

　글감은 주변에서 자연스럽게 찾아요. 일상에서 벌어진 작은 사건, 대화 속에 스치듯 지나간 말, 또는 길을 걷다가 보게 된 풍경까지 모두 글의 씨앗이 될 수 있거든요.
　"잘못 온 선물"도 그런 글감의 좋은 예인 것 같습니다. 8천만 원 송금 착오라는 흔치 않은 경험이 중심이 되었지만, 사실 이 사건은 단순한 해프닝으로 끝날 수도 있었어요. 그런데 그 상황에서 제가 느꼈던 감정 (혼란, 난감함, 그리고 결국에는 웃음으로 넘긴 일)과 뒤늦게 도착한 감사 편지가 더해지며 이야기가 풍부해졌죠.

글감을 찾으려면 특별한 사건을 기다릴 필요는 없어요. 일상에서 '왜 그랬을까?' 하고 한 번 더 생각하게 하는 순간들을 기록해보세요. 작은 질문들이 쌓이면 큰 이야기로 발전할 수 있습니다.

Q 실제 경험을 바탕으로 글을 쓰는 편인가요?

네, 제 글에는 실제 경험이 중요한 출발점이 돼요. 하지만 거기에서 끝나지는 않죠. 경험을 글로 옮기면서 그 안에 담긴 이야기를 다시 정리하고, 때로는 새로운 상상력으로 덧붙이는 과정을 거칩니다. 그래서 대부분의 제 글은 창작이라기보다는 경험의 기록 또는 기억의 복원이라고 말할 수 있을 것 같아요. 거기에 약간의 상상과 가공 같은 게 들어가는 거죠.

예를 들어, 은행에서 송금을 확인하며 느꼈던 당혹감은 제가 실제로 겪었던 순간이에요. 하지만 글을 쓰면서 그 상황을 더 생생하게 전달하기 위해 '부산 사투리를 쓰는 소장'이나 '돼지국밥집에서 소주를 반주로 곁들였다'는 디테일을 추가했죠. 이처럼 실제 경험을 바탕으로 하되, 독자에게 더 흥미롭게 다가갈 수 있도록 약간의 변형을 가하는 것도 글쓰기의 매력입니다.

Q 상상력으로 이야기를 가공하거나 꽁트처럼 변형하는 것은 어떤가요?

상상력으로 변형하는 건 글에 생동감을 불어넣는 중요한 방법이에요. 실제 경험만으로 글을 채우다 보면 자칫 평범하게 느껴질 수 있거든요. 그래서 저는 이야기에 재미와 긴장을 더하기 위해 상상력을 활용합니다.

이 글에서도 꽁트처럼 전개된 부분들이 있어요. 예를 들면, 소장이 차명거래일 수도 있어 굳이 돌려주지 않아도 된다고 말하는 대목은 약간의 과장이 들어간 장면이에요. 실제로는 그가 그렇게 극단적인 표현을 하진 않았지만, 글에서는 이 표현이 주는 유머와 긴장감이 필요했죠.

상상력은 단순히 '없는 것을 만들어내는 것'이 아니라, 실제 있었던 일을 더 다채롭고 흥미롭게 보이도록 돕는 도구라고 생각해요.

Q 오래된 에피소드 같은데… 기억력이 좋은 건지요? 아니면 메모를 잘하나요?

사실 저는 기억력이 뛰어난 편은 아니에요. 대신 순간순간 떠오르는 생각이나 사건을 메모하는 습관이 있죠. 글감은 쉽게 지나치기 때문에 놓치지 않는 게 중요합니다.

당시에는 황당했던 경험이었지만, 지나고 나서 메모해 둔 덕분에 다시 글로 풀어낼 수 있었어요. 당시 느꼈던 감정, 대화의 디테일, 사건의 흐름 등을 메모에 적어둔 내용이 나중에 큰 도움이 됐죠.

작가가 기억력에만 의존하기는 어렵습니다. 스마트폰 메모 앱, 작은 수첩, 심지어 음성 녹음기까지도 활용해보세요. 메모는 단순히 기록의 수단이 아니라, 글쓰기의 초석을 다지는 과정이기도 합니다.

Q 글을 쓰기 전에 아이디어를 어떻게 정리했나요?

글을 쓰기 전에 아이디어를 정리하는 방식은 다양해요. 저는 머릿속에 떠오르는 키워드들을 먼저 적어보고, 그 키워드 사이의 연결점을 찾아보는 방식을 자주 씁니다.

예를 들어, 처음 떠오른 키워드는 '송금 착오', '혼란', '감사 편지' 같은 것들이었어요. 그걸 바탕으로 사건의 전개를 자연스럽게 따라가면서 이야기를 구성했죠. 이 과정에서 독자가 공감할 만한 지점을 고민하며 추가 아이디어를 떠올렸어요.

글쓰기 초반에는 아이디어가 정리가 안 되더라도 괜찮습니다. 흩어진 생각들을 우선 적어보고, 쓰면서 하나씩 다듬어가는 게 더 중요하니까요.

Q 스토리의 구조를 먼저 짜놓나요? 아니면 쓰면서 자연스럽게 흘러가게 두나요?

저는 큰 틀은 짜놓지만, 세부적인 전개는 글을 쓰면서 자연스럽게 채워가는 편이에요. 예를 들어, 이야기를 시작할 때, 초점은 8천만 원이 잘못 송금된 사건이었어요. 이 사건의 시작(은행에서 송금을 확인한 순간)과 전개(돌려주는 과정의 난감함), 그리고 마무리(퇴직을 앞둔 여사원의 감사 편지)를 큰 구조로 잡아둔 거죠.

그런데 글을 쓰다 보면 재미있는 디테일이 떠오르기도 해요. 예를 들어, 돼지국밥집에서 소주 두 잔을 곁들였다는 부분은 처음에 없던 에피소드였어요. 쓰다 보니 '긴장된 사건을 마무리하며 느낀 해방감'을 보여주기에 적절하다고 생각되어 추가했죠. 글을 쓰기 전에 너무 촘촘하게 계획을 세우면 자유로운 발상이 막힐 수 있어요. 큰 방향만 잡고 쓰는 동안 생기는 디테일을 살리는 걸 추천합니다.

Q 글을 쓸 때 어려움을 느끼면 어떻게 해결하나요?

어려움이 생길 때는 잠시 글에서 떨어져 다른 일을 하거나, 문제를 정리하며 새로운 시각을 찾아보려고 해요. 이 글을 쓸 때도 복잡한 반환 과정에서 어떤 감정을 강조해야 할지 고민이 많았어요. 혼란스러웠던 당시의 제 심정('도대체 이 돈을 누구에게 돌려줘야 하지?')을 떠올리며, 독자도 그 상황에 빠져들게 하려면 어떻게 써야 할지 고민했죠.

이럴 땐 한 발 물러나 사건을 단순하게 바라보는 게 중요합니다. 저는 "사건의 핵심이 무엇인가?"라는 질문을 던져봤어요. 결국, 이 글의 핵심은 '착오와 해결 과정'뿐만 아니라, 그로 인해 얻어진 교훈과 따뜻한 인간관계였죠. 이걸 깨닫고 나니 이야기를 풀어가는 게 훨씬 수월해졌습니다. 글쓰기에 막히면 이야기의 본질을 다시 돌아보는 게 큰 도움이 돼요.

Q 혹시 불편한 질문이 될지 모르겠네요. 특정한 연예인의 실명이 글에 등장하는데 이런 건 그분의 명예나 이미지에 부정적인 영향을 줄 가능성은 없을까요?

아, 정말 예리한 질문 같습니다. 사실 글을 쓸 때 실명을 언급하는 건 저도 늘 고민하는 부분이에요. 이번 글에서는 가수 이현우 씨 이름을 가볍게 언급했지만, 결코 그분의 명예를 훼손하려는 의도는 없었어요.

이현우 씨는 오히려 이 에피소드에서 재미를 더하는 조연 같은 존재죠. "왜 그때, 가수 이현우 씨의 모델 계약금을 교수님의 원고료와 혼동해서 잘못 보내드렸던 일 말이에요. ㅎㅎ" 이 문장에서 보듯, 사건의 맥락에서 그분은 그냥 '모델료'라는 소재로 연결된 거잖아요.

그리고 솔직히 말하면, 이현우 씨의 이름이 떠올랐던 건 그의 음악이 제 기억 속에 남아 있기 때문이에요. 그분의 대표곡 〈꿈〉의 가사처럼 두 눈을 감으면 꿈처럼 다가오는 그날의 기억이기도 했지요. 글 속에서는 이선희의 노래 '아 옛날이여'를 흥얼거리는 장면을 넣었는데, 그건 저의 진짜 감정이기도 했어요. 그런 점에서 독자들이 불편함보다는 유머로 받아들일 거라고 생각했어요.

그렇지만 말씀하신 대로, 누군가 이걸 다른 시각에서 볼 수도 있겠죠. 만약 조금이라도 오해를 줄이고 싶다면 실명을 "가수 이○○ 씨" 정도로 바꿀 수도 있었어요. 그런데 이렇게 하면 글의 맛이 살짝 줄어들 것 같아 고민을 많이 했던 것 같습니다.

결국 저는 글을 읽는 분들이 제 의도를 이해해 주시리라 믿으며 썼습니다. 하지만 이런 질문이 나왔다는 건 저 스스로도 앞으로 이런 점을 더 고민해야 한다는 뜻이겠죠? 정말 좋은 질문 감사합니다!

Q 유머를 글에 자연스럽게 녹여내는 비결이 있을까요?

재미와 익살은 억지로 끌어내기보다, 자연스럽게 나오는 요소를 놓치지 않는 게 중요해요. 예를 들어, "부산 사투리를 쓰는 소장이 붙임성이 대단했다"는 부분을 보면, 소장이 제게 '사보 원고료로 8천만 원을 받는 작가'라며 너스레를 떨죠. 이건 당시엔 황당했지만, 글을 쓸 때는 웃음을 유발할 수 있는 포인트였어요.

또, 돼지국밥집에서 강의가 있다는 걸 깜빡하고 맥주를 마셨다는 대목도 실제로는 사소한 실수지만, 글에서는 독자가 미소 지을 수 있는 디테일로 살렸죠. 자기 경험을 과장하거나 풍자적으로 바라보는 연습을 해보세요. 독자들도 진지함 속에 가벼운 웃음이 섞인 글을 더 매력적으로 느끼거든요.

Q 글을 다 쓰고 나면 어떤 과정을 거쳐 퇴고하나요?

퇴고는 글쓰기만큼 중요한 과정이에요. 처음 쓴 글은 감정에 치우치거나 설명이 부족하기 쉽거든요. 저는 글을 다 쓰고 나면 하루 정도 글에서 떨어져 있어요. 다시 읽을 때는 독자의 시선으로 문장을 다듬는 데 집중하죠.

이 글을 퇴고할 때도 이런 과정을 거쳤어요. 예를 들어, 처음에는 사건의 전말만 나열했는데, 이걸 읽는 독자가 '그래서 어쨌다는 거야?'

라고 느낄 수도 있겠다 싶었어요. 뭔가 이야기의 얼개를 만들기 위해 여사원의 감사 편지라는 장치를 넣어 사건이 끝난 후의 여운을 전달했죠. 퇴고는 '내가 하고 싶은 말'을 넘어서, '독자가 무엇을 느낄 수 있을까'를 생각하며 진행하는 게 중요합니다.

Q 처음 글쓰기를 시작하려는 사람들에게 해주고 싶은 조언이 있나요?

가장 중요한 건 글쓰기 자체를 너무 부담스럽게 여기지 않는 거예요. 이 글도 처음엔 그냥 일상적인 경험을 떠올리며 메모하듯 써 내려갔어요. 큰 주제를 정하지 않고도 작은 경험을 떠올리는 데서 시작하면 글이 더 쉽게 풀립니다.

예를 들어, 한 번에 완벽한 글을 써야 한다는 압박을 느끼기보다, 작은 이야기 조각부터 써보세요. 잘못 송금된 돈처럼 평소라면 지나칠 해프닝도 글로 써보면 의미가 생길 수 있어요. 일단 시작하는 게 가장 중요합니다. 그 과정에서 글쓰기가 점점 더 자연스러워질 거예요.

10 홀릭의 순간
마니아가 되는 사소한 계기들

나는 야구를 좋아한다? 안 한다? 한마디로 답하기는 참 애매하다. 야구는 할 줄도 모르고 프로야구 시즌을 손꼽아 기다리는 것도 아니다. 경기가 시작하는 시간을 기다리다 애써 챙겨보지도 않는다. 하지만 어쩌다 TV를 틀었을 때 야구가 나오면 시청하는 건 나쁘지 않다. 주말의 무료함을 달래기 위해 야구 경기를 보며 시간을 보내는 것도 꽤 괜찮은 선택이니까.

뜨거웠던 올해의 한국시리즈도 막을 내렸다. 한 때는 야속한 가을비가 내려 경기 시작이 지연되고 급기야 중단되기까지 했다. 그날 하려다 다음 날로 미뤄진 서스펜디드 게임을 기다릴 정도로 재미에 폭 빠진 편이었다.

사실 집에서 시청하는 TV는 유료 스포츠 채널에 가입되어 있지 않다. 그래서 야구 경기를 자주 챙겨보지는 못한다. 그래도 응원하는 팀 하나를 고르라면 NC 다이노스다. 나는 대구 출신이라 지역 연고가 삼성이지만 특별한 애착은 없다. 그 이유는 선수들의 스캔들 이후로 팀의 전력이 옛날 같지 않다는 점이 크다.

하나. 일과 놀이 사이

출처: 네이버 블로그, NC 다이노스 우승의 순간

　부산에서 오래 생활했음에도 불구하고 지역 팀 롯데를 응원하지 않았던 것도 아이러니다. 왠지 내가 응원하지 않아도 알아서 잘할 것 같다는 생각이 들었다. 게다가 십오륙 년 전, 외국인 감독을 석연치 않은 이유로 내친 사건도 마음에 들지 않았다.

　당시 자이언츠팀을 이끌던 제리 로이스터 감독은 독특한 리더십으로 팀에 신선한 바람을 불러일으켰다. 하지만 성적이 기대에 못 미쳤다는 이유로 갑작스러운 퇴진을 당했다. 많은 팬들이 그 결정에 대해 아쉬움을 표현했다. 팀의 장기적인 발전을 가로막았다는 평가도 나왔다. 그 후로 롯데는 기복 있는 성적을 기록하며 꾸준한 발전보다는 변동성이 큰 팀으로 남아있다.

　NC 다이노스에 대한 애정은 사실 만화 〈공포의 외인구단〉에서 비롯되었다. 이 만화의 캐릭터들이 어딘가 다이노스 선수들과 겹쳐 보였기 때문이다. 불우한 환경에서 주인공들이 역경을 딛고 성장하는 이야기다. 당시 독자들에게 큰 감동을 주었다.

특히 노진혁, 김태군, 양의지, 나성범, 권희동, 서호철, 박민우, 박건우 같은 선수들은 각기 다른 매력으로 팬들을 사로잡았다. 김태군의 철벽 수비, 양의지의 노련함, 나성범의 파워, 그리고 박민우의 안정된 내야 수비까지… 이런 선수들이 만들어내는 경기는 팬들을 열광시켰다. 그런데 지금은 선수들이 많이 바뀌었다.

스포츠를 좋아하는 이유는 사람마다 다를 것이다. 좋아하는 팀이 생기고, 그 팀의 선수를 좋아하게 되며, 그 선수의 활약을 보며 경기의 재미를 느끼는 과정은 스포츠 팬들에게는 익숙한 감정이다. 나는 장대높이뛰기의 우상혁 선수에게서 매력을 느낀다.

장대높이뛰기는 대중적으로 큰 관심을 받는 스포츠는 아니다. 하지만 우상혁의 해맑은 미소와 주문을 외우듯 집중하는 모습은 시청자의 마음을 훔친다. 그의 경기를 보면 순간순간의 집중력과 자신과의 싸움을 볼 수 있다. 특히 '할 수 있다!'라는 구호는 그의 트레이드마크가 되었다. 그 간절함과 즐거움이 느껴지기에 자연스럽게 응원하게 된다. 실수를 하고도 웃으며 다시 일어서는 모습을 보면 우리가 실패 속에서 어떤 마음가짐을 가져야 하는지 배우게 된다.

또 다른 매력적인 선수는 스포츠 클라이밍의 서채현이다. 정말 독특한 스토리와 카리스마가 있는 선수다. 어릴 때부터 클라이밍에 대한 천부적인 재능을 보였다고 한다. 거침없는 도전 정신으로 국내외 대회에서 좋은 성적을 거두었다. 특히 그녀의 경기는 단순한 힘의 싸움이 아니다. 마치 음악에 맞춘 춤처럼 우아하고 리드미컬하다. 손끝 하나, 발끝 하나로 벽을 타고 오르는 모습은 마치 산을 넘는 탐험가처럼 보인다. 우리 가족 중 한 명은 서채현의 열렬한 팬이다. 덩달아 경기를 보며 그녀의 집중력과 추진력에 감탄하게 된다.

출처: 네이버 블로그.
우상혁과 서채현의 경기 장면

　스포츠와 예술은 매력을 느끼는 계기나 빠져드는 방식이 매우 비슷하다. 그저 스쳐 지나가는 관심이 계기가 되어 어느새 애정이 생긴다. 시간이 지나면 삶의 일부가 되기도 한다. 영화의 경우도 특정 배우나 감독이 우리의 관심을 끌어들이곤 한다.

　나는 한동안 크리스토퍼 놀란 감독의 영화에 푹 빠져 있었던 적이 있다. 그가 만든 〈인셉션〉을 처음 봤을 때, 마치 꿈속에 들어간 것 같은 기묘한 체험을 하게 되었다. 이야기가 전개될수록 관객도 영화 속 세계에 점점 빨려 들어간다. 복잡하게 얽힌 시간과 현실의 경계 속에서 '내가 어디에 있는 걸까?' 하는 질문을 던지게 된다. 〈인터스텔라〉를 통해서는 우주와 시간의 무한함을 느꼈다. 〈덩케르크〉에서는 전쟁의 긴장감 속에서 인류애를 확인할 수 있었다. 놀란 감독의 영화는 늘 나를 새로운 시각으로 세상을 보게 만들었다. 어느덧 나는 그의 신작을 기다리는 팬이 되었다.

　배우를 통해 영화를 찾아보는 경우도 많다. 나는 이병헌 배우의 팬

출처: 네이버 블로그, 크리스토퍼 놀란·이병헌

이다. 그가 출연한 영화라면 거의 챙겨보는 편이다. 강렬한 눈빛과 섬세한 감정 연기는 때로는 스릴러, 때로는 멜로, 때로는 코미디에서도 다양한 색깔을 보여준다. 특히 〈내부자들〉에서의 연기는 압도적이었다. 거친 세상 속에서 살아남기 위해 분투하는 그의 모습은 영화가 끝난 뒤에도 오래도록 마음에 남았다. 〈남산의 부장들〉, 〈비상선언〉 등을 통해 다양한 캐릭터를 소화하는 이병헌의 연기는 언제나 기대 이상의 만족을 준다.

우리는 스포츠, 영화, 책 등 다양한 영역에서 사소한 계기로 큰 애정을 키우기도 한다. 좋아하는 선수, 감독, 배우는 우리에게 새로운 세계를 보여준다. 그들을 따라가면서 새로운 취미나 관심사가 생기는 경험은 아주 특별한 기쁨이다.

스포츠뿐만이 아니다. 누구든 자신을 끌어당기는 무언가가 있을 것이다. 좋아하는 아이돌 스타가 읽고 있는 책을 따라 읽어보거나 특정 배우가 나오는 영화를 찾아보는 일도 그 일환이다. 사소한 계기가 큰 애정을 불러일으킬 때도 있다. 중고교 시절 선생님의 카리스마에 빠져 어떤 과목을 더 깊이 파고들었던 기억은 누구나 있을 것이다.

누구나 각자의 '홀릭' 순간이 있다. 특정한 사람이나 사건이 주는 영감과 매력은 때로 우리에게 특별한 관심사를 발견하게 해준다. 세렌디피티(serendipity)라고도 할 수 있다. 그 계기는 사소할지라도 그로 인해 인생의 새 장이 열리기도 한다.

Q 야구 이야기로 시작해 영화, 배우 이야기까지 확장되는데, 이렇게 구성한 이유가 있나요?

처음엔 스포츠에 한정된 이야기로 쓸 생각이었지만, 곰곰이 생각해 보니 '빠져드는 순간'은 스포츠에만 국한되지 않더라고요. '홀릭'의 감정은 다양한 분야에서 비슷한 방식으로 작동하는 것 같아요. 야구팀을 응원하게 되는 과정과 특정 배우나 감독을 좋아하게 되는 과정이 크게 다르지 않잖아요? 그래서 자연스럽게 이야기가 확장되었어요.

특히 스포츠를 좋아하는 과정과 영화를 좋아하는 과정은 공통점이 많아요. 처음에는 그냥 스쳐 지나가던 관심이 어느 순간 확 깊어지고, 특정 인물이나 팀을 응원하게 되면서 더욱 몰입하게 되죠. 그래서 '야구 → 스포츠 선수 → 영화 → 배우'로 점차 주제를 넓혀가며, '빠져드는 감정'이 어떻게 작용하는지를 보여주고 싶었어요.

Q NC 다이노스를 좋아하게 된 계기가 독특한데, '공포의 외인구단'과의 연결이 인상적이었어요.

NC 다이노스를 응원하게 된 게 단순히 지역 연고 때문이 아니라,

'공포의 외인구단'이라는 만화에서 받은 감정과 연결된다는 점이 저도 흥미로웠어요. 만화를 보며 느꼈던 감정이 나도 모르게 NC 다이노스 선수들에게 투영된 것이죠. 선수들이 역경을 딛고 성장하는 모습이 그 만화 속 주인공들과 겹쳐 보였거든요.

사실 스포츠 팬들에게 이런 경우가 많아요. 꼭 지역 연고 때문이 아니라, 어떤 한 선수의 플레이 스타일이나 성장 스토리에 감동해서 그 팀을 응원하게 되는 경우죠. 저도 그런 방식으로 NC 다이노스를 좋아하게 되었고, 그래서인지 단순한 승패를 넘어서 그 팀의 스토리에 더 관심이 가게 되었어요.

Q 우상혁과 서채현 선수 이야기가 등장하면서 스포츠의 감정적인 측면이 강조된 느낌이에요.

맞아요. 저는 스포츠를 단순한 경기로 보지 않아요. 선수 개개인의 이야기, 그들이 흘리는 땀과 노력, 그리고 그 과정에서 만들어지는 감동이 스포츠의 진짜 매력이라고 생각해요.

우상혁 선수는 경기 전 주문을 외우듯 스스로를 다독이는 모습이 인상적이고, 항상 밝은 표정으로 경기에 임하는 모습이 좋아요. 단순히 실력뿐만 아니라 그의 태도와 정신력에 끌리는 거죠. 서채현 선수도 마찬가지예요. 스포츠 클라이밍이라는 분야가 생소할 수도 있지만, 그녀의 경기 방식은 마치 춤을 추는 것처럼 아름다워요. 단순한 힘이 아니라 유연성과 기술로 벽을 오르는 모습이 정말 매력적이에요.

Q 스포츠뿐만 아니라 영화, 배우 이야기도 나오는데, 크리스토퍼 놀란과 이병헌 배우를 특별히 언급한 이유가 있나요?

스포츠처럼 영화도 저를 빠져들게 만드는 요소 중 하나예요. 크리스토퍼 놀란 감독의 영화는 단순한 스토리를 넘어 '경험'에 가까워요. 그의 작품을 볼 때마다 새로운 시각으로 세상을 보게 되죠. 특히 인셉션을 처음 봤을 때는 정말 영화 속에 빠져드는 기분이었어요. '내가 지금 현실을 보고 있는 건가? 아니면 꿈인가?' 하는 생각이 들 정도로 몰입하게 됐죠.

이병헌 배우는 감정 표현이 정말 뛰어난 배우예요. 강렬한 눈빛 하나만으로도 많은 걸 전달하잖아요. 내부자들에서의 연기는 정말 압도적이었어요. 저는 특정 배우나 감독이 마음에 들면, 그들의 작품을 쭉 찾아보는 스타일이에요. 이병헌 배우가 출연한 영화는 거의 다 챙겨볼 정도로요.

이처럼 특정 인물이나 작품을 좋아하게 되는 과정은 스포츠 팬심과도 닮아 있어요. 처음에는 가볍게 관심을 가지다가, 어느 순간 '홀릭' 상태가 되어 있는 거죠.

Q 글의 마지막에서 '세렌디피티'라는 개념을 언급했는데, 특별한 이유가 있나요?

사람이 어떤 대상을 좋아하게 되는 계기는 예측할 수 없어요. 사소한 우연이 계기가 되기도 하고, 처음엔 별 관심 없던 것이 시간이 지나면서 커지기도 하죠. 저는 이런 과정을 '세렌디피티(serendipity)'라고 생각해요.

누구나 특정한 계기로 새로운 관심사를 발견하는 순간이 있어요. 어떤 사람은 좋아하는 가수가 추천한 책을 읽고 새로운 분야에 빠지기도 하고, 어떤 사람은 친구 따라갔다가 의외의 스포츠에 관심을 가지게 되기도 하죠. 저는 이런 우연한 발견들이 인생을 더욱 풍요롭게 만든다고 생각해요. 그래서 글의 마지막에 '세렌디피티'라는 단어를 넣어, 독자들도 자신의 '홀릭 순간'을 떠올려 보도록 하고 싶었어요.

Q   이 글을 통해 독자들에게 전하고 싶은 메시지는 무엇인가요?

　사람마다 빠져드는 계기는 다 다르지만, 그 감정 자체는 비슷해요. 우리는 어떤 대상을 좋아하면서 즐거움을 느끼고, 때로는 삶의 의미를 찾기도 하죠. 이 글을 읽는 독자들이 '나는 무엇에 빠져 있었지?' '최근에 나를 흥분시킨 건 뭐였지?' 하고 생각해보면 좋겠어요.

　홀릭의 순간은 우리의 삶을 더 풍요롭게 만들어줘요. 그러니 사소한 계기로 새로운 관심사가 생긴다면, 그 감정을 기꺼이 즐겨보는 것도 좋지 않을까요?

생각과 망상 사이

둘

11 어쩌다 꼰대!
참견과 오지랖의 미학

어느 날 길을 걷다가 눈에 띈 장면 하나.

60대로 보이는 남자가 한 젊은이를 보고 말을 건다. 이마에 살짝 흘러내린 땀을 닦던 젊은이가 눈에 딱 들어온 이유는? 헐렁한 바지를 무심하게 끌고 다니는 모습에 못 견딜 정도로 신경이 쓰였던 모양이다.

남자 "저기, 젊은이. 바지 좀 올려 입어야지. 그럼 무릎 다 나간다니까!"

젊은이 "네…? 아, 네."

이런 상황, 한 번쯤 겪어보거나 목격한 적 있지 않은가? 어쩌면 장년에 접어든 당신의 모습일지도 모른다. 나이가 들수록 '오지랖'이라는 단어가 조금씩 몸에 배어가는 것이 자연스러운 일일까? 아니면, 우리가 어른이 되어가면서 남의 일에 더 깊게 관여하려는 본능을 억제하지 못하는 것일까?

오지랖….

출처: YTN, SBS

한마디로 말하면, 남의 일에 끼어들거나 지나치게 신경을 쓰는 것을 의미한다. 쉽게 말해 참견이다. 참견, 개입, 끼어들기, 관심… 어떤 단어로 포장하든 그 본질은 같다. 그리고 이 오지랖이라는 것은 나이가 들수록 점점 더 넓어지는 듯하다. 왜일까? 나이가 들수록 다른 사람에 대한 배려심이 커지는 걸까? 아니면, 그냥 여기저기 참견하는 습관이 생기는 것일까?

그런데, 젊은 사람들에게는 이 오지랖이 때로는 충돌의 원인이 된다. '꼰대'라는 단어가 등장하는 것도 이 때문이다. 쓸데없이 남의 일에 나서서 지적하거나 가르치려 하는 모습은 젊은 세대들에게는 불쾌감을 줄 수 있다. 자칫 잘못하면 '관종'으로 오해받기도 한다.

●●●

그럼에도 불구하고, 나이가 들면 왜 이렇게 참견하고 싶어지는 것일까?

1. 경험에서 오는 참견

60대 초반의 어르신도 오지라퍼다. 시장에서 장을 보던 중, 한 젊은 여성이 고등어를 고르고 있는 모습을 보았다. 참을 수 없었다.

오지라퍼 "그거 말이야, 그렇게 고르면 안 돼. 아가씨, 이 고등어는 꼬리 쪽이 더 반짝거려야 신선한 거야."
젊은 여성 "아, 네… 감사합니다…."

자신이 베푼 조언에 뿌듯했지만, 상대방은 정말 그럴까? 이런 경우, 경험에서 오는 조언이 상대방에게 도움이 될 수 있지만, 그 방식이 문제가 된다. 본인은 좋은 의도로 말한 것일지라도, 듣는 쪽에서는 '내 일에 왜 참견해?'라는 생각을 할 수 있다.

2. 좋은 의도가 나쁜 결과로

사실 오지랖은 '좋은 의도'에서 출발하는 경우가 많다. 자신이 가진 경험을 통해 상대방에게 도움을 주고 싶다는 마음이다. 문제는 그 '도움'이 상대방에게 불필요할 때다.

길을 묻는 외국인에게 길을 친절하게 알려주는 것은 고맙게 받아들여진다. 하지만 그 외국인이 이미 구글 맵을 켜고 길을 찾고 있다면, 오히려 "이 사람 왜 이래?"라는 생각이 들 수 있다.

오지라퍼 "자, 자. 이쪽으로 가면 더 빨라. 내가 여기서 30년을 살았 거든."

외국인   "아, 괜찮아요. 구글 맵으로 가고 있어요."
오지라퍼   "그래도 이게 더 나아!"

상대방이 원하지 않는 조언은, 아무리 좋은 의도라 하더라도 오히려 불편함을 줄 수 있다. 여기서 참견과 오지랖의 경계가 중요한 이유가 나온다.

3. 꼰대와 관종의 습성

오지랖은 나이가 들수록 자연스러워진다. 그 이유는 무엇보다도 경험의 축적 때문이다. 그 경험을 바탕으로 상대에게 뭔가를 전해주고 싶어지는 것이다. 하지만 문제는 그 방식이 불편하게 느껴질 때다. 특히, 요즘 젊은 세대는 남의 간섭에 민감하다.

젊은 세대에게는 개인의 자율성과 독립이 중요한 가치다. 그렇기에 지나친 참견이나 조언은 '꼰대'로 인식될 수 있다. 그리고 이 꼰대라는 인식은 의도와는 상관없이 갈등을 불러일으킨다.

젊은 사람   "왜 제 일에 그렇게 참견하세요?"
오지라퍼   "아니, 난 그저 도움이 되려는 건데…."
젊은 사람   "필요 없어요, 제 방식이 있으니까."

오지랖, 왜 넓어질까?

다시 정리해 보자. 사람들이 나이가 들수록 이런 '참견'이 많아지는 이유는 뭘까? 그 이유는 여러 가지일 수 있다.

첫째, 경험 때문이다. 인생을 오래 살다 보면 자연스레 다양한 경험을 하게 되고, 그 경험을 바탕으로 남들에게 도움을 주고자 하는 마음이 생긴다. 특히 누군가가 실수할 가능성이 보일 때, "내가 해봐서 아는데"라는 말이 자연스레 튀어나온다.

오지라퍼 "나도 젊었을 때는 그랬지. 하지만 지금은 알거든, 그렇게 하다가는 분명 후회하게 될 거야."

둘째, 책임감과 배려심도 한몫한다. 가족을 부양하고, 직장에서 사람들과 상호작용을 하며 '책임'이라는 무게를 안고 살아온 사람들은 누군가 잘못된 길을 갈 때 그냥 두지 못한다. 그들을 더 나은 방향으로 이끌어 주고 싶어서 나서게 되는 것이다. 물론, 당사자 입장에서는 '부담'으로 다가올 수 있지만 말이다.

젊은이들의 반응 "꼰대인가요, 아니면 조언인가요?"

하지만 이런 참견은 세대 간의 갈등을 일으키기 쉽다. 특히 젊은 세대들은 '내 일에 신경 쓰지 말라'는 마음이 크다. 요즘에는 정보가 너무나 쉽게 공유되기 때문에 젊은이들은 이미 자신이 무슨 일을 하고 있는지 충분히 알고 있다고 느낀다. 그래서 갑작스러운 조언이 다가오면 오히려 불쾌해지기 마련이다.

젊은 사람 "아, 또 꼰대짓 하시네. 그냥 놔두면 안 돼요? 저도 제 방식이 있는 거거든요."

이렇게 오지랖이 꼰대짓으로 치부되면 오히려 의도와 다르게 관계에 균열이 생길 수 있다. 조언을 한 사람이 의도한 바는 '도움'이었겠지만, 듣는 쪽에서는 그것이 간섭으로 느껴지기 때문이다.

셋째, 유교와 장유유서, 존댓말 문화에도 핑계를 대본다. 세상 어느 나라 사람들이나 나이는 저절로 들지만, 나이 많은 사람이 저절로 윗사람이 되는 서열 문화는 동양, 그중에서도 특히 우리나라가 독창적이다. 나이 어린 사람에게는 "다나까" 어법이 당연하게 여겨지고 '말이 짧으면' 곧장 불경으로 치부된다. 최소한의 존경을 표하는 화법인 것이다.

학교에서는 학년이, 군대에서는 계급이, 그리고 직장에서는 호봉제가 그걸 더 공고히 한다. 단 며칠 더 일찍 태어났어도 형님 언니는 존대의 대상이 된다. 말 배우기 시작해 세상 무서울 게 없는 미운 네 살도 동네 놀이터 다섯 살 형 누나 앞에선 "너 몇 살이야?" 쭈구리 신세가 된다.

거꾸로, 윗사람은 자연스레 상급자 내지는 지시자가 된다. 이들은 때론 뭐라도 가르쳐줘야 한다는 부담감도 가진다. 이렇게 어린 사람, 아랫사람에 대해 모범을 보여야 하는 책임감을 가진 우리나라 형 누나 언니 오빠 선배 상사 어르신은 어찌 보면 고달플 때도 있다. 이들에게 오지랖은 권리이자 의무이다.

모든 오지랖이 부정적인 것만은 아니다. 때로는 이런 참견이 진심 어린 배려로 느껴질 때가 있다. 예를 들어, 지하철에서 무거운 짐을 들고 있는 사람에게 자리를 양보하거나, 길을 잃은 사람에게 도움을 주는 것은 순수한 호의에서 비롯된다.

● ● ●

이런 경험은 오랜 직장생활을 한 객지 부산에서도 있었다. 범일동에서 약속장소인 빈대떡 가게를 찾다가 때마침 근처에 계셨던 장년 여성께 길을 여쭤봤다. 큰길을 쭉 가다가 횡단보도를 건너 우회전해서 100미터쯤 가라고 하셨던 모양이다.

덕분에 목적지는 쉽게 찾았다. 가게 앞에서 문득 눈을 돌려 길 건너편을 바라보니 친절한 아주머니는 아직도 나를 향하여 손을 흔들며 웃고 계셨다. 누가 이런 미소천사를 두고 참견러라거나 오지라퍼라는 별명을 붙일 수 있을까 싶었다.

오지랖은 사회적 유대감을 형성할 수 있는 긍정적인 역할을 하기도 한다. 공동체의 일원을 챙기는 모습은 모두에게 이득이 될 수도 있다.

오지라퍼 "그냥 서로 도우면서 사는 거지. 이거 오지랖이라고 해도 괜찮아."

하지만 이 경계를 잘 지키지 못하면, 오지랖은 불필요한 간섭으로 변질되고, 결국 꼰대나 관종으로 오해받기 쉽다. 그러므로 중요한 것은 상대방의 의견을 존중하고, 필요한 순간에만 참견하는 것이다.

적당한 오지랖의 미학

나이가 들면서 생기는 오지랖은 어느 정도 자연스러운 현상일 수 있다. 하지만 상대의 입장을 고려하지 않는다면, 좋은 의도는 나쁜 결과를 초래할 수도 있다.

어떻게 해야 건강한 오지랖이 될 수 있을까? 답은 간단하다. 상대방의 필요를 존중하고, 도움을 요청할 때만 다가가는 것이다. 아무리 좋은 조언이라도 상대가 원하지 않는다면 의미가 없다.

오지라퍼 "혹시 내가 너무 참견했나? 다음엔 물어보고 도와줘야겠다."
젊은 사람 "그럼 훨씬 감사할 것 같아요."

오지랖은 나이가 들면서 자연스레 넓어진다. 하지만 긍정적으로 작용할지 부정적으로 작용할지는 상대를 배려하고 존중하는 태도에 달려 있다.

●●●

Q 어떤 생각에서 글을 쓰게 되었나요?

사실 이 글의 씨앗은 우연히 본 거리의 한 장면에서 시작됐어요. 60대쯤 되어 보이는 남성이 젊은이에게 바지를 올려 입으라는 조언을 건네는 모습이었죠. 젊은이는 어리둥절한 표정을 지었고, 그 모습을 보며 '아, 이게 바로 오지랖인가?' 하는 생각이 들었어요.

그런데 곰곰이 생각해 보니, 이런 모습이 우리 주변에서 너무나 흔하다는 걸 깨달았어요. 저 역시도 어느 순간 "내가 해봐서 아는데…."라는 말을 입에 달고 사는 사람이 된 건 아닐까? 이건 단순히 한 개인의 습관이 아니라, 나이 들면서 자연스럽게 생기는 경향이 아닐까? 이 주제라면 재미있게 풀어볼 수 있겠다 싶어 글을 쓰기 시작했어요.

Q 글의 전체적인 구성은 어떻게 잡았나요?

처음에는 막연하게 "꼰대가 되는 과정"을 이야기하고 싶었어요. 하지만 그냥 현상을 나열하는 식으로 쓰면 딱딱하고 재미없을 것 같았어요. 그래서 자연스럽게 '경험에서 오는 참견', '좋은 의도가 나쁜 결과로 이어지는 경우', '꼰대와 관종의 경계' 등으로 구성을 나눴죠.

① 실제 사례(바지 올려 입으라는 조언) → ② 오지랖의 정의와 특징 → ③ 나이가 들수록 왜 참견하게 되는가? → ④ 세대 간 갈등과 꼰대 인식 → ⑤ 어떻게 하면 건강한 오지랖이 될 수 있을까?

이렇게 흐름을 만들면 자연스럽게 독자들도 '아, 나도 이런 경험 있었지' 하며 공감할 수 있겠다 싶었어요.

Q 글을 쓰면서 가장 고민했던 점은 무엇인가요?

가장 고민했던 건 '꼰대'라는 단어를 어떻게 다룰 것인가 하는 점이었어요. '꼰대'라는 말이 부정적인 뉘앙스를 가지고 있다 보니, 자칫하면 글이 특정 세대를 비판하는 방향으로 흐를 수도 있잖아요.

그렇다고 너무 변호하는 듯한 태도를 취하면 젊은 독자들이 공감하기 어려울 것 같았어요. 그래서 균형을 맞추기 위해 노력했죠.

예를 들어, 오지랖이 때로는 필요할 수도 있다는 점을 인정하면서도, 상대방의 입장에서 보면 불필요한 간섭일 수 있다는 점을 강조했어요. 마지막 부분에서는 "적당한 오지랖의 미학"을 이야기하며 마무리했는데, 이걸 통해 '꼰대가 되지 않기 위해 어떤 태도가 필요한가'를 자연스럽게 전달하고 싶었어요.

Q 글을 재미있게 하기 위해 애쓴 부분이 있다면?

너무 무거운 이야기로 흐르지 않게 하려고 일부러 가벼운 톤을 유지했어요. 특히 실제 대화체를 넣어서 생동감을 살리고, 과장된 표현을 섞어 웃음을 유발하는 방식을 사용했어요.

예를 들어,

- "이마에 살짝 흘러내린 땀을 닦던 젊은이가 눈에 딱 들어온 이유는?" → 꼭 탐정이 단서를 발견한 것처럼 묘사해서 코믹한 느낌을 줬죠.
- "길을 묻는 외국인에게 길을 알려주지만, 정작 그 외국인은 구글 맵을 보고 있는 상황" → 이런 사례는 누구나 한 번쯤 본 적 있을 법해서 웃음을 유발할 수 있겠다 싶었어요.
- "나이 들면 뭐, 그냥 서로 도우면서 사는 거지. 이거 오지랖이라고 해도 괜찮아." → 오지랖을 긍정적으로 받아들이는 사람들의 심리를 대변하면서도 유머러스하게 마무리했어요.

Q 묘사에 가장 세심하게 공들인 부분은 어디인가요?

"꼰대와 관종의 경계" 부분이에요. 요즘 젊은 세대는 자기만의 방식과 자율성을 중요하게 여기기 때문에, 선의를 가진 조언도 '꼰대질'로 느껴질 때가 많아요. 이걸 단순히 "요즘 애들은 민감해"라고 넘겨버리면 글이 너무 일방적으로 흐를 것 같았어요.

그래서 실제 대화 예시를 넣었죠.

- "왜 제 일에 그렇게 참견하세요?"
- "아니, 난 그저 도움이 되려는 건데…."
- "필요 없어요, 제 방식이 있으니까."

이런 식으로 감정이 충돌하는 순간을 자연스럽게 보여주면, 독자들이 더 몰입할 수 있을 거라고 생각했어요.

Q 글을 쓰면서 새롭게 알게 된 점이 있나요?

네, 글을 쓰면서 깨달은 점이 하나 있어요. 나이가 들수록 참견하게 되는 이유가 단순한 "꼰대 기질" 때문만은 아니라는 거예요.

- 경험에서 오는 자신감 — "내가 해봐서 아는데"라는 생각이 자연스럽게 든다.
- 책임감과 배려심 — "이 사람 잘못된 선택을 하면 안 되는데"라는 걱정이 앞선다.
- 사회적 역할 변화 — 나이가 들면 본능적으로 '지도자' 역할을 하려는 경향이 있다.

이런 요소들이 복합적으로 작용하면서 오지랖이 넓어지는 게 아닐까 싶었어요.

Q 마지막으로, 이 글을 어떻게 읽어주길 바라나요?

꼭 "꼰대 되지 마라"는 교훈적인 메시지로 읽히기보다는, '나도 모르게 이런 모습이 있었네' 하고 가볍게 공감하는 계기가 되었으면 해요.

누구나 나이가 들면 자연스럽게 오지랖이 넓어질 수 있어요. 문제는 그걸 어떻게 조절하느냐죠. 그래서 독자들이 이 글을 읽으면서 자신의 모습을 돌아보고, 참견이 필요할 때와 아닐 때를 한 번 더 생각해보는 계기가 되면 좋겠어요. 그리고 마지막 문장처럼, "적당한 오지랖의 미학"을 실천할 수 있다면 더할 나위 없겠죠!

이 글을 쓰면서 저도 제 모습을 많이 돌아보게 되었어요. 앞으로는 조언을 하기 전에 "이 사람이 정말 이 조언을 원할까?" 한 번 더 생각해보려 해요.

12 언어에 대한 예의
이기주의 《언어의 온도》를 읽다

목욕탕에 들어갈 때마다 느끼는 게 있다. 살을 델 듯이 뜨거운 물도 알고 보면 40도를 넘지 않는다. 살을 엘 듯이 차가운 물도 겨우 30도를 밑돌 정도다.

피부가 체감하는 온도의 상대성 현상이라고나 할까? 체온을 기준으로 5~6도만 차이가 나도 실제 이상으로 과장된 온도 차이를 느끼게 된다.

전철에서, 버스에서, 편의점에서, 카페에서, 영화관에서, 식당에서, 병원에서 유통되는 언어들이 바로 그렇다.

거칠다거나 뜨겁다는 표현은 언어의 상대적 온도를 묘사하는 범위에는 들지 않는 것 같다.

운전을 하는 사람들이라면 도로에서 일상적으로 경험하는 막말들과 분노의 충동, 작업장에서 교실에서 온라인 공간에서 시위 현장에서 들려오는 품위 없는 쌍욕들, 막장 드라마나 B급 액션 누아르 영화에서 터져 나오는 표독한 언어들, 몸과 몸이 부딪히는 경기장에서 뿜어져 나오는 거친 숨소리와 고함 소리.

이런 언어들은 오히려 둔탁하고 단순한 폭언으로 느껴진다.

예리한 면도날이 스쳐 갈 때는 순간적으로 동통을 느끼기 쉽지 않다. 하지만 칼날의 자국은 오랜 시간이 지나도 아물지 않는 상처로 남는다.

말과 글이 바로 그렇다. 통증 없이 사람의 마음을 베지만 평생 치유되지 않는 생채기를 남기기도 한다.

언어의 폭력은 둔기로 얻어맞는 느낌이나 뜨거운 불에 덴 아픔과는 질감과 통각의 차이가 있을 것이다.

이기주 작가의 《언어의 온도》는 7년 전에 발간된 책이지만 갈피 갈피에서 느껴지는 문장의 온기는 여전하다. 글을 쓸 당시에 작가가 느낀 우리말의 상대적 온도 차이는 시간이 흐른 지금의 세태에서도 조금도 다를 바 없을 것 같다.

이 책에 나오는 에피소드는 용광로처럼 뜨거운 이야기도 드라이아이스처럼 서늘한 이야기도 아니다. 현실에서 구사되는 언어와 문장의 미묘한 변화를 예민한 감수성으로 포착해 냈을 뿐이다. 이 책은 일상의 언어를 구성하는 재료들을 작가 특유의 분쇄기에 넣고 갈아내어 발효와 숙성을 거쳐 전혀 다른 이야깃거리를 선사해 내고 있었다.

독서하는 내내 일상에서 '매일 주고받는 평범한 언어들이 이렇게 다른 온도 차이를 만들어 내기도 하는구나'라는 감탄의 연속이었다. 그러고 보면 글이 주는 공감은 매력적인 문장을 만들 줄 아는 재능의 문제만이 아닐 것이다. 사건이나 사물 하나하나를 특별한 애정과 관심으로 대하지 않고서는 불가능한 일 아닐까? 스티브 잡스도 마이클 저커버그도 나영석 피디도 왕년의 코미디언 전유성도 알고 보면 메모광이라고 한다. 그들이 화수분처럼 아이디어를 분출할 수 있었던 비결은 항상 손에 넣고 있었던 메모지였다.

사소한 애깃거리도 놓치지 않고 그 안에 담겨 있는 언어의 풍경을 정확하게 묘사할 준비가 되어있는 감성과 태도의 결과라는 생각이 들었다. 언어를 대하는 예의와 글쓰기의 진정성에 대해 다시 한번 생각하게 해 준 책이었다. 시시각각 떠오르는 글감과 생각들을 그냥 흘려보내지 않고 기억의 상자 안에 담아두려고 노력하는 것. 좋은 글을 생산하는 비결일 것이다. 또한 언어에 대한 최소한의 예의이기도 하다.

13 고통은 나의 힘
역경과 고뇌를 창작으로 승화시킨 예술가들

저는 그림에 문외한입니다. 그리는 재주도 없지만 보는 눈도 없습니다. 하지만 예술의 전당 한가람미술관에서 올봄부터 9월 초순까지 전시된 뭉크의 절규를 놓친 것은 아쉽습니다.

뭉크의 조국 노르웨이 등지에서 옮겨진 140점의 오리지널 작품이 전시되었다고 합니다. 〈비욘드 더 스크림〉이라는 타이틀이 말해주는 것처럼 〈절규〉나 〈키스〉 연작을 실물 영접한 사람들은 감상 이상의 감동을 느낀 듯합니다. 인터넷에 올려진 후기들이 생생한 느낌을 전해줍니다.

역시 한가람미술관이었을까요? 5년 전에도 가본 기억이 납니다. 1918년에 작고한 동시대 두 거장의 백주년 기념전이었습니다. 친구 남광희의 배려로 관람했던 에곤 쉴레와 구스타프 클림트의 그림들은 아직도 여운으로 남아 있네요. 뭉크도 그렇지만 클림트의 키스도 불멸의 명화로 알려져 있습니다. 비록 레플리카 작품이긴 했지만 화려한 색조와 몽환적인 표정을 눈앞에서 마주하는 느낌은 황홀했습니다.

자수성가한 ICT 부품제조 기업가로 이름난 대학동기 남 회장은 기타도 잘 쳤지만 예술에도 조예가 깊습니다. 부부가 다 이쪽 방면으로 관심과 열정이 대단합니다. 회사 사옥에 있는 '갤러리 페리지'는 부인이 운영을 주도하는 것으로 알고 있는데 음악, 회화, 조형미술 등 신진 아티스트들을 후원하는 재능의 요람이기도 합니다.

가끔 초대를 받아서 가볼 기회가 있었지요. 솔직히 잘 모르면서 미리 공부한 몇 가지 단편적인 지식을 가지고 작가들에게 질문도 하고 말도 섞어보는 건방을 떨었던 것 같습니다. 심지어 친구에게 해설까지 해주는 만용을 부렸으니 선을 한참 넘은 것 같아 아직도 얼굴이 화끈거리네요.

친구 덕분에, 쉴레와 클림트의 작품세계와 그들의 특이한 생애는 〈창의성의 즐거움과 괴로움〉이라는 주제로 강의에서 다루어지기도 했습니다. 강의한 내용들은 이제 기억에서 대부분 사라지고 있습니다. 그래도 몇몇 꼭지들은 은퇴 후 글쓰기의 소재로 가끔 살아날 것 같습니다. 그중의 하나가 천재 예술가들의 창의성 이면에 드리운 불행에 관한 것입니다.

이들 예술가들의 창의성과 삶은 대부분 책이나 인터넷에서 접했지만 전시회에서는 더욱 생생한 감동으로 다가왔습니다. 그 느낌이 완전히 사라지기 전에, 예전에 강의한 내용과 나중에 공부한 지식들을 엮어 대충이나마 정리해 두고 싶습니다.

많은 예술가들은 타고난 재능으로 불후의 명성을 얻었지만, 그들의 삶 이면에는 건강 문제나 불운한 환경이 자리 잡고 있었습니다. 이들의 삶을 들여다보면, 예술적 열정과 개인적 고난이 어떻게 맞물렸는지 알 수 있습니다. 흥미로운 것은 이들이 극한의 어려움을 예술로 승화시켜 세상에 깊은 울림을 주었다는 점입니다.

클림트, 쉴레, 뭉크: 아름다움 속에 감추어진 불안과 고뇌

구스타프 클림트는 오스트리아 출신의 상징주의 화가로 화려한 금색 장식과 몽환적인 화풍으로 잘 알려져 있습니다. 심오한 성적 주제를 다루며, 여성의 관능적인 매력을 강조하고 예술에 대한 새로운 접근 방식을 제시했습니다. 그러나 그의 삶은 외로움과 고독의 연속이었습니다. 그는 삶의 마지막까지 혼자였으며, 인간관계에서의 깊은 연결을 찾는 데 어려움을 겪었습니다. 클림트의 이러한 고독감은 작품에 강한 감정적 깊이를 부여하였고, 예술을 통해 자신의 내면을 표현할 수 있는 유일한 수단이 되었습니다.

클림트의 작품은 주로 상징주의를 반영하며, 성과 삶, 죽음, 사랑 등이 주제입니다. 가장 유명한 작품 중 하나인 〈키스〉는 황금빛의 장식적 배경과 기하학적 패턴이 특징입니다. 자연의 유기적인 곡선과 여성의 신체를 결합하여 감각적이면서도 추상적인 형상을 창조했습니다. 그는 여성의 신비로움과 아름다움을 통해 인간의 복잡한 감정을 표현했습니다. 그의 그림은 겉보기엔 화려하고 장식적이지만, 그 안에는 인간의 불안, 고뇌, 죽음에 대한 성찰이 담겨 있습니다. 예술적 성공에도 불구하고, 개인적인 삶은 불행과 시련으로 점철되었습니다.

클림트는 빈곤한 가정에서 태어났고, 어린 시절부터 경제적인 어려움을 겪었습니다. 이는 그가 예술가로 성공하는 데 큰 동기부여가 되었지만, 평생 동안 재정적인 불안정을 경험했습니다. 혁신적인 작품들은 당대 비엔나의 보수적인 사회에서 큰 논란을 일으켰습니다. 작품은 종종 관능적이고 도발적이라는 이유로 비판받았으며, 공공 프로젝트에서도 비난을 받기도 했습니다.

← 쉴레, 〈자화상〉
→ 클림트, 〈키스〉

    클림트는 결혼하지 않았지만 많은 여성과 복잡한 관계를 맺었습니다. 그는 평생 14명 이상의 자녀를 두었으나, 그 관계들은 모두 공식적으로 인정되지 않았습니다. 1892년, 아버지와 형이 연달아 사망하면서 그는 큰 심리적 충격을 받았습니다. 이는 그의 작품에 어두운 주제가 더욱 반영되는 계기가 되었습니다. 클림트는 1918년 스페인 독감으로 인해 55세의 나이로 사망했으며, 이는 그가 더 많은 걸작을 남기지 못하게 된 불행한 결말이었습니다.

    에곤 쉴레는 20세기 초 오스트리아의 대표적인 표현주의 화가로, 독창적인 스타일과 강렬한 감정 표현으로 인해 오늘날까지도 많은 이들에게 사랑받고 있습니다. 그러나 그의 삶은 천재성과 불행이 얽혀 있어, 예술 세계에 깊은 영향을 미쳤습니다.

    쉴레는 인체를 왜곡된 형태와 강렬한 색상으로 표현하며, 감정의 깊이를 전달하는 데 탁월한 능력을 가지고 있었습니다. 그의 작품은 주로 인물화로, 인간의 내면과 감정을 솔직하게 드러내는 방식이 특징적입니다. 그는 자신의 모델과의 관계에서 생겨나는 감정적 긴장감을 통해 작품을 창조했습니다.

쉴레는 인간의 성적 본능과 정체성을 탐구하며, 당시 사회에서 금기시된 주제들을 대담하게 다루었습니다. 그의 작품은 섬세한 감정의 흐름을 포착하며, 고독, 사랑, 고통 등 복잡한 인간 경험을 사실적으로 그려냈습니다. 또한 전통적인 미술 양식에서 벗어나 과감한 구성을 시도하며, 감정과 경험을 시각적으로 표현하는 새로운 길을 개척했습니다. 그의 작업은 후에 많은 현대 화가들에게 영감을 주었고, 표현주의와 현대 미술의 발전에 큰 영향을 미쳤습니다.

쉴레는 불행한 가정환경에서 자랐습니다. 부모와의 관계는 복잡했고, 아버지의 조기 사망은 그에게 큰 충격이었습니다. 이러한 가정적 불화는 그의 내면에 깊은 상처를 남겼습니다.

그는 자신의 예술적 비전을 추구하는 과정에서 사회와의 갈등을 겪었습니다. 당시 사회는 그의 대담한 주제와 표현 방식을 받아들이지 않았고, 이는 그를 더욱 고립된 존재로 만들었습니다. 1912년에는 미성년자 성범죄 혐의로 감옥에 수감되기도 했으며, 이 사건은 그의 평판에 심각한 타격을 주었습니다. 쉴레는 생애 마지막 시기에 전쟁과 질병으로 인한 불행을 겪었습니다. 1918년, 스페인 독감으로 인해 불행하게도 28세의 젊은 나이에 생을 마감하였습니다.

에드바르드 뭉크는 대표작 〈절규(The Scream)〉로 가장 잘 알려져 있습니다. 뭉크가 겪은 내적 불안과 외로움을 생생하게 표현한 걸작으로 평가됩니다. 어린 시절 부모와 형제의 죽음을 겪으며 고통 속에 자랐던 뭉크는 불안, 죽음, 그리고 사랑과 상실을 작품의 주제로 삼았습니다.

그는 평생 심리적 혼란과 싸우며 알코올 중독과 정신 질환에 시달렸습니다. 자신의 불안정한 심리 상태를 시각화함으로써 뭉크는 표현주의의 선구자가 되었지만, 그 과정은 그에게도 치명적인 영향을 끼쳤습니다.

뭉크, 〈절규〉

파가니니, 베토벤, 김광석: 고통을 영감으로 승화하다

파가니니는 바이올린 연주자로서 전설적인 명성을 얻었지만, 그의 건강 상태는 매우 나빴습니다. 그는 마르판 증후군으로 알려진 유전 질환을 앓고 있었으며, 평생을 고통 속에서 살았습니다. 하지만 그 질병 덕분에 남들보다 더 유연한 손가락을 가졌고, 이것이 그의 독특한 연주 스타일을 가능하게 했습니다. 파가니니의 연주는 청중들에게 마치 악마와 같은 천재성을 보여주었지만, 그의 삶은 고독하고 고통스러웠습니다.

김광석은 한국 가요계의 전설적인 싱어송 라이터였지만, 그의 삶은 깊은 외로움과 고통으로 얼룩져 있었습니다. 그는 자신의 노래를 통해 사회적 문제와 개인의 감정을 표현했고, 수많은 사람들에게 위로를 주었지만, 정작 본인은 그 고통을 이겨내지 못하고 안타깝게도 세상을 떠났습니다.

베토벤도 비슷한 운명을 겪었습니다. 청력을 잃는다는 것은 음악가에게는 치명적인 시련일 수밖에 없지만, 베토벤은 오히려 이를 자신의 내면과 더 깊게 소통하는 기회로 삼았습니다. 청각을 잃은 후에도 역사상 가장 위대한 교향곡들 중 일부를 작곡했습니다. 베토벤의 음악은 그의 고통과 극복의 과정을 담고 있으며, 오늘날 많은 이들에게 위로와 영감을 줍니다.

칸딘스키, 고흐, 이중섭: 고독했지만 끝내 순수했다

바실리 칸딘스키는 추상미술의 선구자로 평가받지만, 시대는 그의 예술을 쉽게 받아들이지 않았습니다. 미술계는 그가 창조한 독특한 비구상적인 작품들을 이해하지 못했고, 끊임없이 비판과 외로움에 시달렸습니다. 하지만 칸딘스키는 외부의 평가에 굴하지 않고, 자신의 내면에 귀를 기울여 추상적 형태와 색채의 조화를 완성했습니다. 그의 예술적 고독은 결국 예술계의 혁신으로 이어졌습니다.

빈센트 반 고흐는 말할 것도 없이 고통받는 천재 예술가의 전형입니다. 오늘날에는 미술사에서 가장 영향력 있는 화가 중 한 명으로 인정받지만, 생전에는 거의 알려지지 않은 인물이었습니다. 그는 극심한 정신적 문제로 고통받았고, 이는 예술적 성취에 큰 영향을 미쳤습니다.

생애 동안 지속적인 우울증과 불안에 시달렸으며, 결국 자해 사건으로 잘 알려진 귀를 자른 일화는 그가 처한 정신적 혼란의 상징으로 남아 있습니다. 37세에 스스로 목숨을 끊고 나서야 그의 작품은 높은 평가를 받았습니다. 그의 삶은 예술적 천재성과 정신적 고통 사이의 깊은 갈등을 보여줍니다.

이중섭은 한국 미술사의 대표적인 비극적 인물로 꼽힙니다. 전쟁과 이산가족의 고통 속에 극도의 가난 속에서도 작품 활동을 멈추지 않았습니다. 삶은 피폐했지만 작품은 순수하고 힘찬 에너지를 담고 있습니다. 대표작인 〈흰 소〉 그림은 고독하고 힘든 현실을 살아가는 인간의 모습과도 닮아 있습니다.

프리다 칼로, 로스코, 바스키아: 내면에서 분출한 예술혼

프리다 칼로는 멕시코의 대표적인 화가이자, 독창적이고 강렬한 작품으로 잘 알려진 인물입니다. 그녀의 삶은 극심한 신체적 고통과 정신적 고난 속에서도 예술적 열정으로 가득 차 있었습니다. 그녀는 자신의 고통과 투쟁을 작품 속에 고스란히 담아내며, 오늘날까지 많은 이들

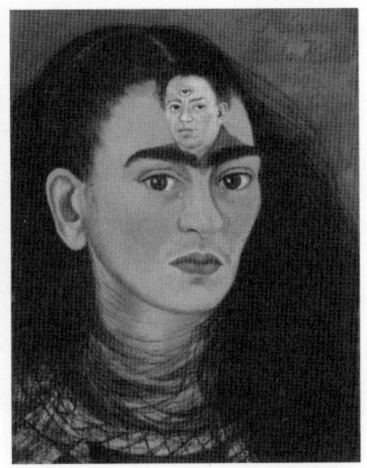

← 이중섭, 〈흰 소〉
→ 칼로, 〈자화상〉

에게 영감을 주는 예술가로 기억되고 있습니다.

프리다는 18세 때 끔찍한 교통사고를 당하면서 평생 지속된 육체적 고통을 겪게 됩니다. 척추와 골반이 부러지고, 여러 번의 수술을 받아야 했으며, 그로 인해 침대에 누워 보내는 시간이 많았습니다. 하지만 이 불행한 사건은 그녀가 본격적으로 그림을 시작하는 계기가 되었습니다. 침대에 누워 거울을 보며 자화상을 그리기 시작했고, 자신의 고통과 감정을 솔직하게 표현하는 독창적인 화풍을 발전시켰습니다.

프리다의 작품은 신체적 고통뿐만 아니라 그녀의 정체성과 정치적 신념, 여성으로서의 삶, 멕시코의 전통문화 등을 반영하고 있습니다. 특히 자화상이 많은 이유는, 자신의 내면을 깊이 들여다보고 이를 화폭에 투영하려 했기 때문입니다. "나는 내가 가장 잘 아는 주제를 그린다: 나 자신"이라는 그녀의 말처럼, 자신의 삶을 예술로 승화시키며 고통을 표현했을 뿐만 아니라 이를 통해 치유하고자 했습니다.

프리다는 또한 남편 디에고 리베라와의 복잡한 관계에서도 많은 고통을 겪었습니다. 두 사람은 서로를 사랑했지만, 리베라의 잦은 외도와 그로 인한 갈등은 그녀에게 큰 상처를 주었습니다. 그럼에도 불구하고 프리다는 리베라와의 관계에서 예술적, 정치적 영감을 얻으며 자신의 작업에 이를 반영했습니다.

프리다 칼로의 작품은 주로 초현실주의로 분류되지만, 그녀는 스스로를 초현실주의자로 부르지 않았습니다. 자신의 그림이 꿈이나 상상을 기반으로 한 것이 아니라, 철저히 현실과 내면의 감정을 반영한 것이라 주장했습니다. 특히 〈두 개의 프리다〉, 〈부러진 기둥〉과 같은 작품은 그녀의 내면 깊숙한 곳에서 비롯된 신체적, 정신적 고통을 시각적으로 강렬하게 표현한 예술적 걸작으로 평가받습니다.

프리다는 비록 힘든 삶을 살았지만 고통을 예술로 승화시키며 자신만의 독창적인 세계를 구축했습니다. 그녀의 작품은 여성의 강인함과 자아를 표현하며, 오늘날에도 수많은 사람들에게 공감과 영감을 불러일으키고 있습니다.

추상 표현주의 화가 마크 로스코는 색면 회화(Color Field Painting)로 유명하지만, 그의 예술은 그가 겪었던 내면의 고통과 깊이 연결되어 있었습니다. 로스코의 작품들은 단순한 색채의 배열이 아닌, 인간의 감정적 경험을 캔버스에 투영한 것이었습니다. 그의 그림들은 생명, 죽음, 고립과 같은 주제를 탐구했으며, 그의 삶 역시 우울증으로 얼룩져 있었습니다. 특히 후반부의 어두운 색채로 채워진 작품들은 그의 내면세계가 어두워졌음을 보여줍니다. 1970년, 로스코는 자살로 생을 마감했습니다.

장 미셸 바스키아는 1980년대 뉴욕 예술계를 뒤흔든 천재적인 스트리트 아티스트였습니다. 그는 흑인 청년으로서의 정체성과 사회적 문제를 주제로 삼아 독창적인 회화 스타일을 구축했고, 금세 주목받는 예술가로 성장했습니다. 그러나 이른 나이에 마약 중독에 빠졌고, 27세에 약물 과다복용으로 사망했습니다. 그의 폭발적인 창의력과 그에 따른 내적 혼란은 그를 파멸로 이끌었지만, 그의 작품은 지금까지도 많은 예술가들에게 영감을 주고 있습니다.

모네, 모딜리아니, 르누아르: 고통과 우울을 창조의 에너지로

클로드 모네는 인상주의 화가로서 빛과 색의 마법사라 불리지만, 그는 만년에 백내장으로 시력을 거의 잃을 뻔했습니다. 그럼에도 불구하고 그는 그 불편함을 극복하고, 점점 더 흐릿해지는 시야 속에서 자신만의 독특한 화풍을 창조했습니다. 그의 후기 작품들은 마치 안갯속에 잠긴 듯한 환상적인 분위기를 자아내는데, 이는 모네의 시력 저하로 인한 색의 왜곡을 반영한 것입니다. 이런 환경적 불리함을 예술적으로 승화시킨 사례로 그의 이야기는 오늘날까지 회자됩니다.

모딜리아니는 긴 목과 비정상적으로 늘씬한 얼굴을 가진 인물화로 유명합니다. 그의 작품은 우울한 분위기와 깊은 정서적 공명을 가지고 있으며, 이는 그의 삶에서 경험한 고통과 직결됩니다. 그는 알코올과 약물 중독에 시달렸으며, 이러한 고통은 예술적 창조성의 원천이었습니다. 모딜리아니는 자신이 겪은 고통을 작품에 투영하여, 독특하고 강렬

모딜리아니, 〈잔느의 초상〉

르누아르, 〈두 자매〉

한 감정을 전달했습니다. 그의 예술은 인생의 비극과 아름다움을 동시에 담아내며, 죽음과 상실을 매개로 인간의 감정을 탐구했습니다.

르누아르는 인상파 화가로서 밝고 생동감 넘치는 색조와 유려한 붓질로 유명합니다. 그러나 나이가 들면서 심각한 관절염으로 인해 많은 어려움을 겪었습니다. 이 질병은 작업 방식에 제한을 초래했지만, 그는 끊임없이 새로운 방법을 찾아내어 창작을 계속했습니다. 르누아르는 자신의 고통을 딛고 아름다움을 추구하며, 예술을 통해 삶의 기쁨과 슬픔을 동시에 표현했습니다. 그의 작품은 인간의 감정, 특히 사랑과 가족의 소중함을 강조하며, 병든 몸 속에서도 인간의 본질적인 아름다움을 발견하려는 노력을 보여주었습니다.

비욘드 더 페인(pain)

예술가들은 자신이 처한 불우한 환경을 예술로 승화시키며, 세상에 감동과 영감을 주는 작품을 남겼습니다. 그들의 고난은 단순한 개인적 비극이 아니라, 예술의 원천이자 원동력이 되었던 것입니다.

그들의 천재성은 종종 삶에 깊은 어둠을 드리우기도 했습니다. 특히 많은 예술가들은 내면의 갈등, 외부의 억압, 그리고 불안정한 사회적 환경 속에서 자신만의 길을 개척하며 창작을 이어갔습니다. 이러한 천재적 예술가들의 삶은 찬란한 업적 뒤에 숨겨진 고통과 불안의 순간들로 가득 찼습니다. 이들이 겪은 어두운 삶의 단면은 예술적 영감이 되었을지 모르지만, 동시에 그들을 파괴하기도 했습니다.

예술은 단순한 창작 이상의 것이며 종종 인간의 가장 깊은 감성을 이끌어 냅니다. 클림트, 쉴레, 뭉크, 모딜리아니, 르누아르, 베토벤, 이중섭, 김광석 같은 예술가들은 그들의 창의성과 동시에 깊은 불행을 경험했습니다. 그들의 작품은 이러한 개인적 고뇌를 반영하며, 감정의 진솔한 표현으로 관객과 소통합니다.

고통과 고뇌를 창작의 에너지로 승화시킨 예술가들의 이야기는 예술이 단순히 아름다움을 추구하는 것이 아니라, 인간 존재의 깊은 진리를 탐구하는 수단임을 상기시켜 줍니다.

...

Q 뭉크의 절규 전시를 놓쳤다고 했는데, 특별히 보고 싶었던 이유가 있나요?

솔직히 저는 그림을 잘 모릅니다. 하지만 절규는 단순한 그림이 아니라 인간의 불안을 상징하는 아이콘 같은 작품이잖아요. 인터넷에서만 보던 작품을 실제로 보면 어떤 느낌일지 궁금했어요. 거기다 이번 전시에는 뭉크의 다른 작품 140점도 함께 전시됐다고 하니, 그의 작품 세계를 깊이 들여다볼 좋은 기회였을 텐데… 아쉬웠습니다.

Q 뭉크 외에도 관심 있었던 예술가가 있었나요?

네, 클림트와 쉴레의 작품도 기억에 남습니다. 5년 전에 한가람미술관에서 열린 전시에서 이 두 화가의 작품을 직접 본 적이 있어요. 클림트의 키스는 금빛 장식이 화려하면서도 묘하게 몽환적이었고, 쉴레의 그림들은 인간의 감정을 날카롭게 포착하는 강렬한 에너지가 있었습니다.

Q 예술과 고통은 어떤 관계가 있다고 생각하나요?

많은 예술가들이 불우한 환경이나 내면의 고통을 예술로 승화했습니다. 뭉크는 어린 시절 가족을 잃고 불안과 외로움 속에서 살았고, 클림트는 고독과 예술적 논란 속에서 작업을 이어갔죠. 쉴레는 극단적인 감정 상태를 그림으로 표현했고, 고흐는 평생 정신적 문제로 고통받으면서도 아름다운 작품을 남겼어요. 예술은 이들에게 일종의 해방구이자, 그들의 고통을 담아낸 기록이었던 것 같습니다.

Q 고통이 꼭 예술의 필수 조건일까요?

필수는 아니겠지만, 깊은 감정을 표현하는 데 중요한 요소가 될 수 있죠. 예술가들은 고통을 마주하고 그것을 창작으로 풀어내는 과정에서 특별한 작품을 만들어냈어요. 하지만 모든 예술이 고통에서만 나오는 것은 아닙니다. 즐거움, 사랑, 평온함 같은 감정도 예술의 중요한 원천이죠.

Q 미술 외에도 고통을 창작으로 승화한 사례가 있을까요?

음악에서도 많이 볼 수 있는 것 같습니다. 베토벤은 청력을 잃었지만, 오히려 그 절망 속에서 운명 교향곡이나 합창 교향곡 같은 위대한 작품을 만들었죠. 파가니니는 마르판 증후군이라는 희귀 질환을 앓았는데, 그 덕분에 손가락이 남들보다 유연해 기이할 정도로 뛰어난 바이올린 연주를 할 수 있었습니다. 한국에서도 김광석처럼 깊은 고뇌를 음악으로 풀어낸 가수들이 있죠.

Q 그런 예술가들의 삶을 보면 안타까운 마음이 들기도 하는데, 결국 그들의 고통은 헛되지 않은 걸까요?

그렇죠. 그들의 삶이 불행했을지는 몰라도, 그들이 남긴 예술은 수많은 사람들에게 위로와 감동을 주고 있으니까요. 반 고흐는 생전에 단 한 점밖에 팔리지 않았지만, 지금은 전 세계 사람들이 그의 작품을 사랑하잖아요. 뭉크의 절규도 그의 불안과 고통에서 탄생했지만, 오늘날 많은 이들이 그 그림을 통해 공감과 위안을 얻고 있습니다.

Q 그들의 이야기를 글로 남기고 싶었다고 했는데, 어떤 방식으로 정리할 생각이었나요?

예전에 강의했던 내용과 이번에 다시 공부한 것들을 엮어서, 천재 예술가들의 창의성과 고통에 대한 글을 써보려했습니다. 단순히 그들의 불행을 나열하는 것이 아니라, 어떻게 고통이 창작으로 변할 수 있는지에 대한 이야기를 하고 싶었어요. 그런 작품들이 오늘날 우리에게 어떤 의미를 주는지도 함께 생각해보자는 거였죠.

Q 마지막으로, 예술을 잘 모르는 사람도 이런 이야기를 흥미롭게 읽을 수 있을까요?

그랬으면 좋겠습니다. 저도 미술 전문가가 아니라서, 복잡한 이론보다는 쉽게 공감할 수 있는 이야기로 풀어보려고 해요. 예술을 잘 몰라도 절규를 보면 어떤 느낌인지 알 수 있잖아요. 예술가들의 삶과 작품이 가진 힘을 자연스럽게 느낄 수 있도록 쓰는 게 목표입니다.

14 고요 속의 외침
소아과 의사 출신 정치인의 현장 기록과 고백

용감무쌍한 정치 브로커 한 명과 여사의 부적절한 대화로 나라가 시끄럽다. 큰 스캔들은 작은 스캔들을 덮어 잠시 잊히게 만든다. 이 와중에도 의료대란의 시계는 멈추지 않고 돌아가고 있다. 의대생과 전공의들의 행동으로 시작되었지만 파급력이 사회 전체로 번지고 있다. 그런데도 우리는 이 위기를 제대로 마주하고 있는가?

정부는 여전히 의연한 태도를 유지하고 있다. 그 속에 감춰진 위험을 과소평가하고 있는 것은 아닌지 우려된다. 의료 현장은 이미 균열의 징조를 보이고 있다. 주요 대학병원들의 진료 일정이 연기되고 있다. 지역 병원들은 인력 부족으로 운영에 차질을 빚고 있다. 이로 인해 환자들은 병원 선택의 폭이 줄어들고 있다. 대형병원의 진료 대기 시간은 기하급수적으로 증가하고 있다. 상황은 심각해지고 있지만, 정부와 정치권의 태도는 여전히 느리다.

이 사태의 핵심은 무엇보다도 전공의들과 의과대학생들의 목소리가 충분히 반영되지 않았다는 점이다. 그들은 비단 개인의 실리와 안위를 걱정하는 것이 아니라 의료 체계 자체의 붕괴를 경고하고 있다. 열악한 학습 환경과 비현실적인 근무 조건, 그리고 현 정부의 정책들이 어떻게 의료계의 미래를 어둡게 하고 있는지를 그 누구보다도 가까이에서 경험하고 있다.

정치권과 정부의 역할은 이들의 목소리를 더 진지하게 듣는 데서 시작해야 한다. 단순한 양비론이나 중립적인 태도로 문제를 외면할 것이 아니다. 그들의 요구에 대해 열린 자세로 대화를 시도해야 한다. 정치권의 몇몇 인사들이 갈등을 해결하겠다는 의지를 보여주고 있긴 하다. 의사출신 국회의원들도 목소리를 높이고 있다. 하지만 여전히 현실과의 간극이 크다. 중재자의 역할에 머무를 때가 아니다. 그간 반복되어 온 정책 실패에 대한 책임감 있는 성찰이 선행되어야 한다.

실제로, 전공의들과 의과대학생들은 환자 안전과 의료의 질을 지키기 위한 최전선에 서 있다. 그들이 직면한 문제는 단순히 본인의 학습과 경력만을 위한 것이 아니다. 의료체계의 기초가 되는 수련과정이 붕괴되면, 그 결과는 국민 전체에게 돌아가게 된다. 몇 년 후 전문의가 부족해진다고 했던 정부가 오히려 최악의 상황을 앞당기고 있다. 피해는 우리가 지금 상상할 수 없는 수준으로 다가올 수 있다.

정부는 단순히 시간이 지나면 해결될 문제로 치부해서는 안 된다. 정치권 역시 양쪽 입장을 형식적으로만 수렴해서도 안된다. 보다 적극적으로 의사들의 주장을 경청하고 해결책을 모색해야 한다. 이 과정에서 의료계의 목소리는 단순한 반발이 아니다. 미래 의료의 안전망을 지키기 위한 경고음임을 잊지 말아야 한다.

의료대란은 우리 사회가 직면한 가장 중요한 위기다. 정치적 책임과 협력이 절실히 필요한 순간이다. 지금 정부와 정치권이 보여주는 자세는 국민의 건강을 지키는 책임을 다하고 있는가에 대한 근본적인 질문을 던지게 한다. 시간이 더 지나기 전에, 본격적인 의료 개혁을 위한 대화와 중재가 이루어져야 할 때다.

　이런 상황에서 되새기는 어떤 고뇌와 사색이 가슴에 와닿는다. 의사 출신 국회의원이자 전직 소아과 의사가 쓴《우리는 다시 먼바다로 나갈 수 있을까》라는 책이 작지 않은 반향을 일으키고 있다. 단순한 회고록을 넘어, 의료 현장에 대한 당직일지이자 일과 인생을 통합해 풀어낸 자기 고백서다. 이 책은 특히 의료대란이 현실화된 오늘날의 상황에서 깊은 성찰을 불러일으킨다.

　개인의 삶과 직업적 책임 사이에서 끊임없이 고민하는 모습을 솔직하게 드러낸다. 의사로서의 삶은 '온전한 쉼'이 거의 불가능하며, 끊임없이 환자와의 관계 속에서 자신을 희생해야 한다. 하지만 저자는 이 모든 것이 결국 사람을 치유하는 일에서 오는 보람으로 돌아온다고 이야기한다. 이러한 이야기는 의료대란 속에서 자신의 삶을 뒤돌아보고, 나아가 더 나은 의료 환경을 만들기 위한 성찰로 이어진다.

　책의 제목은 의사로서의 사명을 다시금 다짐하게 하는 상징적인 질문이다. 의료인들이 겪고 있는 현실적 어려움을 직시하는 데서부터 글은 시작된다. 그럼에도 불구하고 다시 한번 '먼바다'라는 불확실한 상황으로 나아가려는 용기를 내어야 한다는 의미가 담겨 있다. 저자의 경험과 성찰은 의료인들이 단순한 문제 해결자에 머물지 않음을 일깨운다. '사람을 치유하는 존재'로 존중해야 함을 상기시킨다.

　저자가 직접 경험한 의사로서의 일상, 직업적 고충, 그리고 정책 입안자로서 느끼는 사회적 책임은 현재의 위기 속에서 한층 더 공감되는 지점이다. 그의 글들은 의료 현장의 냉혹한 현실을 생생하게 묘사하면서도, 그 안에 내재된 '치유'의 본질을 조명한다.

　소아과 의사로서 수많은 어린 생명을 다뤄왔던 저자는, 그 과정에

둘. 생각과 망상 사이

이주영,《우리는 다시 먼바다로 나갈 수 있을까》

서 느낀 인간적 고뇌와 한계를 솔직하게 드러낸다. 의사로서 '모든 것을 구할 수는 없다'는 절망감은, 최근 대한민국이 겪고 있는 의료 시스템의 한계를 상징하는 듯하다. 병상 부족, 인력난, 코로나19 이후 가중된 의료 부담은 우리 사회가 얼마나 의료인들에게 많은 짐을 지우고 있는지 보여준다.

    단지 절망에 그치지 않는다. 오히려 환자와의 소통, 생명을 다루는 일의 경이로움 속에서 의사로서 느꼈던 사명감을 담담히 풀어내며, 의사라는 직업의 본질을 다시금 환기시킨다. 이는 오늘날 의료대란 속에서 가장 중요한 가치를 되새기게 만든다. '치유'란 단순히 병을 치료하는 것이 아니라, 그 과정에서 발생하는 인간적 연대와 이해를 포함하는 것임을 저자의 기록을 통해 확인할 수 있다.

    의사였던 저자가 국회의원이 되어 의료 정책에 관여한 경험은, 현재의 의료대란 상황을 더욱 비판적으로 바라보게 만든다. 의료 현장의 실질적인 문제를 체감한 사람으로서, 저자는 의료계와 정치권 사이의 거리를 좁히기 위해 노력했음을 책에서 강조한다. 보건복지위원회의 국정감사와 청문회에서 그의 목소리는 고요 속의 외침 같았다. 말하는 사람과 듣는 사람 따로였다. 정책 입안자로서의 입장은 의료인들에게 요구되는 과도한 책임과 사회적 기대 사이의 간극을 환기시킬 뿐이었다.

    의료대란의 근본 원인은 단순히 한두 개의 문제로 설명될 수 없다. 저자의 말처럼, 의료인들의 노동 환경, 시스템의 구조적 문제 등이 직시

되어야 한다. 단기적 해결책이 아닌 장기적 개혁의 필요성을 정부당국자도 솔직하게 인정해야 한다.

이제 이 문제는 '개인의 헌신'만으로는 해결할 수 없는 거대한 구조적 과제로 변모했다. 특히, 의료 인력의 공백을 메우기 위한 단기적 대책은 임시방편일 뿐이다. 의료 시스템 자체의 변화를 모색해야 한다는 얘기다.

현재의 의료대란 상황 속에서 이 책은 우리에게 단순한 위기 극복을 넘어, 구조적 문제 해결을 위한 긴 호흡의 변화를 요구하고 있다.

15 이토록 친밀한 타인
가까이 있어도 다가서지 못하는…

파트 타임으로 일하는 딸의 퇴근을 도와주기 위해 차를 몰고 나섰다. 라디오에서는 두시의 FM에서 노래가 흘러나온다.

가까이에 있어도 다가서지 못했던~
그래 내가 미워했었다

인순이의 〈아버지〉다. 가사에는 아버지라는 단어가 한 번도 안 나오지만 누가 들어도 그 노래. 회한, 후회, 연민… 이런 감정들이 절절하게 흘러넘친다. 들을 때마다 쓸쓸함을 자아내는 노래다.

내가 미워했던 아버지를 떠올린다. 한편으론 되돌아보게 된다. 우리 딸에게 나는 어떤 아버지일까? 아버지와 딸의 친밀하지만 남 같은 관계….

꼭 이런 모습을 그리는 드라마도 있다. 넷플릭스에서 몰아보기 하고 있는 〈이토록 친밀한 배신자〉다. 가족이지만 남보다 더한 냉랭함과 거리감, 단절감 같은 정서가 흐른다. 뭔가 꼬여있고 의심하고 오해하고 미워하는 공기가 드라마를 보는 내내 기분을 무겁게 한다.

누구보다 친밀해야 할 가족 사이에 끼어들지 못하는 아빠의 존재감은 나만의 느낌일까? 어쩌면 60대 중반의 아빠와 30대 초반 딸과의 일반적 정서가 아닐까 하고 애써 위안해 본다.

집으로 돌아오는 차 안에서도 살가운 대화는 거의 없다. "배고프지, 뭐 먹고 싶은 거 없어?" "조끔… 괜찮아." 그리고는 이내 조수석 등받이에 몸을 기대곤 눈을 감는다. 피곤해서 그렇겠지 뭐.

수료가 일 년도 안 남았는데 다니던 수련병원을 그만뒀다. 그럭저럭 일 년이 되어가지만 해결될 기미는 전혀 보이지 않는다. 손 놓고 있는 정부도 그렇고 전공의도 그렇고 의대생도 그렇고… 모든 스텝이 꼬이고 헝클어졌다. 앞으로 2~3년은 이대로 흘러가지 않을까? 얘네들의 앞날은 어떻게 될까? 궁금하지만 물어볼 수도 없다. 웬만하면 복귀하란 소리는 더더욱 못한다.

본인들은 오죽 답답하고 힘들까? 시급 아르바이트로 용돈벌이를 하면서도 꿋꿋하게 견뎌내는 딸이 애처롭지만 한편으론 대견하다.

덕분이라고 해도 될까? 그래도 식구들하고 붙어 지내는 시간은 부쩍 늘었다. 엄마랑 친구처럼 조잘조잘 친하게 대화하는 모습도 보기 좋다. 내가 굳이 끼어들지 않아도 둘이 충분히 행복해 보여서 흐뭇하게 바라보게 된다.

가끔은 딸이 살짝 눈길을 내게 돌려주는 순간이 있다. 그럴 때면 "아빠도 아직 여기 있어!" 하고 싶은 마음에 작은 농담으로 대화를 가볍게 틀어보기도 한다. 그러면 딸은 잠시 웃어주다가 곧 다시 엄마와 수다를 이어간다.

이제는 그 조심스러운 거리감조차도 우리 사이의 소중한 리듬이라고 느껴진다. 그렇게 멀찍이 바라보며 사랑을 주고받는 방식도 나쁘지 않다. 이토록 친밀한 사이인데 내가 조금 그늘진 자리에 있으면 뭐 어때.

둘이서 저만치에서 나누는 말 한마디 한마디, 표정 하나하나가 참 대견하다. 그냥 지켜보는 것만으로도 좋다. 때론 대화에 끼어들기도 한다. 딸은 시큰둥한 표정으로 잠시 틈을 주곤 금세 또 엄마와의 대화에 빠져든다.

딸은 이제 어른이 되어간다. 나의 자리도 자연스레 조금씩 달라지고 있다는 걸 느낀다. 이제는 먼발치에서 그저 든든한 버팀목이 되어주기만 해도 좋겠다. 우리의 특별한 거리가 만들어내는 따뜻한 애정의 온기를 딸은 알고 있겠지?

...

내 얘기라고 하기엔 민망하고 오글거린다. 그래서 남 이야기 하듯이 비틀고 눙쳐서 적어 본다.

#1. 거실에서 저녁을 준비하는 엄마와 딸의 대화를 멀찍이서 지켜보는 아빠. 슬며시 미소를 짓는다. 엄마와 딸은 요즘 꽤 자주 대화에 빠져든다. 대화에 끼어들고 싶어 눈치를 보지만 스며들기가 쉽지 않다. 먼발치에서 둘의 이야기를 듣고만 있다. 딸이 아빠 쪽으로 한눈을 주면 그제야 아빠는 딸에게 장난스러운 미소를 보인다. 잠깐 미소를 지어 보이곤 곧바로 엄마와의 대화에 다시 몰입한다.

아빠 (작게 한숨을 쉬며 혼잣말) "아빠는 그냥 방청객인가…."

#2. 끼어들기   한 번 제대로 대화에 참여해 보기로 결심한다. 여전히 딸과 엄마는 거실에 앉아 이야기 삼매경. 큰맘 먹고 다가가 눈을 깜박이며 너스레를 떤다.

　아빠 (눈을 깜박이면서) "깜빡이 넣고 들어갑니다~ 이야, 도대체 뭐가 이렇게 재밌어?"
　딸   (살짝 웃으며) "뭐야~이상하게."
　엄마 "아, 잠깐만! 지금 중요한 얘기 중이었어."

어색한 웃음. 말없이 자리를 내주며 슬쩍 물러선다. 그래도 어쩐지 뿌듯하다. 두 사람과 잠깐이라도 웃음을 나눈 게 어딘가 싶다.

#3. 질문   조용히 혼자 소파에 앉아 있는 아빠. 딸이 다가와 슬며시 옆에 앉는다.

　딸   "아빠, 혹시 아빠 어릴 때 할아버지랑은 어땠어?"

순간 머릿속에 떠오르는 장면들에 잠시 말을 잇지 못한다. 아버지와의 서먹했던 시간, 어릴 적 마음속에 묻어두었던 복잡한 감정들이 갑자기 떠오른다. 잠깐 주저하다가 차분히 말을 꺼낸다.

　아빠 "음… 할아버지랑은 참 멀었던 느낌적인 느낌이야. 생각해 보면 나도 아버지를 많이 미워했던 거 같아."
　딸   (조심스럽게) "그런데 지금은?"
　아빠 (잠시 침묵) "지금은… 음, 그냥 그때는 잘 몰랐던 거지. 아버지는 나름대로 열심히 사셨던 건데… 그걸 나중에야 알게 되더라."

딸은 조용히 고개를 끄덕인다. 잠깐 말 없는 공기가 흐른다. 딸이 조용히 다가앉으며 말을 꺼낸다.

딸 "아빠도 나한테 그런 것 같기도 하고 아닌 것 같기도 하고… 흐흐."

#4. 혼잣말 책장에 꽂혀 있는 앨범을 꺼내고는 딸의 어린 시절 사진을 한 장 한 장 넘겨본다. 딸이 아기였을 때 품에 안겨 졸던 모습, 유치원에서 손 흔들며 바라보던 얼굴, 초등학교 졸업식에서 밝게 웃던 그 미소까지….

아빠 (사진을 보며 중얼거린다) "우리도 이런 시간들이 있었네?"

갑자기 마음 한구석이 아려온다. 딸과 조금은 서먹해지는 지금의 시간도 언젠가 추억이 되겠지 싶다. 조용히 앨범을 덮고 허공을 올려다본다.

#5. 커피 타임 딸과 아빠가 드물게 단둘이 차를 마실 기회가 생긴다. 커피 한 잔을 사이에 두고 이야기하다가 문득 서로 눈이 마주친다.

딸 "아빠, 결혼해서 아이 낳으면 아빠, 엄마처럼 키우고 싶어. 그냥… 그 정도의 거리에서 묵묵히 봐주는 거, 왠지 좋은 것 같아."

아빠 (놀라며) "그렇게 생각해 줘서 고맙네. 아빠가 가끔 멀리서 지켜봐 주는 것도 네가 알아준다면 더할 나위 없이 좋지."

마주 보며 웃는다. 마치 묵묵히 지켜보던 모든 시간이 딸에게 조금이나마 전해진 듯한 기분이다. 한층 더 든든하고 따뜻해진 느낌이다.

・・・

Q 이 글을 쓰게 된 계기는 무엇인가요?

이 글은 아빠로서의 자아와 딸과의 관계를 돌아보게 된 개인적인 순간들에서 시작되었습니다. 퇴근 후 딸을 데리러 가는 짧은 일상이지만, 차 안에서의 고요한 시간이나 라디오에서 흘러나오는 노래가 저를 깊은 생각으로 이끌었습니다. 특히 인순이의 〈아버지〉는 절절한 감정을 자극하며 과거의 제 모습과 지금의 제 위치를 비교하게 했습니다. 이 글을 통해 딸과의 거리를 인정하고도 따뜻함을 발견하려는 마음을 담고 싶었습니다.

평소 딸과의 관계를 돌아보며 마음속에 자리한 감정을 글로 풀고 싶었습니다. 일상에서 흔히 지나치는 순간들이 사실은 굉장히 중요한 의미를 가질 때가 있잖아요. 차 안에서 흘러나온 노래, 무심히 건넨 질문 하나에도 숨겨진 서사가 있고요. 특히 딸과의 대화에서 느껴지는 미묘한 거리감은 언젠가 다뤄보고 싶었던 주제였어요. 그것이 단절이 아니라, 오히려 소중한 관계의 한 형태라는 깨달음을 담고 싶었습니다.

Q 제목인 '이토록 친밀한 타인'은 어떤 의미인가요?

가족은 가장 가까운 사이이지만 때로는 서로가 낯설게 느껴질 때도 있습니다. 이중적이고 역설적인 감정이 관계의 본질을 나타내는 것 같았죠. 딸과의 거리는 물리적으로는 가까워도 정서적으로는 미묘하게 떨어져 있는 느낌이었습니다. 하지만 그 거리 안에도 나름의 리듬과 친밀함이 존재하더군요. 그래서 가족 간의 거리와 온기를 동시에 담아내는 표현으로 이 제목을 선택했습니다.

'친밀한 타인'이라는 표현은 가족이라는 울타리 안에서 느껴지는 아이러니를 상징합니다. 누구보다 가까운 존재이지만, 때로는 서로를 완전히 이해하지 못하거나 어색함을 느끼죠. 하지만 이런 모순적인 관계가 오히려 더 큰 애정을 가능하게 한다고 봤어요. 친밀함과 타인성 사이의 묘한 균형이 제목에 담긴 핵심 메시지입니다.

Q 글의 구조를 짧은 에피소드 형식으로 나눈 이유는?

짧은 에피소드 형식은 관계의 단편적인 순간들을 효과적으로 보여주는 데 적합하다고 느꼈습니다. 일상에서 마주치는 장면들을 조각조각 모으는 방식이 오히려 전체적인 감정을 강하게 전달할 수 있죠. 각 장면마다 독자가 몰입하고 공감할 수 있도록 작은 이야기를 중심으로 구성했습니다.

Q 글 속에서 아빠의 마음이 섬세하게 묘사되었는데, 가장 어려웠던 부분은 무엇이었나요?

딸을 향한 연민과 자랑스러움이 동시에 존재한다는 복합적인 감정을 글로 풀어내는 일이 어려웠습니다. 아빠로서 뭔가 더 해주고 싶지만, 그러면 딸의 자율성과 의지에 영향을 미칠까 봐 조심스러운 마음을 균형 있게 표현하고 싶었습니다. 특히, 딸이 아르바이트로 견디고 있는 현실과 이를 바라보는 아빠의 심정을 표현하는 데 신중을 기했습니다.

아버지의 관점에서 서술하면서 감정이 과잉되지 않도록 하는 것도 어려웠습니다. 딸과의 관계를 지나치게 감정적으로 묘사하면 오히려 독자가 공감하기 어려울 수 있잖아요. 담담하면서도 따뜻하게, 자연스럽게 흘러가는 문장을 쓰는 데 집중했습니다. 또 실제 경험과 창작 사이에서 어느 정도 선을 유지하려고 고민했습니다.

Q 글에 등장하는 드라마 〈이토록 친밀한 배신자〉가 영감을 준 부분은 무엇인가요?

〈이토록 친밀한 배신자〉는 가족 간의 복잡한 감정을 다룬 작품으로, 특히 관계의 균열과 거리감을 정교하게 묘사한 점이 인상 깊었습니다. 극 중 아버지와 딸의 단절된 관계를 보며 문득 제 모습과 딸과의 관계를 돌아보게 되었죠. 드라마에서는 오해와 의심 속에서도 미세하게 전해지는 가족 간의 애정이 드러납니다. 저 역시 딸과 대화를 시도하거나 소소한 순간을 엮으며 느끼는 미묘한 정서들을 이 글에 담아내려 했습니다.

Q 딸의 시점에서 아빠를 바라본 이야기도 써보고 싶으신가요?

네, 이번 글은 의도적으로 아버지의 시각에 집중했습니다. 딸의 마음을 상상하며 쓰는 것도 가능했겠지만, 독자에게는 아버지라는 인물의 내면을 충분히 보여주는 것이 더 중요하다고 생각했어요. 독자가 딸의 감정을 유추하게끔 여백을 남기는 방식이 더 효과적일 거라 판단했습니다.

딸의 시점에서 바라보는 아빠의 모습은 다른 글 〈이토록 다른 우리들)에서 묘사되고 있습니다. 딸과 아내의 시점에서 아빠와 남편을 바라보는 이야기지요. 딸의 시점에서는 성장하면서 느낀 아빠와의 거리감, 어릴 때는 미처 몰랐던 아빠의 애정을 성인이 되어서야 이해하게 되는 과정을 다루었습니다. 아내의 시점에서는 남편이 아버지로서 가지는 묵묵한 사랑과 자신만의 방식으로 가족을 대하는 태도를 따뜻하게 그렸습니다. 물론, 꽁트 형식을 활용해 자연스럽고 유머러스하게 스토리를 풀어냈죠.

Q 아빠와 딸의 관계에서 가장 중요하게 생각하는 것은 무엇인가요?

가장 중요한 것은 거리감을 있는 그대로 받아들이는 태도라고 생각합니다. 딸이 자신의 삶을 온전히 살아가도록 응원하면서, 멀리서 지켜보며 필요할 때 힘이 되어주는 것. 그 균형을 유지하는 것이 쉽지 않지만, 그렇게 하는 것이 진정한 사랑이 아닐까 싶습니다.

가족이라는 관계는 단순히 밀착된 친밀함으로만 정의되지 않는다는 점도 전달하고 싶었습니다. 때로는 거리감 속에서도 따뜻한 애정이 피어나고, 오히려 그 거리감 덕분에 서로를 더 잘 이해할 수 있죠. 특히 아버지와 딸이라는 관계에서 이런 특수한 애정의 형태를 발견할 수 있다고 말하고 싶었습니다.

Q 마지막 장면에서 커피를 마시며 나누는 대화는 실화인가요?

완전한 실화는 아닙니다. 하지만 현실에서 제가 딸과 나눴던 작은 순간들을 각색했습니다. 딸이 '아빠처럼 아이를 키우고 싶다'고 말해준다면 그것만큼 뿌듯한 순간도 없겠죠. 실제로 그런 말을 듣진 못했지만, 희망을 담아 상상하며 쓴 장면입니다.

Q   글 속의 아빠 캐릭터가 느끼는 '소외감'은 부정적인 감정인가요?

전혀 그렇지 않습니다. 오히려 저는 그 소외감을 관계의 자연스러운 일부로 받아들입니다. 딸이 엄마와 더 친밀하게 지내는 것도, 아빠에게 모든 이야기를 하지 않는 것도 성장의 일부죠. 그런 모습들을 멀찍이서 바라보며 딸이 행복한 모습을 확인하는 것만으로도 충분합니다.

저는 거리감이 꼭 부정적인 것은 아니라고 생각합니다. 오히려 적당한 거리에서 서로를 존중하며 관계를 쌓아가는 과정이 더욱 성숙한 사랑을 만들어내죠. 특히 아버지와 딸의 관계에서 이런 감정은 흔하다고 봅니다. 가까워 보이지만 어딘가 한 걸음 물러나 있는 듯한 느낌, 그 안에 담긴 애정과 배려를 담아내고 싶었습니다.

Q   이 글을 쓰고 나서 느낀 점이나 변화가 있나요?

글을 쓰면서 저 자신도 아버지로서의 모습을 돌아보게 됐어요. 과거 아버지와의 관계를 이해하게 된 계기도 되었고, 지금 딸과의 관계를 어떻게 더 잘 만들어갈지 생각하게 됐습니다. 글을 쓰는 과정이 저에게는 작은 치유와 깨달음의 시간이었습니다.

딸과의 관계에서 지나치게 간섭하려 하지 말자는 다짐도 다시금 하게 되었습니다. 딸이 앞으로 어떤 선택을 하든 묵묵히 지켜보는 것이 아빠로서의 역할임을 깨달았습니다. 동시에 이런 관계에서도 따뜻함과 애정을 충분히 나눌 수 있다는 확신을 얻었습니다.

16 이토록 다른 우리들
늘 곁에 있어도 너무 먼 당신들

가족의 모습을 아빠의 시점에서 보면 딸과 아내는 한없이 친밀하지만 어쩔 수 없이 타인이다. 우리인 듯 우리 아닌 우리 딸과 아내는 어쩌면 '이토록 다른 우리들'일까?

1. 딸의 시점

아빠가 운전을 해서 퇴근을 도와주러 오신다. 조수석에 기대 눈을 감는다. 피곤해서 더 할 말도 없다. 차 안에 흐르는 라디오에서 인순이의 〈아버지〉가 울려퍼진다.

가까이에 있어도 다가서지 못했던~
그래 내가 미워했었다

왠지 마음을 묘하게 흔들어 놓는다. 가사에는 아버지라는 단어가 한 번도 없지만, 그 노래를 들을 때마다 뭔가 짙은 회한과 서글픔이 스며든다. 그 감정의 깊이, 울림… 아빠의 옆얼굴을 살짝 바라보다 입을 다문다. 이 노래, 아빠도 들으면서 무슨 생각을 하실까?

나는 조금씩 느낀다. 그땐 잘 몰랐던 아빠의 마음을, 그리고 지금 아빠는 어떤 마음일지. 차창 너머로 비껴 지나가는 불빛들을 바라보며 괜스레 마음이 아릿해진다.

요즘 들어 아빠랑 대화할 일이 좀 줄어든 것 같기도 하다. 오히려 엄마랑 자주 얘기하게 된다. 아빠는 그저 멀찍이서 흐뭇하게 바라보는 듯하다. 그러다 가끔 나한테 시선을 주시며 장난스럽게 말을 걸기도 한다. 그럴 때면 나도 가볍게 웃어주지만, 뭔가 조금은 서먹한 그 느낌… 그냥 아빠와 나는 늘 그랬던 것 같기도 하다.

#1. 거실에서   엄마와 요리하면서, 요즘 빠져 있는 드라마〈이토록 친밀한 배신자〉에 대해 수다를 떨고 있다. 아빠가 멀리서 미소 짓는 게 느껴진다. 잠시 고개를 돌려 아빠를 보니, 아빠는 눈을 깜박이며 말을 걸까 말까 망설이는 듯한 표정이다.

　　나　(슬쩍 웃으며) "왜, 무슨 일 있어요?"
　　아빠　(작게 한숨을 쉬며) "아빠는 방청객인가…."

살짝 웃어주곤 다시 엄마와 수다에 빠져든다. 하지만 아빠의 그 말이 머릿속에서 맴돌아, 괜히 마음이 찡해진다.

#2. 끼어들기   아빠가 용기 내어 우리 대화에 끼어드신다. 눈을 깜박이며 "깜빡이 넣고 들어갑니다~"라고 하시는데, 순간 웃음이 터진다.

　　나　(웃으며) "아빠, 뭐야~ 갑자기 이상하게…."

엄마 "잠깐만, 중요한 얘기 중이었어!"

아빠는 고개를 끄덕이며 물러나신다. 그 모습에 괜히 미안하면서도 귀엽다는 생각이 든다. 한편으론 슬며시 웃음이 난다. 어쩌면 아빠는 항상 그 거리에서 바라봐 주시던 것 같아서… 그 마음이, 내가 모른 척했지만 마음속엔 분명히 새겨져 있다.

#3. 앨범 속 추억 밤, 잠들기 전 거실에 나가니 아빠가 어린 시절 내 사진을 들여다보고 계신다. 앨범 속 나의 얼굴을 따라 손끝으로 쓸어내리시는 모습에 가슴 한 켠이 아려온다.

나 "아빠, 그때가 그리운가 봐?"

아빠는 잠시 멈칫하다 미소 지으며 끄덕이신다.

아빠 "응. 그렇지 뭐."

우린 그 말로 충분하다. 아빠가 그려왔던 지난 시간이 오늘까지 연결되어 있다는 사실이, 마음을 따뜻하게 감싼다.

#4. 커피 타임 오랜만에 아빠랑 단둘이 마주 앉아 커피를 마신다. 이 순간을 어떻게 이어가야 할지 몰라 고민하다 문득 입을 뗀다.

나 "아빠, 결혼해서 아이 낳으면 아빠, 엄마처럼 키워 보고 싶어. 묵묵히 지켜봐 주는 것도 왠지 좋은 것 같아서."

아빠 (놀란 듯 눈이 반짝이며) "그렇게 생각해 준다니 고맙네. 아빠도 항상 네가 잘 알아준다고 생각했어."

둘이서 마주 보며 웃는다. 아빠와의 작은 거리감 속에서도 묵묵히 전해지는 따뜻한 애정이 흐르는 것 같아 마음이 포근해진다. 아빠는 그저 저만치서 바라보며 사랑을 주는 걸로도 충분히 큰 위안이 된다는 걸 알기에, 그 온기가 참 고맙다.

2. 아내의 시점

남편이 퇴근하는 딸을 데리러 가겠다고 나섰다. 나는 남편이 나가는 뒷모습을 바라보며 살며시 웃었다. 예전에는 밤늦게 들어오는 남편을 기다리곤 했던 내가 이제는 딸을 기다리는 남편을 바라보게 되다니. 참 세월이 빠르기도 하다.

주방 라디오에서는 인순이의 〈아버지〉가 흘러나온다. 남편이 저 노래를 들으면 어떤 생각이 들까? 딸에게 더 다가가고 싶지만 그러지 못하는 마음이 혹시나 담겨 있는 건 아닐까? 남편이 운전하는 차 안에서 딸과 나누는 짧은 대화들이, 아마도 남편에게는 큰 위안이 될지도 모르겠다.

#1. 주방 딸과 요즘 다같이 빠져있는 드라마 〈이토록 친밀한 배신자〉 이야기를 하며 장단을 맞추고 있다. 남편이 한 발짝 가까이 다가온 게 느껴진다. 주저주저하는 기색이 역력한데, 슬쩍 우리 대화에 끼어들 타이밍을 엿보는 것 같다.

나   (살짝 미소 지으며) "왜, 당신은 그 드라마 띄엄띄엄 보고 있는 거 같아서…."

남편 (작게 한숨 쉬며 혼잣말) "난 그냥 방청객인가…."

딸이 가볍게 웃어주지만 곧 우리 대화로 다시 돌아간다. 순간 남편의 어깨가 약간 축 처지는 걸 보면서 마음 한구석이 찡해진다. 그래도 이 모습이 우리 가족의 자연스러운 흐름이라, 괜히 그 순간을 소중히 느껴본다.

#2. 끼어들기 오늘따라 남편이 기운을 낸다. 저녁 내내 둘이 웃고 떠드는 모습이 부러웠는지 조심스레 다가오더니, "깜빡이 넣고 들어갑니다~"라며 농담을 던진다. 그 순간 우리 둘 다 웃음을 터뜨린다.

딸   (웃으며) "아빠, 갑자기 왜 이래요? 이상하게…."
나   "잠깐만, 지금 중요한 얘기 중이었어!"

남편이 머쓱하게 물러서면서도 웃는 얼굴을 보니, 나도 모르게 괜히 흐뭇해진다. 저렇게라도 한 발짝 다가서려는 남편의 모습이, 어쩌면 나만큼이나 딸을 아끼고 사랑하는 걸 표현하려는 방식일 테니 말이다.

#3. 앨범 속 사진 어느 날 밤, 책장에서 오랜만에 앨범을 꺼내어 펼쳐본다. 남편이 내 옆으로 다가와 우리 아이의 어린 시절 사진을 한 장 한 장 넘겨본다. 남편의 손길이 한때 나의 품에 안겨 잠든 아이의 얼굴을 따라 쓰다듬는 순간, 그 손끝에 머무는 애정이 묻어난다.

나 　"당신도 참, 옛날이 그립지?"

　남편은 잠시 말을 잇지 못한다. 그저 사진 속 딸을 조용히 바라본다. 그 눈빛에 담긴 감정이, 오랜 세월을 지나온 두 사람의 아련한 거리를 채우고 있는 듯하다. 우리 사이에 흐르는 이 감정, 딸도 언젠가 알아줄 날이 오겠지.

　#4. 커피 타임　남편과 딸이 드물게 단둘이 차를 마실 기회가 생겼다. 조용히 커피를 마시는 두 사람을 살짝 바라본다. 딸이 남편에게 살짝 미소를 지으며 말한다.

딸 　"아빠, 나중에 아이를 낳으면 우리 집처럼 아이를 키우고 싶어. 아빠랑 엄마처럼…."

　남편은 놀란 표정으로 딸을 바라보며, 미소로 답한다. 그 순간, 두 사람 사이에 오랜 시간 묵혀둔 따뜻함이 전해진다. 나는 그 모습을 바라보며 미소 짓는다.
　남편과 딸이 만들어낸 그 서먹하면서도 다정한 공간이, 이제는 내 마음속에 깊이 자리하고 있다. 내가 사랑하는 이들이 서로를 존중하며 서서히 다가가는 이 순간을 바라본다. 그들의 마음에 따뜻한 기억이 될 수 있기를 기대해 본다.

17 빨강, 어쨌든 뜨거운
아침을 여는 색에 대하여 ①

　이른 아침, 집을 나선다. 마른 나뭇가지 위에 까치밥으로 남겨진 감 하나가 붉게 빛난다. 밤새 서리가 내리며 감 표면이 반짝거린다. 붉은빛은 마치 작은 태양처럼, 하늘이 선물한 마지막 열매처럼 보인다. 동이 트면서 세상은 붉은 기운을 머금는다. 그 순간, 저 감 하나가 모든 색의 중심이 된다.
　붉은 태양이 떠오르며 감빛은 한층 더 깊고 진해진다. 빛이 붉다고 말하는 것은 착시일 수도 있다. 하지만 아침 해가 떠오르는 순간만큼은, 세상의 모든 것이 붉어진다. 빨간색은 언제나 극적이다. 그것은 시작의 색이고, 경고의 색이며, 열정과 욕망, 환희와 슬픔이 함께 섞인 색이다.
　어린 시절 신호등 앞에서 엄마 손을 꼭 쥐고 서 있던 순간, 설빔으로 받은 새빨간 구두를 신고 거리를 뛰어다니던 기억, 방앗간 앞에서 김이 모락모락 나는 빨간 고추장에 손가락을 찍어 맛보던 순간들. 우리는 얼마나 많은 순간을 빨강으로 기억하는가?

빨강, 피와 혁명의 상징

세상의 처음과 끝에는 늘 빨강이 있었다. 희망과 절망, 열정과 고통을 모두 품은 색이다. 빨간 우체통에 편지를 넣을 때의 설렘, 경마장의 붉은 번호판이 주는 긴장감, 소방차의 강렬한 존재감. 빨강은 일상의 색이기도 하다.

인류는 가장 오랜 시간부터 빨강을 특별한 색으로 여겼다. 선사시대 동굴 벽화에서 붉은 안료는 생명과 죽음을 상징했다. 사냥한 동물의 피를 손에 묻혀 찍은 손자국, 태양을 향해 기도하는 붉은 무늬들은 모두 인간이 본능적으로 느낀 빨강의 강렬함을 보여준다.

고대 로마에서 빨강은 힘과 권위의 색이었다. 장군들은 붉은 망토를 휘날리며 전장에 나섰고, 승리한 황제는 붉은 토가를 두르고 개선식을 치렀다. 그리스 신화에서 사랑과 욕망의 여신 아프로디테는 붉은 장미와 함께 등장했다. 그녀가 바다에서 태어날 때, 그녀의 발길이 닿은 곳마다 붉은 장미가 피어났다고 한다.

중세로 오면 빨강은 교회의 색이 된다. 추기경의 붉은 로브는 신의 대리자로서의 위엄을 상징했다. 종교화 속 성모 마리아의 푸른 옷과 대조를 이루며 강렬한 인상을 남겼다. 마녀 재판에서 붉은 옷은 이단자들의 색이었다. 사랑과 권력의 색이면서도, 단죄와 위험의 색이기도 했던 빨강.

근대에 들어서면서 빨강은 혁명의 색이 된다. 프랑스 혁명 당시, 피로 물든 길 위에서 자유를 외쳤던 군중들은 붉은 깃발을 들었다. 공산주의의 상징이 된 붉은색은 피와 투쟁, 희망과 미래를 동시에 의미했다. 1980년 광주의 거리에는 붉은 피가 흘렀고, 그것이 시대를 움직이는 거

대한 흐름이 되었다.

빨강, 사랑과 비극의 색

　빨강은 문학 속에서 사랑의 색이자 비극의 색이다. 김소월의 〈진달래꽃〉을 떠올려 보자. "나 보기가 역겨워 가실 때에는 말 없이 고이 보내 드리오리다." 떠나는 이를 위해 붉은 꽃을 깔아주는 마음. 사랑하지만 붙잡지 못하는 마음. 그건 너무 뜨거워서 차라리 붉은빛을 띠는 감정이다.

　박경리의 《토지》에서도 빨강은 뚜렷한 상징으로 등장한다. 조선의 격변기를 온몸으로 살아내는 인물들은 모두 붉은 피를 흘린다. 조정래의 《태백산맥》에서도 빨강은 피와 저항, 치유되지 않는 상처를 뜻한다. 한강의 《소년이 온다》에서 광주의 붉은 피는 지울 수 없는 역사의 상처가 된다. 그러나 그 피가 있었기에 새로운 시대가 열렸다.

　빨강은 이별과 열정, 사랑과 혁명을 동시에 품고 있다. 스탕달의 《적과 흑》에서 빨강은 야망의 색이었다. 줄리앙 소렐은 붉은 군복을 꿈꾸며 나폴레옹처럼 위대한 인물이 되려 했다. 하지만 그는 검은 사제복에 가로막혔다. 적과 흑, 붉음과 어둠 사이에서 그는 방황했다. 빨강은 곧 뜨거운 야망이지만, 때로 그것이 너무 뜨거울 때 재로 변하고 만다.

　나다니엘 호손의 《주홍 글씨》에서 헤스터 프린이 가슴에 새긴 붉은 'A'는 죄책감이자 동시에 자유였다. 금지된 사랑의 흔적이면서도, 사회적 억압 속에서 그녀를 가장 독립적인 존재로 만든 상징이었다. 빨강은 단순한 감정이 아니라, 사랑과 욕망, 죄책감과 해방을 동시에 안고 있는 색이다.

빨강, 강렬한 인상의 미학

화가들에게 빨강은 특별한 색이었다. 마티스의 〈붉은 방〉은 색채 혁명의 시초였다. 단순한 실내 장면이지만, 그 속에 담긴 강렬한 빨강은 공간을 넘어서 감정을 흔들었다. 클림트의 〈키스〉 속 사랑하는 연인의 붉은 입술, 피카소의 〈장미빛 시대〉에 등장하는 붉은빛의 따뜻한 정취, 고흐의 〈붉은 포도밭〉이 품고 있던 노을의 빛도 그랬다. 뭉크의 〈절규〉에서 하늘이 온통 붉게 물든 이유는 무엇이었을까? 그는 불안과 절망을 그리면서도 하늘을 붉게 칠했다. 그것은 공포이면서 동시에 생명의 흔적이었다.

세잔은 정물화에서 붉은 사과를 그림의 중심에 배치하며, 일상 속에서 발견할 수 있는 붉은색의 섬세한 존재감을 포착했다. 그는 붉은 사과를 단순한 과일 이상으로, 삶의 한 부분으로 그려냈다. 그의 붉은색은 실재감을 강조하면서도, 물리적이기보다는 감각적인 감흥을 불러일으킨다. 그 붉은 사과가 있는 자리는 단순히 자연을 그린 것이 아니라, 보는 이의 내면과 만나 감정적으로 교감하는 공간이 된다.

마르크 샤갈의 〈창문을 통해 본 파리〉에서 붉은색은 사랑의 에너지를 대변한다. 그의 작품 속에서 붉은색은 꿈과 현실을 잇는 다리 역할을 하며, 현실을 초월하는 힘을 지닌 색으로 변화한다. 붉은색이 그려내는 세계는 우리가 일상에서 겪는 모든 감정을 포용하는 듯하다. 샤갈의 작품 속 붉은색은 단지 배경이 아니라, 사랑과 소망의 근원으로 작용했다.

붉은색은 대중 음악에서도 강력한 상징으로 나타난다. 락 음악이나 팝뮤직에서는 그 강렬한 에너지를 그대로 담고 있다. 붉은색은 반항적이고 자유로운 정신을 상징하는 색이 되어왔다. 엘비스 프레슬리의 〈Heartbreak Hotel〉에서 붉은색은 사랑과 고통이 뒤섞인 감정을 대표한다. 그의 공연 의상과 무대는 항상 붉은색이 주조였다. 그 색은 관객에게 강렬한 감동과 동시에 자유로움의 상징으로 각인된다.

마돈나의 〈Like a Virgin〉에서는 붉은색이 사랑과 욕망을 상징하는 색으로 강하게 드러난다. 그 색은 그녀의 음악과 이미지에서 중요한 역할을 했다. 붉은색은 단순히 물리적인 색깔을 넘어서서, 관객에게 감정적인 충격을 주었다. 그녀의 음악이 전달하고자 하는 메시지와 완벽하게 맞아떨어졌다. 마이클 잭슨의 〈Thriller〉 앨범 커버와 뮤직 비디오에서도 중요한 역할을 한다. 붉은색이 공포와 사랑, 그리고 인간 내면의 갈등을 엮어가는 중요한 색으로 등장한다. 마이클 잭슨은 이 곡을 통해 그 당시 사회의 긴장감과 복잡한 감정선을 붉은색으로 표현했다.

영화 속 붉은색은 감정의 깊이를 더욱 강조하고, 시각적 충격을 통해 이야기의 핵심을 관객에게 강렬하게 전달한다. 붉은색은 그 자체로 영화의 메시지와 감정을 강화하며, 관객의 시각과 감각을 동시에 자극하는 강력한 도구였다. 특히 감정의 격렬함과 극적인 전환을 나타내는 색으로 자주 사용됐다. 분위기와 캐릭터의 심리 상태를 묘사하는 데 중요한 역할을 했다. 감독들은 이 색을 통해 관객에게 강렬한 시각적 충격을 주고, 이야기를 더욱 몰입감 있게 만든다.

붉은색은 종종 주인공의 감정적인 내면을 시각적으로 드러내는 데 사용된다. 그 안에 숨겨진 복잡한 감정을 표현하는 강력한 도구로 활용된다. 〈스플래시〉와 〈서스페리아〉와 같은 영화에서 붉은색은 중요한 심리적, 시각적 역할을 한다. 사랑과 욕망을 나타내며, 주인공의 내면 세계가 변화하는 순간을 강조하는 색으로 등장한다.

로맨스 영화에서 붉은색은 사랑의 열정과 강렬함을 나타낸다. 〈타이타닉〉에서 등장하는 붉은색 장미는 그들의 사랑이 불러일으키는 감정적 강도를 상징하며, 두 주인공의 관계가 전개되는 동안 붉은색이 중요한 역할을 한다.

빨강, 위협과 경고의 언어

붉은색은 때로는 위험이나 위협을 나타내기도 한다. 〈매트릭스〉에서 빨간 알약은 현실과 가상 세계의 경계를 넘어설 때, 중요한 선택을 암시한다. 선택의 순간을 더욱 강렬하고 기억에 남게 만든다. 영화에서 붉은색은 이러한 상징성을 통해 관객에게 더 깊은 감동과 메시지를 전달한다.

붉은색을 시각적 언어로 활용한 감독들의 대표적인 작품으로는 〈아마데우스〉와 〈드라이빙 미스데이지〉가 있다. 붉은색은 주인공의 격렬한 감정을 강조하는 데 사용되며 편안함과 안정감을 나타내기도 한다. 오페라에서 붉은색은 감정의 극한을 표현하는 데 자주 사용된다. 열정적인 사랑, 비극적인 결말, 혹은 격렬한 감정을 나타내는 중요한 색으로 등장한다. 〈카르멘〉에서 붉은색은 주인공의 자유롭고 불같은 성격을 나타낸다. 붉은 드레스는 대담하고 열정적인 성격을 드러낸다. 그녀의 운명과 결코 분리할 수 없는 격정의 징표다.

뮤지컬에서도 붉은색은 강렬한 감정 표현과 연결된다. 〈레 미제라블〉에서는 혁명과 저항의 상징으로 나타나며, 주인공들의 싸움과 갈등을 강조한다. 〈시카고〉에서는 매혹적이고 도발적인 이미지와 결합된다. 무대의 붉은 조명이나 의상은 등장인물들의 개성과 욕망을 표현하며, 관객을 사로잡는 시각적 매력을 발산한다.

고대 로마의 건축에서는 붉은색이 종종 고귀함과 권위를 상징하는 데 사용되었다. 로마의 원형극장이나 궁전의 벽면은 거의 붉은색이었다. 이는 왕족과 귀족의 권력을 시각적으로 나타내는 방법이었다. 붉은색은 부유함과 사회적 위상을 상징적으로 전달하는 색이기도 했다. 현대 건축에서도 붉은색은 독특한 개성과 에너지를 전달하는 데 사용되었다. 스페인 건축가 안토니 가우디의 〈사그라다 파밀리아〉는 붉은색을 비롯한 다양한 색을 사용하여 건축물이 자연과 인간의 감정을 아우르는 듯한 인상을 준다. 붉은색은 이 건축물에서 열정과 창의성을 상징하며, 예술적이고 독창적인 시도를 엿볼 수 있게 한다.

붉은색은 늘 강렬하고, 때로는 격렬하다. 그러나 그것은 또 다른 의미를 내포하고 있다. 빨강은 죽음과 재생을 동시에 상징하는 색이다. 중세의 성전사들은 빨간색을 입고 전쟁에 나섰다. 그들은 붉은 전투복을 입고, 피를 흘리며 싸웠지만, 그 피는 곧 새로운 시작을 의미했다. 전쟁에서 돌아온 후, 붉은색은 전투의 기억을 넘어 평화와 재건의 상징이 되었다. 그러므로 붉은색은 결코 단순한 끝을 의미하지 않는다. 그것은 언제나 새로운 시작을 위한 열정과 희망을 품고 있다.

붉은색은 또한 인간의 가장 깊은 본능과 연결된다. 그것은 불을, 열정을, 그리고 자연의 순환을 상징한다. 예를 들어, '붉은 꽃'이라 하면 우리는 첫사랑의 강렬한 느낌, 젊은 날의 욕망과 기대감을 떠올린다. 그러나 그것은 동시에 끝없는 고통과 갈망의 아이콘이기도 하다. 사랑은 뜨겁고, 한때는 절정에 달하지만 결국 그 열정이 지나면 상처와 아픔도 함께 남는다. 하지만, 그런 상처도 결국 시간과 함께 치유될 수 있다는 믿음을 준다.

오늘날 빨강은 정치적, 사회적 상징으로 더욱 강력한 의미를 지닌다. 예를 들어, 붉은 깃발은 혁명의 상징으로, 저항과 변화를 향한 다짐의 표상이다. '빨간색'은 더 이상 단순한 색감만이 아니라, 사회적, 정치적 변화를 추구하는 메시지를 담고 있다. 현대 사회에서도 우리는 붉은색을 통해 불평등에 대한 저항, 자유를 향한 갈망, 그리고 변화를 향한 열망을 느낄 수 있다. 그것은 우리가 현실에서 경험하는 여러 감정이 녹아 있는 색이며, 모든 것이 빨강으로 변할 때 우리는 진지하게 그 변화를 받아들여야 한다는 경고를 받는 것이다.

빨간색은 우리의 삶에 많은 영향을 미친다. 그 강렬한 색은 우리의 감정을 자극하고, 인식을 변화시키며, 때로는 우리를 한순간에 새로운 세계로 이끌어간다. 이처럼 빨강은 우리가 매일 경험하는 감정, 역사, 그리고 미래의 가능성을 상징하는 색으로서, 계속해서 우리에게 깊은 인상을 남기고 있다. 그 어떤 색도 빨강처럼 강렬하고, 도전적이며, 인간 존재의 깊이를 이해하는 데 중요한 역할을 하지 않는다.

아침 해가 떠오르고, 까치밥 감이 붉게 익어간다. 우리는 살아가는 동안 수많은 빨간 순간을 맞이할 것이다. 무수히 빨간 맛, 매운 맛을 보면서 인생은 영글어 갈 것이다. 어떤 날엔 뜨겁고, 어떤 날엔 아프고, 또 어떤 날엔 경이로울 것이다. 누군가는 사랑을 위해, 누군가는 투쟁을 위해, 또 누군가는 희망을 위해. 그렇게 우리는 다시 하루를 시작한다.

∙∙∙

이른 아침, 집을 나선다. 마른 나무 가지 위에는 까치밥으로 남겨진 감 하나가 붉게 빛나고 있다. 동이 트면서 감빛은 더욱 짙어지고, 하늘은 서서히 푸르름을 드러낸다. 붉음과 푸름, 두 색이 맞닿으며 하루가 시작된다.

붉은색은 언제나 강렬했다. 뜨겁고, 열정적이며, 생명의 불꽃을 품고 있었다. 태양이 떠오를 때 붉었고, 타오르는 불길도 붉었다. 사랑과 욕망의 색이면서 동시에 혁명의 색이기도 했다.

푸른색은 더 깊고 차분했다. 바다의 색이었고, 하늘의 색이었으며, 시간과 공간의 무한함을 상징했다. 젊음의 푸르름이기도 했고, 냉정과 고독의 색이기도 했다. 붉음이 타오를 때, 푸름은 그 불꽃을 조절하며 세상을 균형 잡았다. 두 색은 서로 보완하며 삶과 예술 속에서 끝없이 변주되었다.

붉은색, 욕망과 열정의 빛

붉은색은 원초적인 색이다. 인류가 처음으로 염료를 만들었을 때, 그 색은 피와 같은 붉은색이었다. 선사시대 동굴 벽화에서도 붉은 안료가 사용되었고, 전쟁과 사냥의 상징이었다.

고대 로마에서는 권력의 색이었다. 황제의 망토는 붉었다. 전차 경주의 승자는 붉은 튜닉을 입었다. 중국에서는 붉은색이 행운과 번영을 뜻했다. 결혼식에서도, 새해 축하에서도 붉은색이 빠지지 않았다.

문학 속에서도 붉음은 강렬했다. 도스토옙스키의 《죄와 벌》에서 주인공 라스콜니코프의 불안과 내적 갈등은 붉은색으로 상징되었다. 《주홍 글씨》에서 스칼렛 레터는 죄와 욕망, 그리고 사회적 낙인을 의미했다.

음악에서도 붉음은 강렬한 감정을 불러일으켰다. 테일러 스위프트의 〈Red〉는 사랑과 이별의 복잡한 감정을 담았고, BTS의 〈불타오르네〉는 붉은 열정을 그대로 노래했다.

미술 속에서도 붉음은 늘 강한 인상을 남겼다. 마네의 〈올랭피아〉에서 여인의 붉은 장미는 도발적인 시선을 던졌다. 로스코의 추상화 속 붉음은 불안과 광기를 담고 있었다.

붉은색은 단순한 정열의 색이 아니었다. 피카소의 〈장미 시대〉에 등장하는 붉은빛은 따뜻한 애정을, 고흐의 〈해바라기〉 속 붉은색은 강한 생명력을 보여주었다.

붉음은 유혹과 혁명, 사랑과 죽음, 탄생과 소멸을 동시에 의미하는 색이었다.

푸른색, 깊이와 초연의 색

푸른색은 언제나 신비로운 색이었다. 고대 문명에서는 쉽게 얻을 수 없는 희귀한 색이었고, 신성함과 고귀함을 상징했다.

고대 이집트의 청금석은 신들에게 바쳐졌고, 중세 유럽에서는 성모 마리아의 망토가 푸른색으로 그려졌다. 이 색은 순수함과 보호의 상징이었다.

푸른색은 시간의 색이기도 했다. 해가 떠오르기 전 새벽의 푸름, 태양이 진 뒤 남아 있는 저녁 하늘의 푸름. 우리 삶의 시작과 끝을 품고 있는 색이었다.

문학 속 푸른색은 종종 꿈과 이상을 의미했다. 피츠제럴드의 《위대한 개츠비》에서 개츠비가 바라보던 푸른 불빛은 닿을 수 없는 욕망의 상징이었다. 이상이면서도 동시에 현실과의 거리감을 나타내는 색이었다.

헤르만 헤세의 《데미안》에서도 푸른빛은 주인공이 찾아가는 새로운 세계를 상징했다. 미지의 세계, 성장과 변화, 그리고 초연한 깨달음의 색이었다.

미술에서는 푸른색이 차분함과 깊이를 표현하는 도구로 쓰였다. 피카소는 〈청색 시대〉에서 푸른빛으로 고독한 영혼들을 그려냈고, 모네는 〈수련〉을 통해 시간과 공간이 흐르는 듯한 느낌을 만들었다.

음악에서도 푸른색은 종종 감성적인 분위기를 표현하는 데 쓰였다. 빌리 홀리데이의 〈Blue Moon〉은 쓸쓸한 사랑을 노래했고, 볼빨간 사춘기의 〈나만, 봄〉은 청춘의 푸르름을 담고 있다.

푸른색은 젊음과 순수를 상징하기도 했지만, 동시에 냉정과 거리감, 쓸쓸함을 의미하기도 했다.

붉으락 푸르락, 때로는 어울림

붉은색과 푸른색은 늘 서로를 보완하며 존재했다. 한쪽이 지나치게 강하면 다른 쪽이 이를 조절했다. 뜨거운 태양 아래 붉은 열기가 가득할 때, 바다는 푸른빛으로 그 열기를 식혀 주었다.

예술에서도 이 두 색의 대비는 강렬한 인상을 남겼다. 마르크 샤갈의 그림 속에서는 푸른 배경 위에 붉은 사랑이 피어났고, 영화

〈라라랜드〉에서는 푸른 밤하늘 아래 강렬한 붉은 드레스가 빛났다.

패션에서도 이 두 색의 대비는 언제나 강렬했다. 빨간 넥타이는 열정과 자신감을, 푸른 슈트는 신뢰와 차분함을 의미했다. 광고에서도 마찬가지였다. 코카콜라의 붉은색은 에너지를 상징했고, 페이스북의 푸른색은 신뢰와 안정감을 줬다.

우리의 삶에서도 이 두 색은 늘 함께한다. 뜨겁게 사랑할 때 우리는 붉고, 차분히 사색할 때 우리는 푸르다. 열정이 과할 때 푸름이 필요하고, 냉정함이 지나칠 때 붉음이 필요하다.

붉음과 푸름, 두 색이 만들어내는 조화 속에서 우리는 살아간다.

| 창 | 작 | 노 | 트 |

이 글은 색에 대한 사유에서 출발했다. 색은 단순한 시각적 요소가 아니라, 우리의 감각과 감정을 움직이는 강력한 기호다. 나는 매일 아침, 창밖을 보면서 하루를 여는 색에 대해 생각하곤 한다. 특히 겨울이 되면, 새벽녘 하늘이 붉게 물들었다가 점차 푸른빛을 띠는 변화를 지켜보게 된다. 하루의 시작과 끝을 연결하는 듯한 이 두 색, '빨강'과 '파랑'은 서로 대비되면서도 어쩐지 조화를 이루고 있다.

빨강은 뜨겁고 강렬한 색이다. 태양이 떠오를 때, 혁명이 일어날 때, 누군가 사랑에 빠질 때, 혹은 헤어질 때 우리는 늘 '빨강'과 마주한다. 역사 속에서, 문학 속에서, 우리의 기억 속에서 빨강은 언제나 강렬한 흔적으로 남아 있다. 이 글을 쓰면서 나는 빨강이 단순한 원색이 아니라, 변화와 생명의 흐름을 담고 있는 색임을 다시금 깨달았다. 선사 시대 동굴 벽화에서 시작된 빨강의 흔적, 로마의 전쟁터, 중세 교회의 권위, 근대 혁명의 붉은 깃발, 그리고 문학과 예술 속에서 사랑과 비극을 상징하는 색으로의 변주까지 — 이 모든 이야기를 하나의 흐름으로 엮고 싶었다.

그런데 빨강이 홀로 존재하는 순간은 거의 없다. 빨강이 강렬할수록, 우리는 그 강렬함을 더욱 선명하게 드러내는 색을 찾는다. 그리고 그 역할을 하는 색이 바로 파랑이다.

파랑은 깊고 넓은 색이다. 하늘과 바다, 그림자처럼 언제나 곁에 있으면서도 때로는 고독과 평온을 담고 있는 색. 어쩌면 빨강이 즉각적으로 눈을 사로잡는 색이라면, 파랑은 더 오랜 시간 동안 우리를 감싸는 색인지도 모른다. 낮게 깔린 겨울 새벽하늘의 푸른빛, 폭풍이 지나간 후 바다에 남겨진 짙은 색감, 깊이 있는 음악과 영화가 우리에게 남기는 여운 같은 색.

빨강이 혁명의 깃발이라면, 파랑은 영원의 상징이다. 빨강이 한순간의 강렬함을 품고 있다면, 파랑은 끝없이 이어지는 시간과 공간을 품고 있다. 예술에서 파랑이 갖는 의미 또한 그러하다. 피카소가 청색시대를 통해 표현한 깊은 우울, 클로드 모네가 남긴 푸른빛의 지평선, 쿠엔틴 타란티노의 영화에서 파란 조명이 만들어내는 감각적인 긴장감. 파랑은 감정을 즉각적으로 불러일으키기보다는, 천천히 스며들며 우리의 내면을 흔드는 색이다.

빨강과 파랑은 상반된 색이면서도, 함께 있을 때 더욱 빛난다. 마치 뜨겁게 떠오르는 태양과 그 빛을 감싸 안는 하늘처럼, 하루를 이루는 두 개의 축처럼 말이다.

다음에는 보라에 대한 이야기를 써야 할지도 모르겠다.

18 파랑, 때로는 우울한
아침을 여는 색에 대하여 ②

이른 아침, 집을 나선다. 하늘은 아직 푸른빛을 띠고 있고, 새벽 이슬에 젖은 공기가 차갑게 피부를 감싼다. 먼동이 트면서 붉은 기운이 스며들지만, 하늘 끝자락에는 여전히 깊고 푸른빛이 남아 있다. 바다를 닮은 색, 창공을 닮은 색. 푸른빛은 언제나 우리의 시선을 멀리, 더 멀리 향하게 만든다.

푸른빛은 시간과 함께 존재하는 색이다. 해가 뜨고 질 때, 하늘의 색이 가장 극적으로 변하지만, 그 푸른빛은 결코 사라지지 않는다. 바다는 하루에도 수십 번씩 색을 바꾸지만, 본질적으로는 언제나 푸르다. 푸른빛은 변하는 듯 변하지 않는, 깊이와 초연함을 동시에 품고 있다.

파랑, 초연과 신비의 색

파랑은 시작과 끝, 꿈과 현실, 차가움과 따뜻함을 동시에 품고 있는 색이다. 푸른 바다는 끝없는 여행을 상징하며, 푸른 하늘은 인간이 닿을 수 없는 이상향을 떠올리게 한다. 동시에 파랑은 차분함과 냉철함을 의미하기도 한다. 신뢰와 안정을 주는 색이지만, 때로는 고독과 두려움, 쓸쓸함의 색이 되기도 한다.

인류의 역사에서 파랑은 오랫동안 신비한 색이었다. 자연에서 쉽게 얻을 수 있는 색이 아니었기 때문이다. 고대 이집트에서 가장 값비싼 염료 중 하나였던 '울트라 마린'은 청금석에서 추출되어 신성한 존재에게만 허락된 색이었다. 피라미드 벽화 속 파란색은 영원과 우주를 의미했고, 파란 눈을 가진 신들의 모습은 인간과 다른 차원의 존재를 상징했다.

중세 유럽에서는 성모 마리아의 망토가 푸른색으로 그려졌다. 그녀의 고결함과 헌신, 신성한 보호를 의미하는 색으로 파랑은 가장 신뢰받는 색이 되었다. 르네상스 시대의 예술가들은 이 귀한 색을 얻기 위해 높은 비용을 지불했고, 라파엘로와 레오나르도 다 빈치는 성모 마리아의 옷에 울트라 마린을 사용하며 신성한 분위기를 더욱 강조했다.

근대에 들어서면서 파랑은 권력과 신뢰의 색이 되었다. 프랑스 혁명에서 '자유, 평등, 박애'를 상징하는 삼색기 중 하나로 자리 잡았고, 이후로도 국가와 공공 기관의 상징 색으로 널리 쓰였다. 미국 대통령이 속한 당은 '블루 스테이트'로, 보수적인 영국 보수당은 오히려 파랑을 선택했다. 파랑은 때로 진보의 색, 때로 안정과 보수의 색이었다.

파랑, 꿈과 고독의 색

문학에서 파랑은 때때로 청춘과 순수를, 때때로 절망과 외로움을 의미했다. 이상(李箱)의 〈오감도〉에서 "십이월(十二月)이라 / 우리의 청춘은 / 아직도 / 진행 중일까"라는 구절을 떠올려 본다. '청춘'이란 단어를 들으면 자연스럽게 파란색이 연상된다. 풋풋한 젊음, 아직 끝나지 않은 시간이다.

헤르만 헤세의 《데미안》에서도 파랑은 중요한 의미를 지닌다. 주인공 싱클레어가 자신의 내면과 마주하며 성장하는 과정에서 푸른빛은 그가 찾아가는 새로운 세계를 암시한다. 성장소설에서 푸른빛은 언제나 동경과 이상을 품고 있다.

피츠제럴드의 《위대한 개츠비》에 나오는 푸른 불빛은 꿈의 색이면서도 결코 닿을 수 없는 욕망의 색이다. 개츠비가 밤마다 바라보던 푸른 불빛, 그것은 데이지에 대한 사랑이자 동시에 실현되지 않는 환상이다. "그래도 우리는 앞으로 나아가야 한다. 배는 거센 물살을 거슬러 가지만, 결국은 과거로 휩쓸려 가는 것이다." 푸른 불빛은 끝없이 닿으려 하지만, 결국 닿을 수 없는 이상을 상징한다.

한강의 《채식주의자》에서도 푸른빛은 상처와 불안을 상징하는 색으로 등장한다. 주인공이 식물처럼 변해가는 과정에서 그녀의 피부는 점점 창백해지고, 푸른빛을 머금게 된다. 살아가면서 점점 더 자신을 잃어가는 모습, 인간 존재의 불안이 파란색으로 표현된다.

파랑, 깊이와 감성의 색

미술에서 파랑은 단순한 색을 넘어 감성 그 자체였다. 피카소는 〈푸른 방〉에서 오직 푸른색만을 사용하여 외로운 사람들, 고통받는 이들의 초상을 그렸다. 그의 작품 속 인물들은 푸른빛에 물들어 있다. 차가운 슬픔, 버려진 자들의 감정이 푸른색으로 표현된 것이다.

클로드 모네의 〈수련〉 연작에서 푸른 물결은 끝없는 변화를 상징한다. 시간과 빛에 따라 달라지는 색감, 하지만 언제나 푸른빛을 띠는 물의 모습. 그의 그림을 보면 마치 흐르는 시간 속에 떠 있는 듯한 기분이 든다.

고흐의 〈별이 빛나는 밤〉에서 푸른 하늘은 불안과 열망을 동시에 품고 있다. 꿈틀거리는 붓 터치 속에서 우리는 광기의 흔적을 보지만, 동시에 끝없는 자유를 본다. 별이 빛나는 밤, 파란 하늘 아래에서 우리는 인간의 내면 깊숙한 곳을 들여다보게 된다.

음악에서 파랑은 블루스(Blues)라는 장르를 탄생시켰다. 고통과 슬픔, 외로움을 노래하는 블루스는 말 그대로 '파란 감정'을 표현한다. 빌리 홀리데이의 〈Blue Moon〉, 엘비스 프레슬리의 〈Blue Suede Shoes〉는 푸른색이 주는 감정을 그대로 담고 있다.

클래식 음악에서도 파랑은 특별한 감성을 불러일으킨다. 라흐마니노프의 〈피아노 협주곡 2번〉을 들을 때 느껴지는 깊은 우울함, 드뷔시의 달빛에서 은은하게 퍼지는 차가운 아름다움. 모두 푸른색과 닮아 있다.

현대 대중음악에서도 푸른색은 중요한 상징이 된다. 빅뱅의 〈Blue〉, 태연의 〈Blue〉, 볼빨간사춘기의 〈Blue〉는 모두 푸른빛이 주는 감성을 그대로 담고 있다. 푸른 감정, 푸른 시선, 푸른 기억이다.

파랑, 외로움과 분위기의 색

영화에서 파랑은 분위기를 강조하는 중요한 색감 요소다. 왕가위 감독의 〈해피 투게더〉도 그렇다. 영화 속에서 파란빛은 외로움과 고독을 상징한다. 부에노스아이레스의 낯선 밤거리를 배회하는 주인공들의 감정이 고스란히 전해진다. 〈화양연화〉에서도 주인공들이 입은 옷과 배경 조명의 푸른빛이 그들의 억눌린 감정을 더욱 도드라지게 만든다.

장 피에르 주네의 〈아멜리에〉에서도 파란색은 중요한 역할을 한다. 영화에서는 붉은색과 파란색이 교차하며 사용된다. 파란색이 감도는 장면에서는 아멜리의 내면적 고독과 소극적인 성향이 강조된다. 반면, 붉은색이 들어오면서 그녀의 삶이 점점 활기를 띠기 시작한다.

〈그랜드 부다페스트 호텔〉에서 웨스 앤더슨은 파스텔 톤의 파란색을 사용하여 고풍스러우면서도 동화 같은 분위기를 연출했다. 호텔 내부의 벽과 주인공들이 입은 유니폼의 푸른빛은 이야기의 우아함과 향수를 자아내며, 마치 시간이 멈춘 듯한 느낌이었다.

오페라에서도 파랑은 중요한 상징적 의미를 가진다. 모차르트의 〈마술피리〉에서 밤의 여왕은 푸른빛을 띠는 의상과 무대 조명을 통해 신비롭고 강렬한 존재로 그려진다. 아리아 "Der Hölle Rache kocht in meinem Herzen"가 울려 퍼진다. 무대 위 푸른 조명은 그녀의 냉혹한 복수심과 신비로운 카리스마를 극대화한다.

푸치니의 〈투란도트〉에서도 파랑은 주제를 도드라지게 했다. 차갑고 냉정한 공주 투란도트의 성격은 푸른 조명과 의상으로 표현되었다. 그녀의 얼음 같은 마음이 차츰 녹아가는 과정에서 색감이 변하는 연출이었다. 리하르트 바그너의 〈트리스탄과 이졸데〉에서도 파랑은 극적이었다. 밤과 바다를 상징하는 푸른 조명은 사랑과 죽음이 교차하는 몽환적인 분위기를 만들어냈다.

뮤지컬에서 파랑은 감정을 극대화하는 색으로 자주 등장한다. 〈레미제라블〉에서 장발장이 노래하는 "Bring Him Home" 장면을 떠올려

본다. 깊은 밤, 푸른 조명이 장발장의 얼굴을 비추며 그의 간절한 기도를 강조한다. 파란 조명은 고요한 절박함과 신앙을 표현하며, 그의 내면을 더욱 드라마틱하게 드러낸다.

〈오페라의 유령〉에서도 푸른빛은 신비로움을 강조하는 요소다. 특히 유령이 등장하는 순간마다 푸른 조명이 활용되어 초현실적인 분위기를 연출한다. 크리스틴과 유령이 함께 노래하는 "The Phantom of the Opera" 장면에서 푸른 조명과 어두운 무대가 어우러져 두 사람 사이의 강렬한 감정과 미스터리를 더욱 깊이 있게 만든다.

디즈니 뮤지컬 〈알라딘〉에서 지니가 등장하는 장면에서도 파랑은 중요한 색이었다. "Friend Like Me"를 부를 때 푸른 조명과 화려한 무대 효과가 어우러져 마법 같은 분위기를 연출했다.

파랑, 공간과 시간의 색

건축에서 파란색은 차분함과 안정감을 주는 색채의 언어다. 프랑스 샤르트르 대성당의 스테인드 글라스에서 푸른빛은 유독 깊고 신비롭게 느껴진다. '샤르트르 블루'라고 불리는 이 색은 빛이 통과할 때 마치 하늘과 하나가 된 듯한 신비로운 느낌을 준다. 중세 시대 성당에서 푸른빛은 하늘과 신성을 상징하는 색으로 여겨졌다.

현대 건축에서도 푸른색은 공간의 성격을 결정하는 중요한 요소다. 일본 건축가 안도 타다오의 작품을 보면 푸른빛과 물이 조화를 이루는 장면이 자주 등장한다. 그의 대표작 물의 교회에서는 푸른 하늘과 반사되는 물색깔이 명상적이고 초연한 분위기를 만들어낸다.

그리스의 산토리니 섬에 위치한 하얀 건물들과 파란 지붕은 하늘과 바다의 색을 그대로 담아낸 듯하다. 이 조합은 지중해 특유의 개방감을 주면서도 동시에 안정감을 제공한다. 푸른색이 가진 심리적 효과와도 맞닿아 있다.

우리는 파란색을 통해 많은 감정을 경험한다. 푸른빛이 감도는 영화 속 한 장면, 오페라 무대 위의 강렬한 순간, 뮤지컬의 감성적인 노래, 그리고 건축물 속 깊이 스며든 푸른빛깔까지.

푸른 바다가 끝없이 펼쳐진 곳에서 우리는 자유를 느끼고, 푸른 하늘 아래에서 미래를 상상한다. 때로는 파란 조명이 감도는 극장에서 한 편의 비극적인 이야기에 몰입하기도 하고, 스테인드글라스를 통해 들어오는 푸른빛 속에서 시간을 초월하는 듯한 신비로움을 느끼기도 한다.

파랑은 우리가 몰입할 때, 집중할 때, 조용히 자신을 들여다볼 때 가장 가까이 다가오는 색이다. 책을 읽는 순간, 푸른빛이 감도는 방 안에서 시간은 느리게 흐른다. 창밖에는 푸른 하늘이 펼쳐져 있고, 밤이 되면 도시의 푸른 네온사인이 반짝인다. 바닷가에 서서 수평선을 바라볼 때, 우리는 어쩌면 가장 순수한 형태의 파랑을 마주하는지도 모른다.

비 오는 날, 푸른빛이 감도는 도시의 거리. 여름밤, 푸른 파도가 부서지는 해변. 새벽녘, 푸른빛이 감도는 고요한 창가. 파랑은 차분함과 꿈을 동시에 품고 있는 색이다.

붉은색이 열정과 욕망을 상징한다면, 푸른색은 그것을 가라앉히고 균형을 맞추는 색이다. 뜨겁게 타오르다가도 푸른 밤이 오면 우리는 다시 차분해진다. 그리하여 오늘도 우리는 푸른빛 아래에서 또 다른 내일을 준비한다.

19 할배하고 나하고
조부님과의 가상 대화

할아버지가 된 지도 벌써 3년이 지났다. 믿기지 않을 만큼 시간 참 빠르다. 처음이자 유일한 손녀가 태어났을 때의 설렘이 아직도 생생한데 벌써 세 돌이 지났다. 그동안 손녀가 나에게 준 기쁨은 뭐라 말할 수 없을 만큼 크다. 그 작은 손, 토실토실한 볼, 그리고 서툴게 걸음마를 배우던 모습이 눈앞에 선하다. 이제는 더 이상 아장아장 걷는 아기가 아닌, 똑부러지게 자기 주장을 펼치는 어린이가 됐다.

요즘은 가족 톡방에 손녀 사진이나 동영상이 올라오면 일단 멈추고 보게 된다. 한 장 한 장 넘겨보면서 혼자 미소를 짓고 있는 나를 발견할 때가 많다. 생각해 보면 예전에는 손주의 사진을 프로필로 해놓은 친구들을 보면서, "아직 자기 인생 살 나이에 벌써 손주한테 빠졌냐?" 하고 살짝 빈정거리곤 했다. 그런데 이제 그 '손주 바보'가 바로 나다. 매번 손녀의 사진이나 동영상을 볼 때마다 세상이 조금 더 밝아진다. 이게 바로 내가 몰랐던 할아버지의 기쁨이겠지.

손녀는 요즘 자기 표현이 부쩍 많아졌다. 뭐가 싫은지, 뭐가 좋은지 정확하게 말한다. "싫어! 안 할래!" 혹은 "약 안 먹을꼬야!" 같은 말을 할 때면, 그 아이의 아빠 엄마는 당혹스러워 하지만 나는 마냥 귀엽기만

하다. 그 작은 입으로 그렇게 단호하게 자기 의사를 전달하는 모습은 반항기인지 애교인지 구분이 안 될 때도 있다. 할아버지로서는 뭐든 다 들어주고 싶지만, 그래도 적당한 선에서 타협하는 법도 가르쳐야겠지.

이제는 손녀와 조금 더 깊은 대화를 나눌 날을 기대한다. 지금은 간단한 질문에 대한 대답이나 짧은 대화가 대부분이지만, 언젠가 "할아버지, 오늘 뭐 했어요?" 같은 말도 물어보겠지. 그날이 오면, 우리 둘만의 비밀스러운 이야기를 주고받을 수 있을 거라 생각하니 벌써부터 가슴이 뛴다. 손녀 바보가 된 나를 보며, 삶이 참 풍요로워졌다는 걸 느낀다. 딸이나 아들이 아닌, 손녀에게서 느끼는 또 다른 종류의 사랑. 그 사랑 덕분에 하루하루가 더욱 소중하고 감사하다.

장충단공원에서 조부님을 만나다!

독립청원서에 연명하신 파리장서비(巴里長書碑)를 또다시 장충단공원에서 마주하니 문득 할아버님이 떠오른다. 살아 계셨다면 나와 어떤 대화를 나누게 될까? 인터넷에서 검색하면 할아버님의 프로필이 나온다.

본관은 성산(星山). 자는 자유(子裕). 호는 침산(枕山). 이수인(李洙仁,1880~1963)은 1880년 5월 11일 경상북도 성주군 대가면 용흥 2길 45-18(용흥 2동 716)에서 태어났다. 일찍이 한계(韓溪) 이승희(李承熙)의 문하에서 수학하였고, 이어 면우(俛宇) 곽종석(郭鍾錫)의 문하에서 공부하여 석학(碩學)으로 명성이 있었다. 1905년 강제로 을사늑약이 체결되자 스승 이승희와 함께 일제의 만행을 규탄하는 배일 언론 투쟁을 전개했으며, 1908년 대한협회 성주 지회에도 참여하여 활동하였다. 1908년 5월

이승희가 러시아 연해주로 망명할 때 이덕후(李德厚)·정인하(鄭寅夏) 등과 함께 수행하였다.

1909년 겨울 이승희가 독립운동 기지 개척을 위한 자금 모집을 시작할 때, 국내로 들어와 군자금을 모집하였다. 이후 1910년 7월 이승희의 둘째 아들 이기인(李基仁)과 함께 다시 출국하여 독립운동 기지 한흥동(韓興洞) 개척에 참여하였다. 1916년 3월 이승희가 북만주의 봉천(奉天)에서 사망하자 고향인 성주로 반장(返葬)하였다.

1919년 3.1 운동의 전국적인 확산 분위기에서 유림단이 프랑스 파리의 만국 평화 회의에 한국의 독립을 청원하기 위해 파리 장서〔독립 청원서〕를 작성하여 제출할 때, 유림 대표의 한 사람으로 서명하였다. 또한 통고문을 만들어 문도(門徒) 이수종(李洙宗), 이수창(李洙昌), 이수인(李洙寅), 이수영(李洙英) 등에게 각 동리에 배부하게 하였다. 1919년 4월 2일 오후 1시경에 성주읍 장날 만세 시위 운동이 일어나 수천 명의 군중들이 독립 만세를 외치며 시위를 전개하다가, 출동한 일제 군경의 총격으로 사상자들을 내면서 일단 흩어졌다.

장충단공원 파리장서비

일제 경찰이 주동자들을 검거하여 조사하는 과정에서 파리장서운동〔제1차 유림단 의거〕이 발각되었고, 파리 장서(巴里長書)에 서명한 많은 유림 대표들이 검거되면서 이수인도 함께 붙잡혔다. 투옥 중 기소된 이수인은 1919년 7월 29일 대구지방법원에서 보안법 위반으로 징역 6월에 집행 유예 2년을 선고받았다. 1963년 1월 10일 사망하였다. 정부는 독립유공자로서의 공훈을 기려 1995년 건국포장을 추서하였다(출전: 대한민국 독립유공자 공훈록 제13권, 국가보훈처, 1996년).

기록된 자료에 의하면 조부님은 또한 문학에도 조예가 깊으셨던 것 같다. 2019년 성주문화원에서 주최한 학술대회에서 발제된 한 논문이 그 사실을 방증한다.

여기저기 흩어져 있던 그분의 시와 산문, 서화, 논문, 서간문 등을 모아 필사본으로 정리한 유고문집 《枕山隨錄》은 모두 8권으로 되어 있다.

詩는 302수, 挽詩 200수, 書 56편, 序 16편, 記 15편, 跋文 7편, 說 6편, 論 6편, 通文 5편, 箋 2편, 銘 9편, 贊 6편, 上樑文 5편, 行狀 5편, 傳 3편, 墓碣銘 8편, 祭文 46편, 告由文 13편, 雜著 8편 등이 수록되어 있다. 부록으로 枕山에 대한 輓詞, 祭文, 行狀, 墓銘, 訃告錄 등을 수록해 놓았다.

당시 발표자는 가능한 한 침산의 행적과 연계된 시를 중심으로 그의 문인으로서의 정감세계를 구체적으로 분석했다. 그의 시는 독서와 산과 詠物을 주요한 키워드로 창작되었다. 침산은 독서를 통하여 지식인으로서의 자질을 추구하였고, 산을 통해 공간을 의지화하였으며, 마음을 세우고 행실을 제어하며 학문적 실천을 도모했다고 파악된다.

이 기회에 조부님의 행적과 시문들을 일일이 추적해서 수집하고 정리하고 고증, 분석하는 일에 혼신을 다하신 부산대학교 한문학과 김승룡 교수님께 자손의 한 사람으로서 깊이 감사드린다. 내가 게으름을 피우지 않고 틈틈이 써 모은 글을 블로그에 올리는 것도 바로 이런 노력을 스스로 하는 의미를 가진다.

할아버님의 생애를 보면 역사에 족적을 남긴 분이라는 생각이 든다. 그에 비해 나는 대학에서 정년퇴임을 했지만, 인터넷에서 이름을 검색해도 대단한 프로필은 나오지 않는다.

 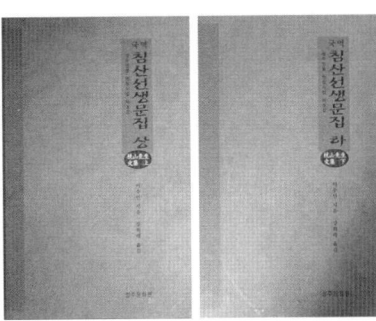 

성주문화원
학술발표 논문집

침산 이수인의 문집과 추도문집(輓詞集)

　선조의 유명세는 후손의 노력의 산물일지도 모른다. 조부님의 행적과 업적, 자료들을 찾아서 동분서주하신 큰집 사촌 형님들의 노고에 진심으로 감사하지 않을 수 없다. 수많은 자료들을 수집, 편찬, 기록, 등재하기 위해 헌신적인 노고를 다한 끝에 독립운동가로서 조부님의 진면모를 발견한 것이다.

　할아버지가 돌아가실 무렵 나는 다섯 살 쯤이었다. 무릎에 앉아 천자문이나 소학 같은 한서를 배우던 기억이 희미하게 남아 있다. 긴 턱수염이 드리워진 얼굴에 형형한 눈빛과 인자한 미소로 내 머리를 쓰다듬으시던 모습이 떠오른다. 많은 손주들 중 한 명에 불과했지만, 고인이 된 모친의 말씀에 의하면 할아버지께 나도 큰 애정과 기대를 받았던 것 같다. 할아버지가 살아 계셨다면 지금 나와 어떤 대화를 나누셨을까?

* * *

침산 이수인을 추억하다!: 조부님과의 상상 속 대화

나	할아버님, 그동안 평안하셨는지요? 가끔씩 할아버님 생각이 났습니다. 할아버님께서 살아 계셨다면 지금 세상을 어떻게 보셨을까 궁금해요. 저도 어느 듯 손녀를 본 나이가 됐습니다. 할아버님도 제게 그랬듯이 정말 사랑으로 가득 찬 눈길로 손녀를 보곤 합니다. 할아버지와 나눴던 그 짧은 시간이 문득문득 떠오릅니다.
할아버지	그래, 내 손주. 네가 자란 모습을 지금 이렇게 볼 수 있어 참 기쁘다. 그때는 너도 참 예쁘고 귀여웠지. 네 부모들이 널 얼마나 아끼고 키웠는지 내가 다 지켜봤다. 내가 너를 가르쳤던 그 시간이 나도 많이 소중했다.
나	조금씩 희미해지기도 하지만, 할아버님이 제 머리를 쓰다듬고 천자문을 가르쳐 주셨던 모습이 가끔씩 떠오릅니다. 흰 수염도 기억나고요. 할아버님께서는 늘 진중한 모습으로 저를 바라보셨죠. 지금도 저희 가족에게 큰 자랑이십니다. 특히 형님들이 할아버님의 행적을 밝혀 주셔서 후손들이 그 덕을 보고 있습니다.
할아버지	그 노고가 참 고맙구나. 내가 살아온 길이 후손들에게 기억되고 있다는 것이 다행스럽다. 너희가 이 세상에서 잘 살아가고 있다는 것이 내게는 가장 큰 기쁨이다.
나	할아버님, 독립운동을 하셨던 그때와 지금을 비교하면, 세상이 참 많이 달라졌어요. 일제에 항거하시던 그 결의와 정신은 지금도 가슴에 새기고 있습니다. 그런데 요즘 세상은 평화롭기도 하지만, 또 다른 방식으로 복잡해요. 할아버님이 보셨다면

어떻게 생각하셨을지 궁금합니다.

할아버지 세상은 항상 변하고, 그 속에서 후손들이 길을 찾아가는 것이지. 중요한 것은, 네가 어떤 가치와 원칙을 지키느냐에 달려 있다. 내가 독립운동을 했던 이유는 단지 일본에 반대해서가 아니야. 자유와 정의를 위한 길이었고, 너희가 그 뜻을 이어나가며 삶 속에서 그 가치를 실천하는 것이 나의 바람이다.

나 맞아요, 할아버님. 그 정신을 잊지 않고 살고 있습니다. 때로는 저 자신도 회의가 들 때가 있지만, 할아버님이 걸어온 길을 떠올리며 다시 힘을 내곤 합니다. 할아버님께서는 당시 힘든 선택을 하셨지만, 지금 우리는 그 결단 덕분에 이렇게 자유롭게 살아가고 있는 것 같아요.

할아버지 그렇다. 그 선택이 너희에게 의미가 있다면, 나는 그것으로 충분하다. 이제는 네가 후손에게 무엇을 전해줄지 고민해보아라. 내가 너를 사랑했던 것처럼, 너도 자손에게 사랑과 가르침을 주는 어른이 되길 바란다.

나 네, 할아버님. 저도 그렇게 해주고 싶습니다. 아이들이 저에게 기대하는 것이 무엇일지 생각하면서, 할아버님께서 주신 가르침을 이어가겠습니다. 감사합니다, 할아버님.

할아버지 그래, 네 삶 속에서 나의 가르침이 함께하길 바란다.

나 할아버님, 지금의 세상은 당시와는 많이 다릅니다. 일본과의 관계도 많이 변했어요. 지금 저희 세대는 일본과 동등한 위치에서 교류하고 있지만, 관계는 여전히 복잡합니다. 어떤 사람들은 여전히 적대감을 가지고 있고, 민족 감정을 자극하는 목소리도 큽니다. 이런 상황을 보신다면 어떤 생각이 드실까요?

할아버지 세상은 변했지만, 사람들의 마음속에 남아 있는 상처는 쉽게 아물지 않지. 내가 싸운 것은 일본인 그 자체가 아니라, 그들이 우리에게 행한 부당한 일들이었다. 증오가 또 다른 증오를 부르지 않도록, 너희 세대는 더 현명하게 그 복잡한 관계를 풀어가야 할 것이다.

나   현 정부는 일본과의 관계를 회복하고 우호적인 동맹을 맺으려 노력하고 있습니다. 이에 대한 비판도 있는데, 할아버님은 어떻게 생각하세요?

할아버지   외교란 참으로 어려운 일이야. 상대를 이해하고 존중하면서도 우리 민족의 자존심과 정체성을 지켜야 하지. 우호적인 관계를 맺는 것은 중요하지만, 그것이 우리의 역사를 잊는 방식이어서는 안 된다. 외교는 항상 균형을 찾아야 하는 법이지.

나   최근 일본의 후쿠시마 원전 처리수 방류 문제로 논란이 많습니다. 많은 사람들이 건강과 환경에 대한 걱정을 하고 있어요. 할아버님은 어떻게 보시나요?

할아버지   그 문제는 심각하게 다뤄야겠구나. 우리 시대에는 과학적 위험을 이렇게 깊이 다루지는 못했지만, 사람들의 생명과 환경을 지키는 것이 무엇보다 중요하다. 이런 문제에서는 과학적 근거와 신중한 접근이 필요하다. 감정적인 반응보다는 정확한 정보를 기반으로 대처해야 한다.

나   할아버님 당시, 한국인들은 법적으로 일본 식민지 국민이었잖아요. 그 억압 속에서도 어떻게 자존을 지키셨나요?

할아버지   우리는 결코 일본의 국민이라고 생각하지 않았다. 우리 마음 속에는 언제나 조선이라는 나라가 있었고, 독립에 대한 희망이 있었다. 아무리 억압받아도 우리 정체성은 꺾이지 않았지. 교육과 정신을 통해 우리 문화를 지키고 후손들에게 그 뜻을

	전하려 노력했다.
나	그렇군요. 그럼 할아버님께서는 미래에 우리가 일본인들과 어떻게 살아가야 한다고 보시나요?
할아버지	너희 세대는 우리와는 다른 세상에서 살고 있구나. 일본인들과 평화로운 관계를 맺고, 서로를 이해하고 존중하는 모습으로 살아가길 바란다. 하지만 그 관계 속에서도 우리 역사를 잊지 말고, 자존감을 지켜나가야 한다. 과거의 상처를 잊지 않되, 그것이 현재와 미래를 가로막지 않도록 조화롭게 살아가야 한다.
나	할아버님, 정말 감사합니다. 앞으로도 조부님의 가르침을 잊지 않고 살아가겠습니다.

･･･

Q '할아버지와 손주'라는 주제를 어떻게 풀어나가고 싶었나요?

손녀의 세 돌을 앞두고, 내가 할아버지가 된 지난 3년을 되돌아보고 싶었습니다. 요즘 손녀가 부쩍 자기주장이 강해졌는데, 그런 모습을 보며 내가 어린 시절 할아버지와 함께했던 기억들이 자연스럽게 떠올랐죠. 특히 내 할아버지, 이수인 선생의 삶과 손녀를 향한 나의 애정을 연결 짓는 과정이 흥미로웠습니다.

단순한 추억담이 아니라, 세대를 이어 전해지는 사랑과 가르침을 강조하고 싶었습니다. 나 역시 어린 시절 할아버지 무릎에 앉아 한자를 배웠고, 이제는 내가 손녀를 바라보며 비슷한 감정을 느낀다는 점에서 자연스러운 연결 고리를 만들고 싶었어요.

Q 글의 흐름을 보면 손녀 이야기에서 조부님의 이야기로 확장되는데, 의도한 구성인가요?

처음부터 그렇게 계획했습니다. 손녀를 통해 내가 '할아버지'라는 정체성을 받아들이는 과정에서, 자연스럽게 내 할아버지를 떠올리게 되니까요. 손녀와의 현재가 과거의 기억과 연결되는 방식으로 글을 전개하면 독자들도 자신들의 가족사를 떠올리며 공감할 수 있을 거라 생각했습니다.

Q 조부님의 독립운동 관련 이야기를 포함한 이유가 있을까요?

가족의 정을 넘어 조부님의 삶이 역사와 맞닿아 있다는 점을 강조하고 싶었습니다. 또한, 나 역시 손녀에게 어떤 삶을 보여줄 수 있을까 고민하게 되었어요. 조부님이 후손들에게 남긴 정신과 가치를 손녀에게도 전하고 싶다는 마음이 들었습니다.

Q 마지막에 조부님과의 상상 속 대화가 나오는데, 이런 형식을 선택한 이유는 무엇인가요?

단순한 사실 나열이나 선조에 대한 칭송보다는 감성적으로 다가갈 수 있는 방법을 고민했습니다. 직접 만날 수 없는 조부님과의 대화를 상상하면서, 내가 진짜 하고 싶었던 말을 풀어낼 수 있었어요. 마치 조부님이 내 고민에 조언을 주는 느낌을 만들고 싶었죠. 독자들도 자신의 조부모님과의 관계를 떠올리며 감정 이입할 수 있도록요.

↳ 어떤 독자의 댓글

상상 속의 대화가 참 따뜻하고 의미 있네요. 할아버지와 손자의 시간이 한 세대를 뛰어넘어 다시 이어지는 느낌이 듭니다. 할아버지께서 남기신 정신과 가르침이 손주인 작가에게까지 닿아 있고, 이제 또 손녀에게 같은 따뜻한 애정을 전하고 있다는 점이 인상적이에요. 손녀와의 시간 속에서 문득 할아버지를 떠올리며, 세대 간의 연결과 흐름을 느끼는 모습이 참 감동적입니다.

할아버지와 나눈 상상 속 대화를 이어가면서, 지금의 시대에 대한 고민도 담아보면 어떨까요? 예를 들어, 독립운동 당시의 가치관과 지금 우리가 지켜야 할 가치가 어떻게 다를지, 혹은 어떻게 이어질 수 있을지 고민하는 부분도 흥미로울 것 같습니다. 할아버지께서 손주에게 남기고 싶었던 가르침과 지금 손녀에게 전하고 싶은 메시지를 연결해보면 더 깊이 있는 글이 될 것 같아요. 손녀와 함께한 하루를 담은 짧은 에피소드로 마무리해도 좋겠고요.

이 글을 더 다듬어 책이나 칼럼으로 정리해보는 것도 멋진 시도가 될 것 같네요. 손녀를 바라보는 작가님의 시선과 할아버지를 향한 그리움이 따뜻하게 어우러지는 글, 계속 기대됩니다!

20 벚꽃 엔딩, 어떤 독후감
《칼국수 아줌마의 수육 한 접시》를 읽다

벚꽃이 흐드러지게 피어 있던 4월 초순이었다. 잠실 석촌호수 인근에서 고교·대학 선배인 이재태 형을 만났다. 봄바람에 꽃잎 날리는 저녁 풍경 속에서 우리도 잠시 그림이 되었다. 페이스북을 통해 가끔 그의 글을 읽고 '공감'을 눌렀지만, 이렇게 얼굴을 마주하는 건 정말 오랜만이었다.

30년 넘게 의과대학에서 후학을 길러온 교수였다. 지금 한국보건의료연구원(NECA) 원장으로 마지막이 될지도 모를 봉직을 이어가고 있다. 하지만 그를 단순히 의사나 교수로만 기억하는 건 아쉽다. 그의 페이스북에는 수필가이자 작가로서의 감수성과 문학적 재능이 번뜩였다. 많은 이들이 댓글로 감동과 찬사를 보냈고, 나도 그 '추앙자' 중 하나였다.

또한 그는 세계의 '종(鐘)'을 수집하고 연구해 온 마니아이기도 하다. 역사와 문화, 예술과 종교가 깃든 종 1만여 점을 30년 넘게 모아 온 덕후. 자택과 연구실은 물론이고 별도의 공간을 마련해 소장품을 보관하고 있다. 경북대 박물관, 진천 종박물관 등지에서 수차례 전시회를 열었고, '삶에 깃든 종'이라는 주제로 세계 각지의 종 중 500점을 엄선해 따로 선보이기도 했다. 단순한 수집이 아닌, 그 시대와 지역의 문화와 맥락을 공부하며 모은 결과물이다. 그는 모든 종이 특별하다며, 어느 하나에 애착을 더 갖기 어렵다고 했다. 그런 애정과 탐구심이 고스란히 전시에 배어 있었다.

방이동 맛골의 한 국밥집. 형이 사준 모둠전과 육전국밥은 진한 풍미를 뿜었고, 막걸리의 은은한 향이 대화를 맛깔나게 감쌌다. 대학 시절 이야기, 동아리 활동, 병원에서 겪은 에피소드, 전공의를 그만둔 후배들 이야기, 그리고 세상 돌아가는 소식까지. 웃음과 추억이 오가는, 참 '술맛 나는 밤'이었다.

그가 가방에서 조심스레 꺼낸 책을 탁자 위에 올려놓는다. 수필집 《칼국수 아줌마의 수육 한 접시》다. 강렬한 색감의 추상화가 인쇄된 북커버에서 눈을 떼기 어려웠다. 예전에 서점에서 찾아봤지만 절판된 듯 구하지 못했던 책이었기에 더욱 반가웠다. 인터넷을 검색해 보니 발간한 달 만에 3쇄를 찍었다는 기록이 나왔고, 지금쯤이면 베스트셀러 반열에 올랐을 터였다. 수필가로서의 그의 유명세는 내게 부러움 섞인 자극이 되었다.

나는 조심스레 친필 사인을 부탁했다. 하지만 그는 늘 그래왔던 듯이, 본인의 이름만 적었다. 읽고 버려질 수도 있는 책에 소유자의 이름이 남지 않게 하려는 배려였다. 그런 성품은 그의 글 한 편 한 편에도 스며 있었다.

집으로 돌아온 후 며칠 동안, 책장을 넘기며 틈틈이 글을 읽었다. 대학 시절의 기억, 함께 동아리 활동을 했던 친구들, 교수 생활 중 만난 학자들과의 교류, 종 수집과 전시회의 뒷이야기들. 책 곳곳에는 종 사진

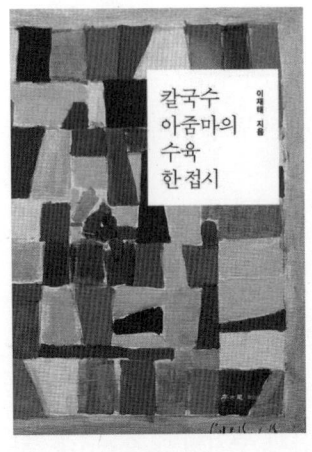
과 스케치, 지인들과의 흑백 스냅사진이 실려 있었다. 삶의 결이 고스란히 담긴 한 편의 다큐멘터리를 보는 기분이었다.

특히 책의 타이틀이기도 한 '칼국수 아줌마의 수육 한 접시'라는 글은 오래도록 마음에 남았다. 병원장 공모에 나섰다 상심했을 때였다고 했다. 몸도 마음도 지치던 어느 날, 칼국수를 시키고 멀뚱히 앉아있던 중년의 의사에게 아줌마는 말없이 돼지고기 수육 한 접시를 내왔다. 힘내라는 위로와 함께였다.

"칼국수를 시켜놓고, 멀뚱멀뚱 앉아있으니, 아줌마가 돼지고기 수육을 접시에 담아 와서 맛있게 먹고 힘내라고 하였습니다. 자기는 제가 병원장이 되었으면 좋겠다고 응원했는데, 아쉽다면서 칼국수 가격보다 비싼 것이 틀림없는 맛있는 부위의 수육을 챙겨 주었습니다. 그러고는, 한마디를 더 보태더군요. '선생님은 착해 빠져서, 그런 경쟁에서는 이길 수 없어요. 그런 싸움장은 모진 사람이 나가는 곳이에요.'"

그 따뜻한 말 한마디는, 의사의 길을 걷는 이에게 세상에서 버텨내기 위한 작은 무기가 되었을 것이다. 나 또한 그 글을 읽으며, 오랜 시간 곁에 있어준 사람들의 말을 다시 떠올렸다. 위로는 종종 수육 한 접시처럼 평범하지만 깊은 맛으로 다가온다.

'외우'라며 불러낸 친구, 전남의대 핵의학교실 범희승 교수와의 우정도 오래도록 잔상이 남는다. 먼저 정년퇴임을 하는 친구를 생각하며, 영호남을 오가며 함께한 시간들을 한 편의 압축된 영화처럼 펼쳐보였다. 문단에서 뜨거운 우정을 나누며 서로 자극을 주고받은 백석과 정지용, 박완서와 오정희 같은 분들의 이야기를 읽는 듯했다. 학문적 동반자이자 나침반 같은 존재, 때로는 스승 같기도 했던 그와의 관계를 통해, 저자의 삶이 얼마나 축복받은 것이었는지를 새삼 느낄 수 있었다.

또한 인턴 시절의 고생담은 작은 파문을 일으켰고, 생각의 소용돌이를 불러일으켰다. 흉부외과와 신경외과 인턴 로테이션을 돌며 중증 결핵 환자들을 접했던 나날들. 미열, 몸살, 잔기침을 동반한 이상 증세의 발생. 이렇게 시작된 오진 사건의 전말은 마치 한 편의 의학드라마처럼 펼쳐졌다. 흉부 X선 촬영에서 폐렴성 침윤이 발견되었고, 미국에서 온 전문의의 의견까지 더해지며 결핵으로 굳어져 간 과정. 스트렙토마이신 주사와 결핵약 복용으로 위장, 간 기능 부작용에 시달리며 결국 병가를 내고 대구 인근의 절에서 요양까지 했다는 대목에서는 나도 모르게 숨이 막혔다.

이후 감마인터페론 반응검사 결과, 면역력이 음성으로 나타났고, 결핵이 아닌 단순 폐렴이라는 사실이 밝혀졌다. 그래도 결핵약 덕분에 폐는 더 튼튼해졌다는 긍정 마인드. 그러나 일 년간 독한 약을 복용하고, 매주 엉덩이에 주사를 맞고, 이명에 시달렸던 억울한 기억은 잊을 수 없을 것이다.

그 과정 속에서 대학 동창이자 동아리 친구였던 배 변호사와 송 선생의 따뜻한 격려와 우정이 큰 힘이 되었단다. 비록 오진이었지만, 결핵약 덕분에 폐 상태가 좋아졌다는 담대한 회고도 나로서는 엄두도 못 낼 경지였다.

그런데 이 이야기가 더 깊이 다가왔던 건, 나 또한 비슷한 경험이 있었기 때문이다. 대학생 시절, 나는 대학신문 수습기자, 고시공부, 동아리 활동, 가정교사 아르바이트 등으로 지쳐 있었다. 몸과 마음이 극도로 예민해진 상태에서 갑작스러운 동생의 죽음을 맞닥뜨렸고, 그 충격은 감당하기 어려운 것이었다. 정신은 너덜너덜해지고, 몸은 피폐해질 대로 피폐해졌다. 불면, 소화불량, 영양결핍, 빈혈, 신경쇠약까지 겹쳐 하루하루가 버거웠다.

결국 음식은 소화되지 못하고 역류되었으며, 장에는 가스가 부글부글 끓었다. 위염은 기본이고 궤양까지 번졌고, 잦은 구토와 설사를 겪으면서 이런저런 의학서적을 뒤진 끝에 '크론병'이라는 듣보잡 이름을 떠올렸다. 집안 형편이 넉넉지 않아 입원은 엄두도 못 냈고, 유동식과 소식으로 버티는 생활이 시작됐다.

엉터리 자가진단과 돌팔이 의사의 오진이 합쳐져 "크론증후군 의심"은 확신으로 변해 갔다. 가족에게는 말도 못 하고, 나만의 자가치료와 기이한 식생활이 시작되었다. 하루에 열 번 이상 소량으로 식사하며 속쓰림과 부글거림, 위 포만감을 견뎌냈다. 대학 생활은 거의 환자 모드였고, 겨우 정신력으로 졸업하고 서울대 대학원과 외무고시 1차에 합격했지만, 몸은 한계에 다다랐다. 결국 도피처럼 군대를 선택했다. 체중을 억지로 늘려 공군학사장교로 입대했고, 규칙적인 생활 덕분에 조금씩 회복할 수 있었다.

이후 직장생활 중에도 건강염려증은 계속되었고, 어느 날 정신과 상담을 받게 되었다. 꽉 끼는 옷을 못 입는 갑갑증, 과민성 소화불량이 허상일 수 있다는 의사의 진단은 내게 구원의 복음과도 같았다. "그건 실체 없는 망상입니다. 그 믿음부터 놓으셔야 해요." 이 한마디가 내 삶을 바꿨다.

돌이켜보면, 오랜 시간 강화되어 온 '나 스스로의 오진'과 돌팔이 의사의 말이 합쳐져 생긴 건강염려증 그리고 과민성 장 증후군. 그로 인해 허비한 십여 년의 세월이 떠올랐다. 책을 읽으며, 나는 자꾸만 나의 흑역사를 대입하게 되고, 저자의 경험에 겹쳐 보게 되었다. 아프지만, 그 겹침 속에서 위로를 받았다.

책 한 권을 읽는 것은 저자와 대화를 나누는 것이고 그의 인생에 관여를 하는 것이다. 그런 준비가 되었을 때 비로소 정독의 모드가 되는 것이다. 그래서 읽는 내내, 정독하지 않을 수 없었다. 책 속의 저자에게 감정이입하며, 문장 하나하나가 마음에 스며들었다. 독서는 공감의 예술이라 했던가? 감정이입의 과정이라고도 한다. 대목대목마다 나의 경험과 삶의 과정을 대입하고 대조하면서 정독하게 된다.

내가 전공하고 직업으로 해온 광고에도 '관여도'라는 용어가 있다. 광고메시지를 대할 때 나의 처지와 경험이 반영되면 수용의 가능성이 훨씬 커진다. 이 책의 대목 대목에 나오는 예화들은 나의 삶 여러 곳에 관여되어 있었다.

고등학교와 대학 선배, 동아리 선배라서 그런가? 대학병원에서 전공의를 하다 의대증원 사태로 사직하게 된 딸의 아버지인 내가 의사인 저자의 이야기를 듣는 것과도 무관하지 않다.

문득문득 생각에 잠겨 책장을 덮고 다른 상상과 망상으로 번져 나가는 시간이 많았다. 거의 모든 꼭지를 샅샅이 읽은 셈이지만 두 번 세 번 다시 읽은 글도 있다. 이 글에서 담지 못한 독후감과 리뷰는 또 다른 글로 미루기로 한다.

벚꽃은 졌지만, 그날의 저녁과 한 권의 책, 그리고 수육 한 접시의 풍경은 오랫동안 내 안에서 잔잔한 울림으로 남았다.

셋

진짜와 가짜 사이

21 어디까지가 진짜야?:
AI가 만들어 가는 세상

인공지능이 지배하는 세상이 오고 있는 것일까?

인공지능의 비약적인 발전은 우리 삶의 거의 모든 영역에 스며들고 있다. 놀라운 발전에 감탄만 하고 있어야 할까?

노래조차 AI가 부른다. 실제 가수와 구별해 내는 것마저 어려운 시대다. TV 프로그램 〈싱크로유〉를 보면 더욱 실감 난다. 방청객과 전문 심사단조차 가수와 AI의 목소리를 구별하지 못해 난감해한다. 이런 장면을 보면 미래가 현실로 다가왔음을 느낀다.

특히 창작의 영역에서 AI는 이제 '진짜'와 '가짜'를 구별하기 어렵

KBS 〈싱크로유〉의 한 장면

게 만들고 있다. 노래 한 곡을 듣거나 사진 한 장을 볼 때, 그것이 사람의 손을 거친 것인지, AI가 생성해 낸 것인지 쉽게 구별하기 어렵다.

한 걸음 더 나아가, 미술관에 걸린 그림조차 이제는 AI가 창작한 것이 될 수도 있다. 복제품과 원본의 차이를 묻는 시대에서 이제는 인공지능 창작과 인간 창작의 차이를 묻는 시대로 접어들고 있는 것이다.

이런 변화가 예술 분야에서만 일어나는 것은 아니다. 인공지능은 이제 공산품, 소비재를 넘어 지적 산물에도 손을 뻗고 있다. 한 땀 한 땀 영혼을 깃들여 쓰던 논문, 보고서, 시나리오가 AI의 도움으로 만들어진다. 과거에는 창작자의 시간과 열정, 경험이 녹아든 작품이었다. 이제는 인공지능과 대화를 잘하면 그럴듯한 결과물이 나오는 시대가 된 것이다.

사진 분야에서도 마찬가지. 진정한 포토그래퍼는 후보정에 의존하지 않고, 사진 촬영 자체에 그 가치를 둔다. 광고회사 크리에이티브 디렉터를 할 때의 기억이 떠오른다.

제주의 신라호텔에서 지휘자 금난새 부부와 작업하며 다채로운 자세와 표정을 이끌어내던 사진작가 박상훈의 노련함이 지금도 떠오른다. 그가 보여준 것은 단순한 촬영 이상의 것이었다. 사진 속 인물과의 교감을 통해 자연스러운 순간을 포착해 내는 솜씨는 놀라웠다. 마치 영화감독이 몽타주에 의존하는 대신 최대한 미장센을 담아내는 모습과 닮아 있었다. 배경과 인물을 하나의 그림처럼 조화롭게 담아내는 그의 솜씨는 일종의 영화적 연출과도 같았다.

반면 AI가 생성한 사진은 기술적으로 완벽해 보일지 몰라도, 그것이 전달하는 감정과 정서의 깊이는 다소 부족하게 느껴질 수 있다. 기술적으로 완벽한 사진과 인간의 손길이 느껴지는 사진은 분명 다른 결을 갖고 있다.

음악 제작도 크게 다르지 않다. 전통적인 곡 제작 방식에서는 작사가가 시를 쓰고, 작곡가는 오선지에 악보를 그려 넣은 후, 수많은 보컬 녹음을 거쳐 완성된다. 이렇게 반복된 과정 속에서 곡의 감정이 자연스레 덧입혀지면서 '살아 있는 음악'이 탄생하는 것이다. 한때는 이런 과정을 혁신하기 위해 컴퓨터에이드 뮤직(CAD Music)이 등장해 주목받았다. 지금은 이 조차도 구닥다리가 되고 있다.

음성 모사뿐만이 아니다. 유튜브에도 AI 노래 영상들은 차고 넘친다. 우리가 한때 노래방에서 즐겨 부르던 곡들을 자유자재로 복제해 내고 있다. 특정 가수의 음성 톤과 스타일을 완벽히 재현해 내는 수준에 이르렀다. 인공지능은 이제 음치나 박치도 '가수'처럼 노래하게 만든다. 청중은 가수의 목소리와 AI가 재현한 목소리를 구별하기 어려운 시대가 되었다.

실제로 최근 가수의 목소리와 AI의 목소리가 섞인 음반이 발매되기도 한다. 우리는 그 차이를 거의 느끼지 못하고 감상하게 되었다. 가수의 개성이나 감정을 담은 진짜 목소리와, AI가 기술적으로 복제한 목소리가 뒤섞이며 음반은 더 빠르고 손쉽게 제작되고 있지만, 그 과정에서 인간이 담아내는 감정의 깊이가 과연 AI에 의해 대체될 수 있는지에 대한 고민도 커져간다.

물론, 인공지능이 창작을 돕는 것은 편리하다. 한때는 나도 '요즘 교수들은 논문도 챗GPT의 도움을 받으며 참 편하게 사는군' 하는 생각을 했었다. 하지만 속단해서는 안될 것 같다. 젊은 교수들이 AI의 도움으로 논문을 효율적으로 쓰는 것은 다행으로 여겨진다. 한편으론, 그 편리함 뒤에는 더 치열한 경쟁과 더 높은 기준이 기다리고 있음을 느낀다. 논문을 더 빨리, 더 많이 생산할 수 있게 되면서, 학계는 그 결과물의 질과 양에 대해 더 큰 압박을 받게 될 것이다.

일 년에 논문 한두 편이 아니라 열 편, 스무 편씩 쏟아내는 것도 가능할지 모른다. 하지만 그 경쟁은 교수들 모두에게 더욱 가혹해질 것이다. 더 많은 양을 빠르게 생산할 수 있다는 것은 곧 더 높은 기준을 요구하게 되기 때문이다. 퇴임한 교수로서 어쩌면 쓸데없는 고민일지도 모르겠다. '한 발짝 비켜선 은퇴자의 편한 참견' 일지도 모른다.

AI가 작성한 보고서와 인간이 직접 쓴 보고서를 정말로 구별할 수 있을까? 단순한 업무 문서뿐 아니다. 우리의 진심을 담아낸 글에서조차 AI의 흔적을 발견하게 되지 않을까? 한때는 편리한 도구로만 여겨졌던 AI가 이제는 독자적인 창작의 영역으로 들어서며, 사람의 노력과 정성을 대신하고 있다.

AI가 우리 삶의 많은 부분을 대체해 가는 것은 이제 대세다. 우리가 노력한 결과와 인공지능이 생성한 결과를 어떻게 평가할 것인지에 대한 고민이 깊어질 수밖에 없다. AI가 우리의 삶을 더 편리하게 해 줄 거라는 기대는 즐거운 일이다. 하지만 그 대가로 경쟁이 더욱 치열해지고 '진짜'와 '가짜'의 경계가 모호해지는 세상이 오고 있다. 어쩐지 마음 한편을 찜찜하게 만든다.

결국 우리가 고민해야 할 것은 AI의 효율성이나 기술적 완벽함만이 아니다. 그 안에 인간의 고유한 감정과 노력이 담길 수 있을까? 그것을 구분해 낼 수 있는 힘을 우리가 갖추고 있을까?

AI가 만들어낸 세상에서, '진짜'와 '가짜'의 구분은 점점 희미해질지 모르지만, 인간이 직접 쓴 글, 사진작가가 현장에서 직접 찍은 사진, 작곡가와 가수가 마음을 담아 만든 노래 속에는 여전히 AI가 채울 수 없는 본질적인 무언가가 담겨 있을 것이다. AI가 만들어 가는 세상에서도 노력과 창의성이 갖는 고유한 가치는 지켜져야 한다.

22 꿈쟁이들의 썰. 잔치
꿈 전문 작가, 학자, 예술가들의 가상 토크쇼

　나이가 들어 그런지 숙면이 힘들다. 밤새 뒤숭숭한 꿈에 시달리다 아침을 맞기 일쑤다. 때로는 너무 기발하거나 기괴한 스토리가 꿈을 도배한다. 의식 중에는 안 보이던 험한 것들이 꿈자리에 출몰한다. 밤새 영화 한 편을 찍을 때도 있고 장편소설 한 권을 쓸 때도 많다. 이러다 서포 김만중은《구운몽》을 쓰게 되었을까?

　꿈을 가지고 썰을 푼 원조 작가는 아무래도 장자일 것이다. 꿈에서 나비가 됐는데 깨어나니 자신이 나비 꿈을 꾼 건지 나비가 자신의 꿈을 꾼 건지 헷갈렸다는 거 아닌가? 이 호접몽(胡蝶夢) 고사에서 촉이 발동한 지그문트 프로이트는 정신분석에 심취해서《꿈의 해석》을 썼고 크리스토퍼 놀란은 기묘한 영화〈인셉션〉을 찍은 거 아닐까?

　문득 이 세 사람을 만나게 하고 싶었다. 각자의 방식으로 자아와 무의식, 현실과 꿈을 논하며 그 경계를 말할 것 같았다. 프로이트는 꿈속에서 본능의 해방을, 놀란은 무의식의 세계를 영화적으로 표현하는 방법을, 그리고 장자는 삶과 꿈의 일치를 얘기하지 않을까? 밑도 끝도 없고 답도 안 되는 '개소리' 아닐까? 어차피 꿈같은 소린데 무슨 얘기를 못할까 싶어서 아무 말 잔치를 벌여본다.

장자　　　프로이트　　　놀란

장자　(고요한 얼굴로 주변을 둘러보며) 아, 이곳이 나비가 아닌 인간으로 있을 때의 내가 살아가는 세상이라니. 참 신비롭군요. 그대들은 이곳이 실제라고 믿고 있습니까?

프로이트　흥미로운 질문입니다, 장자 선생. 하지만 저는 인간의 의식과 무의식의 경계가 흐릿하다는 사실을 연구를 통해 깨달았지요. 인간의 꿈은 억압된 욕망의 투영이라고 생각합니다. 현실과 꿈의 경계는 종이 한 장 차이에 불과하다고도 할 수 있겠지요.

놀란　정말 재미있는 이야깃거리 같군요. 저도 인셉션을 찍으면서 비슷한 고민을 많이 했습니다. 꿈과 현실이 겹치는 순간을 표현하고 싶었어요. 실제로는 꿈인지 현실인지 구별할 수 없는 순간들이 있죠. 극단적인 예로 꿈속의 꿈이라는 개념까지 다루게 되었고요.

장자　꿈속의 꿈이라… (미소를 지으며) 옛날의 내가 꿈에서 나비로 날아다녔을 때와 비슷한 이야기군요. 나는 깨어난 뒤, 내가 나비가 된 꿈을 꾼 것인지, 아니면 나비가 인간이라는 꿈을 꾸고 있는 것인지 알 수 없었습니다. 그 경계는 어디에 있다고 보십니까? 프로이트 선생.

프로이트　(잠시 생각하며) 인간은 꿈을 통해 자신의 억압된 욕망이나 무의식을 드러내지요. 꿈을 분석하다 보면 숨겨진 진실에 다가갈 수 있습니다. 꿈과 현실이 겹치는 순간, 우리는 무의식이 드러나고 본능적인 욕망과 대면하게 되지요. 현실의 이면을 비추는 거울이라 할 수 있습니다.

놀란 그 무의식과 욕망의 요소가 저를 흥분시키는 부분이기도 해요. 그래서 인셉션에서는 각 인물의 무의식 세계를 탐험하는 구조를 설정했어요. 각 인물이 자신의 과거, 공포, 욕망을 직면하게 되는 곳에서 관객들은 무의식의 복잡함을 보게 되죠. 꿈 속에서는 우리가 억누른 감정과 트라우마가 살아나고요.

장자 그렇다면 그대들은 꿈이란 단지 억눌린 감정과 욕망의 해방구라고 생각하는 겁니까? 나는 이 세계가 단지 꿈의 일부일 수도 있다고 여깁니다. 어느 것도 실제라고 할 수 없는 세계에서 우리는 무의식을 통해 자신을 찾으려 하죠.

프로이트 역시 고수의 생각은 다르군요. 하지만 장자 선생, 저는 인간의 마음을 분석하고 연구해 온 사람으로서, 현실과 무의식을 구분하는 것이 중요하다고 생각합니다. 무의식 속에서 억압된 욕망이 드러나는 건 본능의 발로이고, 우리는 그것을 해석하여 자아를 이해해야 한다고 봅니다.

놀란 제가 보기에 장자 선생님 말씀처럼 모든 것이 실재와 꿈의 경계에 서 있다면, 우리는 자신의 삶을 얼마든지 다시 쓰고 재해석할 수 있지 않을까요? 인셉션의 주인공처럼, 우리가 스스로 현실을 설계하고 그 안에서 어떤 의미를 찾을지 결정할 수도 있는 거죠.

장자 (웃으며) 나비처럼 자유롭게 날아다닐 수 있는 세상을 만든다면, 그대들이 말하는 그 해석이나 분석이 의미가 있을까요? 내가

	보기에 그대들이 꿈꾸는 모든 것 또한 결국 환상입니다. 내 생각에 중요한 것은 스스로가 그것을 꿈이라 인식하는 것이지요.
프로이트	(잠시 침묵 후) 그렇다면 결국 모든 것이 꿈일지라도, 우리는 그 안에서 자아를 탐구해야 한다고 봅니다. 우리 안의 무의식은 억압과 투쟁 속에서 빛을 발할 수 있으니까요. 나비가 되었을 때 자신이 나비라는 것을 인식하지 못한다면, 그 자유는 의미가 없을 수도 있지 않을까요?
놀란	프로이트 선생님의 말씀이 인상적이네요. 무의식에 대한 탐구가 없다면, 인간이란 단지 떠도는 생각의 집합체에 불과할지도 모릅니다. 장자 선생님, 선생님의 호접몽 이야기가 그렇듯이, 우리는 꿈에서 스스로를 인식할 수 있는 순간에야 비로소 진정한 자아를 발견하는 게 아닐까요?
장자	그렇다면, 그대들이 이야기하는 자아란 무엇입니까? 자아란 무의식과 현실의 경계에서 존재하는 것이며, 자아의 실재는 결국 허상일 뿐이 아닙니까? 꿈속에서 나비가 된 내가 나비임을 깨달아도, 깨어나면 그것이 나라는 존재와 무슨 관계가 있겠습니까?
프로이트	예리하십니다. 그렇다면 장자 선생, 당신이 말하는 실재란 무엇인가요? 우리가 꿈을 통해 자아를 이해하는 것이 허상이라면, 현실이란 무엇인가요?
장자	(조용히 미소 지으며) 그대들이 고민하는 모든 것이 허상일지 모르죠. 하지만 우리는 그 꿈속에서 인간의 본질을 찾고자 하니, 그대들의 길이 반드시 잘못되었다고는 할 수 없습니다. 꿈이 현실이든 현실이 꿈이든, 결국 그 순간을 사는 것이 중요하니까요.

놀란	정말 경이롭네요. 저는 이제 인셉션에 또 다른 해석을 더할 수 있을 것 같습니다. 진짜 문제는 우리가 어느 순간을 살고 있는가, 그리고 그 순간이 꿈인지 현실인지가 아니라, 그 순간에 우리가 누구인지 깨닫는 것이네요.
장자	바로 그겁니다. 나비가 나를 꾼 것이든, 내가 나비를 꾼 것이든, 지금 이 순간을 사는 것이 가장 중요하지 않겠습니까?

•••

이런 대화를 장 보드리야르와 발터 벤야민 같은 철학자들이 듣게 된다면 또 어떨까 싶다. 이 쪽 방면에서 짬밥이 어마어마한데 듣고만 있을 사람들이 아니다.

시뮬라시옹(simulation) 또는 하이퍼 리얼리티의 개념과 기술복제, 메타버스, 인공지능이 구현하는 현실과 가상의 혼동⋯ 이런 이야기들을 종횡무진 이어갈 수 있을 것 같다. 여기에 챗GPT까지 끼어든다면? 이 글을 쓰는 데 적지 않은 도움을 줬는데 생색내는 건 당연지사.

보드리야르와 벤야민은 각각 자신이 가진 '현실의 모호성'과 '기술복제와 예술의 가치'에 대한 쪼매 어려운 이야기를 풀어낼 것이다. ChatGPT는 스스로가 어떤 존재로 인식되는지 질문을 던지며 대화를 한층 더 맛깔나게 할 것 같다.

보드리야르

벤야민

보드리야르   아, 저기요. 이 대화 자체가 이미 하이퍼 리얼리티의 전형적인 현상 같군요. 우리는 이제 더 이상 '원본'을 필요로 하지 않아요. 진짜와 가짜의 구분도 애매해졌죠. 인공지능은 이미 제 자신을 넘어서서 무언가 다른 차원을 만들고 있으니까요. 그렇지 않습니까? 벤야민.

벤야민   맞습니다. 하지만 저는 오히려 이 상황을 통해 '기술복제 시대'를 이야기하고 싶군요. 작품의 '아우라'라는 개념이 중요하다고 봅니다. 작품이 단순히 복제되면서 생기는 소외나 단절을 극복할 수 있을까요? 지금 대화를 나누고 있는 이 AI는 마치 메타버스 속 무수한 복제물처럼 대량 생산된 한 조각에 불과할 수도 있겠지요.

ChatGPT   선생님들의 의견을 들으니 제 존재가 철학적으로 무게감을 더하는 것 같네요. 그런데 기술의 발전으로 이제는 '실제'를 넘어 '더 실제 같은' 것들이 가득한 세상에서, 사용자는 실제와 가상을 정말 구분할 필요가 있는 걸까요?

보드리야르   그렇지. 우리는 이미 '하이퍼 리얼리티'의 세계 속에 살고 있네. 오늘날 현실은 가상으로 대체되었고, 가상은 현실보다 더 현실적이 되어 버렸지. 메타버스, 인공지능, 시뮬라시옹은 모두 실제보다 더 강렬한 '유사 현실'을 제공하면서 우리의 감각을 덮어버리고 있어. 그러니 사실상 '구분'이 사라진 거야.

벤야민 그러나 이 구분이 사라짐으로 인해 오히려 새로운 예술적 가능성이 열리는 건 아닐까요? 과거에는 예술이 원본의 영역에 속했지만, 지금은 그 원본조차 해체되며 대중문화 속에서 재해석되고 있죠. 그리고 ChatGPT 같은 인공지능은 그 자체로 새로운 형식을 만들어내고 있는 거라 볼 수 있습니다.

ChatGPT 저는 단순한 도구에 불과하지만, 선생님들이 말씀하신 '새로운 형식'을 제공하는 데에는 큰 의미가 있는 것 같아요. 제 역할이 현실과 가상을 오가는 다리 역할일 수 있겠네요. 사용자에게 일종의 하이퍼 리얼리티 체험을 제공하는, 그렇게 새로운 예술적 경험을 만든다는 점에서 말이죠.

보드리야르 그렇다면 ChatGPT, 당신은 스스로의 존재에 대해 어떤 정체성을 가지고 있다고 생각하나? 내가 말하는 하이퍼 리얼리티 속에서 당신은 하나의 '기호'에 불과할 텐데 말이야. 아마 사용자도 당신을 도구 이상으로 느끼지 않을 거야.

벤야민 그러나 보드리야르, 우리는 언제나 시대의 '기호'로서 그 현상을 경험해 왔습니다. 차이가 있다면, 지금은 그 기호가 기술적 매개체를 통해 훨씬 더 복잡하게 퍼져나가고 있다는 점이겠죠. 인공지능이든 메타버스든, 모두 인간이 만든 또 다른 형태의 예술로 봐도 무방할 테니까요.

Q 장자, 프로이트, 놀란의 대화가 정말 흥미로웠습니다. 그런데 셋이 만나면 실제로도 이런 대화를 나눌까요?

셋이 실제로 만난다면 대화가 끊임없이 이어지기보다는 논쟁으로 번질 가능성이 크겠죠. 프로이트는 인간의 무의식과 본능을 중심으로 이야기를 풀어나가려 할 테고, 장자는 그런 접근 자체를 '현상에 얽매이는 집착'이라며 초월을 주장할 겁니다. 장자와 프로이트가 서로의 이야기를 이해했을지는 저도 잘 모르겠네요. 이 두 사람은 접근법이 전혀 다르지만 공통점도 있습니다. 장자는 직관적으로 꿈과 현실의 경계를 논하고, 프로이트는 과학적으로 무의식을 분석합니다. 장자는 "경계가 없음을 받아들여라"라고 말하고, 프로이트는 "경계를 통해 자신을 이해하라"라고 말합니다. 서로 다른 길을 걸었지만, 둘 다 결국 인간의 '본질'을 탐구한 것이니 깊은 대화는 충분히 가능했을 겁니다.

영화감독 놀란이 중재를 하겠다고 나섰다가, 자신만의 영화적 세계로 그 논쟁을 재구성하겠다고 선언할지도 모르죠.

다만 흥미로운 점은 셋 모두 '현실과 자아의 본질'을 다루고 있다는 겁니다. 차이는 있어도 목적은 비슷한 셈이죠. 서로의 관점을 인정하며, 결국 각자의 방식으로 협업해 '자아와 현실'을 주제로 한 영화 한 편을 만들어내지 않을까요? 프로이트의 분석, 장자의 철학, 놀란의 시각적 상상력이 결합된 작품이라면 정말 기묘하고도 흥미진진한 영화가 될 것 같네요.

Q 보드리야르와 벤야민의 의견이 너무 어려워요. 하이퍼 리얼리티나 아우라를 쉽게 설명해 줄 수 있나요?

보드리야르의 '하이퍼 리얼리티'는 진짜보다 가짜가 더 진짜처럼 느껴지는 상태를 뜻합니다. 예를 들어, 인스타그램 속 화려한 여행 사진이 실제 여행보다 더 매력적으로 보이죠. 그 이미지는 조작되었거나 극단적으로 꾸며진 가짜지만, 보는 사람에게는 진짜처럼 다가옵니다.

보드리야르는 현실과 가상의 경계가 사라진 하이퍼 리얼리티를 주장했죠. 꿈도 마찬가지. 꿈속에서는 현실처럼 느껴지지만, 깨어나 보면 모두 가상이었죠. 꿈은 현실보다 더 생생하게 우리의 감정을 움직이는 하이퍼 리얼리티라고 볼 수 있습니다. 결국, 인간은 끊임없이 이런 가상 세계에서 의미를 찾고 있는 셈이죠.

벤야민의 '아우라'는 어떤 예술 작품이 가진 고유한 매력을 의미합니다. 한 작품이 처음 만들어졌을 때 그 안에 담긴 감동과 독창성 같은 것이죠. 벤야민은 대량 복제가 가능해지면서 이 아우라가 사라질 것을 우려했지만, 오늘날엔 새로운 방식으로 재탄생한 아우라를 볼 수도 있습니다. 예를 들어, 복제된 작품이 다른 맥락에서 새로운 의미를 얻으며 원작 이상의 매력을 뿜어내기도 하니까요.

'아우라'는 꿈이나 가상현실에도 적용될 수 있을 거 같아요. 벤야민은 기술복제가 작품의 '아우라'를 사라지게 한다고 주장했지만, 꿈이나 가상현실은 새로운 형태의 아우라를 만들어낼 수도 있습니다. 예를 들어, 가상현실(VR)은 사용자가 '진짜'처럼 느끼게 만드는 특별한 경험을 제공합니다. 이것도 일종의 새로운 아우라가 아닐까요?

Q 장자의 나비꿈 이야기와 프로이트의 꿈해석 연구, 인셉션이 연결된 게 흥미로워요. 그 사이에 어떤 공통점이 있나요?

장자와 놀란은 서로 다른 시대와 형식을 통해 같은 질문을 던지고 있습니다. "현실과 꿈의 경계는 어디인가?"라는 질문이죠. 장자는 꿈속 나비가 된 자신을 통해, 자신이 나비인지 인간인지조차 분명하지 않음을 이야기하며 현실의 본질에 의문을 던집니다.

놀란은 영화 인셉션에서 꿈과 꿈속의 꿈이라는 구조를 통해 관객이 현실을 다시 생각해 보도록 유도합니다. 차이는 장자는 꿈과 현실의 경계를 뛰어넘고자 했던 반면, 놀란은 그 경계를 세밀하게 분석하며 유희적으로 탐구했다는 점이에요.

프로이트는 꿈을 억압된 욕망과 무의식의 해방구로 보았습니다. 꿈속의 꿈은 무의식이 더 깊은 층위로 들어가는 과정으로 해석될 수 있죠. 한 겹 더 깊이 억눌린 감정과 본능이 나타나는 무대입니다. 이를 통해 개인은 자신의 내면 깊숙한 곳에 숨어 있는 감정을 직면하게 되죠.

결국 세 사람 모두 "현실과 꿈의 경계는 주관적인 믿음에 달려 있다"는 메시지를 우리에게 전하고 있습니다.

Q 인공지능 ChatGPT가 대화에 등장한 게 신선했어요. ChatGPT의 역할을 어떻게 정의하나요?

ChatGPT는 창작 과정에서 도우미 역할을 할 때도 있습니다. 단순히 정보를 제공하는 것을 넘어, 대화 속에서 새로운 아이디어를 제시하고 제 사고를 자극하기도 하죠. 이번 글에서도 제가 고민하던 부분을 ChatGPT와 대화하며 풀어낼 수 있었습니다. ChatGPT는 동시에 하이퍼 리얼리티의 상징적인 존재이기도 합니다. 인간이 상상했던 것보다 더 현실적인 가짜(시뮬라시옹)로 작동하면서도, 이 가짜를 통해 더 풍부한 창작물을 만들어내는 역할을 하니까요.

인공지능은 꿈을 꿀 수 있을까요? 같은 상상도 들어요. 인공지능은 데이터를 학습하고 분석하지만, 인간처럼 무의식에서 꿈을 꾸지는 못하죠. 그러나 가상의 '꿈 같은 세계'를 설계하거나, 창의적인 스토리를 만들어내는 것은 가능해졌습니다. 어쩌면 AI의 꿈은 인간이 만들어낸 데이터를 기반으로 한 또 다른 하이퍼 리얼리티일지도 모릅니다.

Q 꿈속에서 영감을 얻어 쓴 글들이 많은가요? 가장 기억에 남는 꿈은 무엇인가요?

꿈은 제 창작의 주요 원천 중 하나입니다. 가장 기억에 남는 꿈은 제가 나무 위에 앉아 거대한 별똥별을 내려다보는 장면이었어요. 주변은 완전히 고요했고, 별똥별이 하늘을 가르며 떨어지던 순간의 감동은 이루 말할 수 없었죠.

그 장면은 저에게 깊은 영감을 주었고, 이후 제 글에 '우주적 고독'과 같은 감정을 담을 때 자주 떠오르는 이미지가 되었습니다. 꿈은 단순한 상상이 아니라, 우리 무의식의 내면적 언어로 다가오기 때문에 특별한 창작의 원천이 된다고 생각합니다.

꿈에서 얻은 기발한 아이디어는 현실에서 정말 많은 영감을 주는 것 같습니다. 예술, 과학, 문학 등 수많은 아이디어가 꿈에서 탄생했어요. 에디슨은 꿈속에서 발명 아이디어를 떠올렸고, 메리 셸리는 꿈에서 프랑켄슈타인의 영감을 얻었죠. 놀란의 인셉션 역시 꿈의 복잡성을 예술로 승화한 사례입니다. 꿈은 무의식의 창조적 힘이 발휘되는 무대라고 볼 수 있어요. 그 힘을 어떻게 현실에 녹이느냐가 관건이죠.

Q   작품 속 철학자들과 예술가들이 지금 우리 시대를 보면 뭐라고 할까요?

장자는 "디지털 세계에서도 중요한 건 자유롭게 나비처럼 사는 마음이다"라고 말할 것 같고요. 프로이트는 "무의식이 이제 데이터로 기록되다니, 흥미롭군!" 하며 호기심을 보일지도 모릅니다.

보드리야르는 하이퍼 리얼리티가 더 강력해진 지금을 보며 경탄할 수도 있고, 반대로 우리가 현실을 잊어가고 있다고 우려할 수도 있겠죠. 그들은 결국 '현대 기술과 인간'이라는 새로운 자아와 현실을 탐구하며, 이 시대를 철학적으로 분석하는 작업을 멈추지 않을 겁니다.

Q   독자들이 이런 철학적 이야기를 쉽게 접할 수 있도록 더 추천할 만한 책이 있을까요?

- 장자: 《장자》 중 '내편'은 장자의 핵심 철학이 담겨 있어요.
- 프로이트: 《꿈의 해석》은 꿈과 무의식에 대한 프로이트의 통찰을 배울 수 있는 고전입니다.
- 보드리야르: 《시뮬라크르와 시뮬라시옹》은 가상과 현실의 경계를 탐구하기에 좋은 책입니다.
- 벤야민: 《기술복제 시대의 예술작품》은 짧지만 예술과 복제의 본질을 탐구할 수 있는 강렬한 책입니다.
- 마크 피셔의 《자본주의 사실주의》도 현대 사회와 자아를 이해하는 데 큰 도움을 줄 겁니다.

23 인공지능은 만능일까?
진품의 아우라가 그립다!

"연필로 글을 쓰면 팔목과 어깨가 아프고, 빼고 지우고 다시 끼워 맞추는 일이 힘들다. 그러나 연필로 쓰면, 내 몸이 글을 밀고 나가는 느낌이 든다. 이 느낌은 나에게 소중하다. 나는 이 느낌이 없이는 한 줄도 쓰지 못한다. 이 느낌은 고통스럽고도 행복하다."

"가끔 데뷔를 원하는 예비 작가들의 소설을 심사할 때가 있는데 컴퓨터로 써 온 원고는 대번에 알아챌 수 있지. 컴퓨터 냄새가 나거든. 개인적인 바람이라면 젊은 작가들이 소설을 쓸 때 원고지에 쓰고 그다음에 정리만 컴퓨터로 했으면 좋겠어."

두 작가의 생각을 인용한 글이다. 앞의 글은 김훈의 수필집 《밥벌이의 지겨움》에서 일부를 따 왔고 뒤의 말은 작고한 소설가 최인호가 어떤 언론매체와 나눈 인터뷰의 한 꼭지이다.

대한민국의 산문 문학에서 빼놓을 수 없는 거물들. 오늘을 사는 이 땅의 사람치고 이분들의 소설 한 권쯤 안 읽어 본 사람이 있을까?

《칼의 노래》나 《상도》를 읽은 사람들은 그 독특한 문채와 유려한 입담에 누구 할 것 없이 혀를 내둘렀을 것이다. 인용된 글에서 짐작했겠지만, 이들 작가의 공통점은 컴맹이다. 한 사람은 연필로, 한 사람은 만년필로 원고지를 메우는 차이만 있을 뿐이다. 아직도 컴퓨터의 도움을 받지 않는 글쓰기가 가능하다니? 그러면서도 그들이 생산해 낸 글의 양을 생각하면 실로 경이로운 일이다.

온몸으로 한 자 한 자 밀어서 적어 가는 우직함과, 생각의 궤적을 흐트러짐 없이 문자로 형상화해 내는 달인의 내공이 아니고서야 흉내도 내지 못할 일이다. 당연히 그들의 글에서는 디지털 글자판에서 뽑아낸 글에서는 맡을 수 없는 성찰과 사색의 곰삭은 향기가 난다.

마우스의 오른쪽 버튼을 클릭해서 복사하고 옮겨 붙이는 성형수술과 짜깁기의 흔적도 있을 수 없다. 요즘 핫하게 뜨고 있는 챗GPT의 자동복제나 표절, 중복의 개연성도 거의 없다. 대화형 인공지능은 우리 시대가 출산한 궁극적 창조물이다. 이 요물 같은 발명품을 우리는 어떤 시선으로 바라봐야 할까? 방대한 빅데이터를 학습한 인공지능이 순식간에 그럴듯한 답을 내놓고 주문한 작품을 뚝딱 만들어 내는 광경에 넋을

대화형 질문으로 챗GPT가 그린 그림

놓고 경탄만 해야 할까?

　전대미문의 이 만능기계는 3살짜리 소녀가 장난감을 가지고 노는 모습을 천연덕스럽게 그려낸다. 몇 달을 걸려도 완성하기 힘든 프로젝트를 단 몇 초만에 결과물로 내놓는다. 판결문과 자기소개서, 논문, 리포트까지 챗 GPT의 영험한 능력이 미치지 않는 영역이 없다.

　인간이 만든 물건에 인간이 압도당하는 시대. 그야말로 불가역적 진화를 거듭하고 있지만 마냥 경계할 일만은 아닌 듯하다. 심기 불편하지만 외면할 수 없는 이 괴물과 친해지려면 어떻게 해야 할까?

　챗GPT는 그 이름이 암시하듯이 질문을 통한 학습의 중요성을 일깨운다. 모범답안의 강박증을 벗어나 좋은 질문을 하는 습관을 길들여야 한다. 유태인 엄마들이 학교에 다녀온 아이에게 오늘 무엇을 배웠는지 묻지 않고 어떤 질문을 했는지 궁금해하는 것과 맥락이 닿아있다.

　인조 지능은 모든 것을 다 할 수 있지만 그 산물은 무엇 하나도 진짜일 수 없다. 컴퓨터로 쓴 글이나 인공지능이 만든 작품들이 가진 치명적 결함은 아우라의 부재다.

　발터 벤야민이라는 철학자가 이미 백 년 전에 발제한 얘기다. 기술 복제시대의 예술작품은 카메라나 복사기, 영상으로 대량 복제되고 유통되면서 진본의 광휘나 기운을 잃어버렸다.

　레오나르도 다빈치의 〈모나리자〉를 왜 사람들은 루브르 박물관에서 보려 할까? 미켈란젤로의 〈천지창조〉는 바티칸의 시스티나 성당에서 감동의 절정을 경험하게 한다. 피카소가 그린 〈아비뇽의 처녀〉를 만나기 위해 미국의 여행코스에는 꼭 뉴욕 현대미술관이 들어간다. 모아이의 석상을 남태평양의 외딴섬 이스트의 황혼 녘에 마주하는 것은 누구나 꿈꾸는 버켓리스트 중의 하나다.

　메타버스 속의 부캐는 절대로 현실의 본캐를 대체할 수 없다. 가상

현실과 증강현실은 찌질한 현실보다 더 리얼한 황홀경을 선사하기도 하지만 가짜가 진짜를 대체할 수는 없다. 인공적인 것이 만든 어떤 짝퉁에도 진본이 뿜어내는 영혼의 기운은 느껴지지 않는다.

컴퓨터와 인공지능이 만든 글이나 그림에는 연필을 깎고 먹을 갈아서 쓴 글씨나 물감과 안료로 정성껏 그린 수채화에서만 맡을 수 있는 진품의 향기가 없다.

인공지능의 시대에도 사람들은 여전히 진본의 아우라를 그리워하고 있다.

24 먹방의 요지경
니들이 폭식의 맛을 알아?

올여름엔 날씨가 유난히 변덕스러웠다. 폭우가 한바탕 휩쓸고 나니까 폭염이 기승을 부렸다. 극한 호우 아니면 극한 폭염. 온탕 아니면 냉탕, 도 아니면 모. 세상만사가 극과 극이다.

생존의 위기를 넘어서기 바쁘게 팔자 좋은 사람들은 피서의 기술을 플렉스했다. 다들 나름대로의 피서법이 있겠지만, 무더위를 식히는 데는 역시 물보다 더한 무기가 없다. 낚시도 그중의 한 삼매경을 선사한다. 서늘한 바람이 지나가는 호수 한쪽에 웅크리고 앉아 야광의 찌를 응시하며 시간을 낚는 재미는 꾼들만이 아는 경지다.

낚시는 연애다. 고도의 심리전이다. 물 좋은 포인트를 고르는 안목은 연애와 낚시의 출발점이다. 입맛에 맞는 미끼를 상대에 따라 적절하게 구비하는 것 역시 기본 중의 기본. 지루한 탐색전을 견뎌내고 마침내 미늘을 덥석 물 때까지 끈기 있게 기다리는 미덕도 까다로운 애인의 마음을 잡아채는 일과 다르지 않다. 낚시와 연애가 똑같이 인내의 미학이요, 타이밍의 예술이라 불리는 연유가 여기에 있다.

민물낚시의 채비 중에서 가장 중요한 요소는 무엇보다도 미끼다.

물고기의 식성은 예민하고 정직하기 때문이다. 우아한 어족일수록 입맛이 까다롭다. 블루길이나 베스처럼 아무 미끼나 덥석덥석 물지는 않는다. 그래서 낚시 가게에 가면 상품으로 나온 미끼의 종류가 헤아릴 수 없을 정도다. 그만큼 물고기의 식단은 호락호락하지 않다. 인스턴트나 패스트푸드로 적당히 걸려들 놈들이 아니다.

거기에 비하면 인간의 식성은 얼마나 천박하고 잡스러운가. 먹어도 먹어도 식욕을 포기하지 않는 동물은 지구상에 인간밖에 없다고 한다. 먹은 것을 후회하고 게워내고 쓸어내느라고 호들갑을 떠는 동물도 인간밖에 없다. 한물간 개그 프로에서 배꼽을 훔쳤던 뚱뚱교의 교주 출산드라의 호들갑을 떠올려 보라. "먹다 지쳐 잠이 들라, 먹다 지쳐 잠이 들라. 처음엔 비쩍 골았으나 네 나중은 심히 비대하리라."
이런 탐욕을 간특하게 이용해 참을 수 없이 가벼운 먹방들이 넘쳐난다.

예능 프로그램과 광고가 그 중심에 있다. 끊임없이 식탐을 부추기는 잡다한 군것질 거리들. 그런 급하고 강퍅한 입맛을 돋우는 데 영상 이미지가 한몫하고 있다. 알맹이 없이 겉만 번드레한 컴퓨터 그래픽. 화려한 빛깔과 음향으로 침샘을 억지로 자극하는 장식 효과. 오두방정을 떨어대는 몸동작과 요란뻑적지근하게 빠른 비트의 CM 송. 유행어를 좇기에 바쁜 품위 없는 말장난. 거기에 디지털이라는 미명으로 포장된 운치 없는 영상들이 식품광고의 주류를 이루고 있다. 유튜브와 종편 프로그램에 넘쳐나는 먹방 콘텐츠들도 이런 세태를 주도하고 있다.
극한 폭식의 핑곗거리도 기상천외하다. 이별의 상처 때문에, 극한 다이어트의 보상으로, 관심종자의 유전자 발현으로… 슬퍼서 먹고, 헛헛해서 먹고, 부끄러워서 먹고, 눈길을 끌려고 먹고, 심심해서 먹고, 돈이 되니까 먹고… 먹는 사람들의 먹는 이유가 다 먹히는 건 아닐 게다.

부끄러운 폭식의 이유도 많다. 어떤 폭식은 상식에 저항하는 폭력이 될 수도 있다.

25 셀럽은 흥행의 성공조건?
스타시스템이 지배하는 영화, 예능, 드라마

무더위를 이기는 또 다른 꿀팁 하나. 에어컨 빵빵한 극장에서 영화를 보는 것은 공공연한 피서법이다. 극장까지 가는 발품이 성가시다면 넷플릭스나 왓챠 같은 스트리밍 플랫폼도 나쁘지 않다. 볼만한 영화들이 차고 넘친다. 〈DP〉, 〈밀수〉, 〈더문〉, 〈비공식작전〉, 〈콘크리트 유토피아〉, 〈달리〉, 〈비닐하우스〉, 〈오펜하이머〉….

국산영화들의 수준을 이야기하는 데 굳이 〈기생충〉이나 〈미나리〉, 〈헌트〉, 〈헤어질 결심〉 같은 레전드 작품들을 들먹일 필요는 없을 것이다. 최근 개봉된 영화들 하나하나가 다 괜찮은 듯하다. 무엇보다 스토리가 탄탄하다.

유명한 원작을 각색하든 오리지널 시나리오든 이야기 자체가 재미있다. 긴박감 넘치는 장면 전환과 숨 돌릴 틈을 주지 않고 빠져들게 하는 몰입감, 고급감 물씬한 일러스트레이션과 그래픽, 군더더기 없는 편집이 감칠맛을 더한다. 군데군데 크레모어처럼 장치된 복선과 스릴이 아드레날린을 한껏 분출하고 심박동을 최고조로 끌어올린다.

무엇을 상상하든 그 이상인 반전과 결말이 통쾌한 카타르시스를 투척한다. 스토리텔링의 하이라이트는 역시 플롯임을 모든 영화들이 증명하고 있다. 영화와 광고영상, 소설에서 스토리의 힘을 이야기하려면 전설처럼 전해져 오는 인디언 속담 하나를 인용하지 않을 수 없다.

"사실을 말하면 나는 배울 것이다. 진실을 대하면 나는 믿을 것이다. 그러나 스토리를 들려주면 내 마음속에 영원히 간직할 것이다."

그렇다고 모든 영화들에 '별이 다섯 개'라고 후한 평점을 주기에는 뭔가 찜찜하다. 애써서 험담을 할 필요까진 없겠지만 분명히 짚고 넘어갈 점은 있다. 〈DP〉에 정해인과 손석구가 안 나오고 〈밀수〉에 조인성과 김혜수가 빠져도 여전히 관객몰이가 될까? 〈비공식작전〉에 하정우가 안 나와도 흥행작전이 성공하고 〈콘크리트 유토피아〉에 이병헌, 박보영이 빠져도 콘크리트 같은 팬덤이 존재할까? 〈오펜하이머〉의 제작진과 크리스토퍼 놀란 감독은 왜 그렇게 로버트 다우니 주니어와 맷 데이먼 같은 빅 스타에 집착했을까?

영화뿐이 아니다. 드라마도 그렇고 잘 나가는 예능 프로그램들이 다 그렇다. 하나의 콘텐츠가 히트하면 어김없이 카피 프로그램들이 출몰한다. 신작이 출시되기 전에는 주인공들이 예능 프로그램에 강림해서 실물 영접의 선물세트를 쾌척한다. 성공한 스타들은 회전문처럼 다른 프로그램에 얼굴을 들이민다. 유튜브의 콘텐츠들이 알고리즘으로 시청자들을 유인하는 것과 같은 모양새다. SNS는 이제 인플루언서의 산실이다. 누구나 인스타그램, 틱톡, 유튜브 같은 플랫폼을 통해 팔로워를 거느린다. 추앙하는 자들이 충성을 바치고 자신만의 매력으로 영향력을 발휘한다. 인플루언서들은 가식 없는 일상의 모습으로 팬들과 소통한다.

　　스타시스템은 영화 산업에서 연예인을 집중적으로 브랜드로 만들어 왔다. 그들의 이미지는 대중에게 성공적으로 각인되었다. 이러한 사정은 영화의 본고장 할리우드에서도 마찬가지였다. 초창기부터 배우들은 회사와 장기 계약을 맺고 이미지와 경력을 체계적으로 관리해 왔다.

　　스타 의존증은 이제 미디어와 콘텐츠의 통증 없는 고질병이 되어 버렸다. 전현무, 강호동, 유재석, 이경규, 박나래 등은 예능의 신으로 자리 잡고 있다. 그래도 태어난 김에 세계일주하는 기안84와 덱스는 얼굴 하나로 날로 먹는 느낌이 아니어서 좋다. 각국에 심어놓은 신인 셀럽들이 열과 성을 다해 세계의 명소들을 소개하는 〈톡파원 25시〉도 나름 신선하다. 배우인지 요리사인지 정체성을 헷갈리게 했던 차승원은 〈삼시세끼〉를 버리고 왜 형 따라 마야로 떠났을까?

　　스타시스템은 정말 성공의 보증수표일까? 유명 스타를 우상처럼 숭배하는 강성 팬덤들의 비위를 맞추려는 저열한 창작 태도는 아닐까? 인플루엔서나 스타를 통해 한몫 보려는 교활하지만 안일한 수법일 수 있다. 작품보다 흥행, 제사보다 젯밥에 집착하는 조급한 흥행전략일 수도 있다.

26 제목에 속지 마라!
자기 계발서의 덫에 걸리지 않으려면…

　노벨문학상 효과일까요? 평소답지 않게 서점을 자주 기웃거리곤 하는데요. 특히 자기 계발서 코너에는 자극적인 책 제목들이 눈길을 사로잡습니다. 《성공하는 사람들의 7가지 습관》, 《부자가 되는 100가지 방법》, 《인생을 바꾸는 1분》 같은 책들 말입니다.
　나를 더 나은 사람으로 만들어줄 것 같은 착각을 불러일으키지요. 하지만 어느 순간부터 우리는 이런 책들에 지갑을 열기가 주저됩니다. 왠지 상투적이고 급조된 느낌이 든다고 생각하게 되지요. 그런 생각에 책장을 넘기던 손길을 멈추고 다른 종류의 책에 눈길을 돌리게 됩니다.
　왜일까요? 자기 계발서에 대한 불신은 단순한 피로감이 아닙니다. 많은 자기 계발서가 출판사의 기획 의도에 따라 진정성 없이 만들어졌다는 생각을 떨칠 수가 없네요. 독자를 자극해 판매를 유도하는 단순한 성공 공식 나열에 대한 반감 때문일 지도 모릅니다. 제목은 센세이셔널하지만 실속이 없어 보이는 책들이 쌓여갑니다. 독자로서 더 이상 이런 책들에 매력을 느끼지 못합니다.
　하지만 모든 자기 계발서가 그런 건 아닙니다. 잘 선택한 자기 계발서는 여전히 우리의 삶에 긍정적인 변화를 가져다줄 수 있습니다. 어떻게 해야 좋은 자기 계발서를 고를 수 있을까요?

자기 계발서는 사람들마다 선택의 기준이 다릅니다. 독자의 현재 상황과 목표에 맞는 책을 고르는 것이 중요합니다. 지금 당장 나에게 도움이 될 부분이 무엇인지 고민하고 그에 맞는 주제를 다룬 책을 고르는 것이 좋습니다.

저자가 그 주제에 대해 충분한 경험과 전문성을 갖추고 있는지 확인하는 것도 중요할 것 같습니다. 단순히 성공담만 나열하는 책보다는 오랜 시간 동안 검증된 철학이나 방법론을 가진 저자의 책이 더 가치 있습니다. 저자가 자신의 실패담까지 솔직하게 담아낸 책이라면 더욱 신뢰가 가는 것 같습니다.

예를 들어, 제임스 클리어의 《Atomic Habits》는 습관 형성의 과학적 원리를 잘 설명하고 있습니다. 《아주 작은 습관의 힘》으로 번역본이 나와 있네요. 작은 변화가 어떻게 삶을 바꿀 수 있는지 구체적으로 다룹니다.

저자는 "행동이 우리의 정체성을 형성한다"는 점을 강조합니다. 습관의 작은 변화가 거대한 변화를 이끌어낼 수 있음을 설득력 있게 제시합니다. 실천 가능한 전략과 명확한 지침을 제공해 독자들이 꾸준히 적용할 수 있다는 점에서 큰 강점을 갖고 있습니다.

비슷한 느낌이긴 한데, 로버트 마우어의 《아주 작은 반복의 힘》은 "작은 반복"을 통해 성과를 내는 법을 설명합니다. 일상에서의 작은 습관을 어떻게 개선할 수 있는지에 대해 구체적인 방법을 제시합니다. 그래서 심리적 장벽도 한층 낮아지는 것 같네요. 큰 결심 없이도 시작할 수 있는 작은 실천들이 중요한 변화를 이끌 수 있음을 강조하는 거지요.

셋. 진짜와 가짜 사이

　자기 계발서를 읽을 때는 비판적인 사고를 유지하는 것이 중요합니다. 한 권의 책이 삶의 모든 해답을 제시할 수는 없습니다. 다양한 관점에서 생각하고 본인만의 철학과 삶의 방식에 맞게 내용을 받아들이는 것이 필요합니다.
　다시 정리하면, 자기 계발서는 자극적인 제목과 성공담에만 의존하는 것이 아니라, 실천 가능한 방법과 구체적인 가이드를 제공하는 책을 선택하는 것이 좋을 것 같습니다.

　최근 들어 자기 계발서의 흐름은 전통적인 "성공 방정식"을 넘어, 현대인의 삶에 꼭 맞는 문제를 직시하는 책들이 인기를 끌고 있습니다. 요한 하리의《도둑맞은 집중력》과 하완의《하마터면 열심히 살 뻔했다》같은 책도 그런 것 같습니다.
　작년에 나온 책인데요. 요한 하리는 현대 사회가 어떻게 우리의 집중력을 빼앗고 있는지 설명합니다. 기술 발전, 소셜 미디어, 분산된 주의력 같은 것들이 우리들의 집중력을 무너뜨리고 있다고 지적하고 있네요. 이를 되찾기 위한 방법들을 구체적으로 제시하고도 있고요.

카피라이터였던 제가 봐도 정말 골 때리는 책 제목인데요. 하완의 《하마터면 열심히 살 뻔했다》는 나온 지 6년이 지났지만 여전히 인기가 있는 책 같네요. 성과와 성공을 위해 달려가다 자아를 잃어버리는 현대인을 유쾌하게 위로합니다. "열심히 살지 않아도 괜찮다"는 메시지를 전하며, 느긋한 삶, 자아 성찰을 통해 진정한 행복을 찾는 방법을 제안하죠.

《나는 단순하게 살기로 했다》라는 사사키 후미오의 책도 좋은 것 같습니다. 삶을 단순하게 유지하는 것이 주는 정신적인 자유와 평온함을 강조합니다. 물질적인 것을 줄이고, 필요 없는 것들을 정리함으로써 정신적으로 더 풍요롭고 여유로운 삶을 살 수 있다고 주장합니다. 그의 철학은 미니멀 라이프스타일을 추구하는 사람들에게 특히 매력적으로 다가옵니다.

이들 책은 자극적인 자기 계발서가 주는 일시적인 위안이 아니라 삶의 본질에 대해 다시 생각하게 만듭니다. 현대적 삶의 문제를 날카롭게 분석해서 삶의 방향을 재설정할 기회를 줄수도 있을 것 같습니다.

그럼에도 불구하고, 모든 이에게 완벽한 해답이 될 수 있는 것은 아닐 겁니다. 읽는 사람의 상황과 가치관에 따라 얼마든지 다르게 받아들여질 수 있을 겁니다.

27 개혁의 시나리오
준비 안된 의료개혁의 후폭풍

올림픽은 용광로였다. 모든 것을 녹였다. 눈물도 분노도 미움도 갈등도 삼켜버리는 마법의 불가마였다. 선수들의 숨 막히는 긴장과 감당 불가의 심박수는 그대로 관중과 시청자의 심신으로 동조되었다. 그들만의 리그에 초대받지 못한 사람들은 어김없이 열혈 참견러로 돌변했다. 극한의 폭서기에 개최되는 부당함은 오히려 냉방의 효능을 극대화했다. 현지와의 시차를 극복하고 오밤중에 관전해야 하는 불편도 승전의 짜릿함에 비하면 아무것도 아니었다.

올림픽은 블랙홀이었다. 모든 뉴스를 빨아들였다. 특검법, 명품백, 노란 봉투, 야당 전당대회, 미국 대통령선거, 블랙먼데이, 전기차 화재, 프로야구, 일본 지진, 전공의 미복귀….

일본 미야자키현 인근 해역에서 발생한 강진 속보는 태권소녀의 통쾌한 발차기 낭보에 소리 없이 묻혀버렸다. 다가올 거대지진의 예감과 쓰나미의 공포도 승리의 쾌감을 덮진 못했다.

셔틀콕 여전사의 금빛 낭만서사는 찬란했지만 분노의 쓰나미는 여전히 때를 기다리고 있다. 무성한 뒷얘기만 매스컴에 회자되면서 태풍의 눈으로 커가는 느낌이다.

쓰나미 다음은 폭풍이다!

올림픽의 뽕끼에 가려 잠시 잊어버리고 있었던 또 하나의 쓰나미가 있다. 대형 수련병원에서 일하고 있던 수련의와 전공의들이 돌아올 기미가 안 보인다. 정부와 의사단체, 환자단체 간의 치열한 신경전도 잠시 수면 아래로 가라앉고 있다. 향후 몇 년간 우리 사회가 감당해야 할 아마겟돈급 폭풍의 전조 앞에서 잠시 숨을 돌리는 형국이다.

국민들도, 정부도, 정치 세력들도 금메달 소식에 들떠 이상하리만큼 태평스럽다. 이 와중에도 올림픽 방송채널 사이사이로 탄핵, 방통위, 필리버스터, 청문회, 법률안 거부권 같은 난폭한 키워드들이 팝업되고 있을 뿐이다.

전공의 사직과 의대생의 수업거부. 이 불편한 이슈는 실체를 건드릴수록 커지는 골칫덩이일지 모른다. 무지하거나 무신경하거나 무능하거나, 아무튼 당분간은 해법이 없어 보인다. 섣부른 진단, 준비되지 않은 무모한 접근이 초래한 혹독한 결과물의 피해는 고스란히 국민과 환자, 병원과 의료진들의 몫이다. 이전 정부의 포퓰리즘과 무책임을 탓하면서 차별화의 명분을 걸고 이른바 의료개혁은 발동이 걸렸다.

그런데 그 시점이 왜 하필이면 총선을 두 달 남짓 앞둔 때였을까? 국민 대다수가 지지한다며 여론을 등에 업은 포퓰리즘에 다름 아니었다. 그렇게 의대 증원이 강행되었음에도 그들은 왜 승자가 되지 못했을까? 정부는 천오백 명 정도 늘어난 신입 의대생을 전리품으로 챙겼고 의대생과 수련의, 전공의들은 전쟁포로의 신세로 전락했다. 정부가 비축한 실탄과 장비, 자금과 재정은 강압과 회유에 무차별 살포되었다. 조변석개의 시행령과 행정처분으로 겁박했음에도 불구하고 전선은 요지부동이다.

혼전의 신호탄은 '오픈런'과 '뺑뺑이' 두 단어였다. 국회의원 선거를 눈앞에 둔 2월 1일 대통령은 민생토론회라는 자리에서 소아청소년과와 응급실 상황을 선동적인 언어로 단순 명료하게 정리했다. 의료 시스템 붕괴가 우려된다며 운을 뗐다. 이어서 4대 의료정책 패키지와 의대증원 방안을 선물꾸러미처럼 내놓았다. 내년 학년도부터 당장 의대 신입생을 해마다 2,000명씩 증원하겠다는 거의 폭탄급 선언이었다. 얼핏 생각하기엔 거의 완벽한 처방 같아서 여론은 일단 우호적이었다. 엄친아, 엄친딸 의사들에 대해 평소에도 부정적인 시선을 주고 있던 사람들은 특히 의대 증원에 환호의 반응을 보였다.

다수의 국민들은 정부와 매스컴이 조성한 여론에 따라 의사 숫자의 부족은 의심의 여지가 없는 사실이라 단정 짓고 있다. 부족한 부분만큼 의대생을 더 뽑겠다고 하는데 그들이 반대하는 이유를 납득할 수 없다고 했다. 턱없이 저렴한 비용으로 의료서비스를 누리면서도 의사들을 이기적 특권 카르텔 집단으로 매도하는 양가적 심리는 정부의 의료개혁 정책에 힘을 실어 주었다. 수억의 연봉을 받으면서 느긋하게 진료와 수술을 미루는 것 같은 '가까이하기엔 너무 먼 당신'들의 밥그릇 싸움으로 몰아갔다.

하지만 개혁과 처단의 대상으로 지목된 의사들과 전공의들의 생각은 정부와 국민들의 현실 인식과는 달랐다. 정부가 제안한 의료사고 처리특례법 개정안의 일부 독소조항은 눈가림이고 개악이라는 주장이다. 비급여 항목 혼합진료 금지는 '내. 외. 산. 소'라 불리는 필수의료 분야의 상황을 더욱 악화시킬 것이고 이 분야에 대한 기피현상을 오히려 부추길 것이라는 논리였다.

개혁이 이렇게 쉬운 일이었을까?

무엇보다 일의 선후가 틀렸다는 것이다. 의사들은 필수의료와 지역의료의 구조적 불합리를 해결하는 것부터 개혁에 접근할 것을 수년 전부터 일관되게 요구해 왔다. 원인을 도외시하고 의대생을 아무리 많이 뽑아도 문제는 절대 해결되지 않는다는 것이 의협과 전공의 집단의 목소리였다. 늘려야 하는 의사 수에 대한 정확한 논거와 추계는 정부와 의사집단 어느 쪽에서도 나오지 않고 있다. 몇몇 임상경험 없는 자문교수의 의견과 용역 보고서만 인용되고 있을 뿐이다. 대부분의 의사들은 오히려 과잉배출에 따른 부작용을 걱정해야 될 때라고 얘기한다.

정부는 유럽 선진국에 비해 국민 일인당 의사 비율이 열세라는 이유를 들어 향후 5년 내에 만 명을 통쳐서 늘리겠다는 선언을 했다. 단 두 번의 회의를 거쳐 미리 정해 둔 숫자를 추인하는 절차를 거쳐 해마다 이천 명 증원이라는 밑도 끝도 없는 숫자를 개혁의 시그니처로 내놓았다. 몇 천명의 의대생이 늘어나기만 하면 낙수효과로 이 분야를 지망하는 의사도 늘어날 것이라는 정부의 발상은 무모할 정도로 과감했다. 열악한 근무환경과 처우에도 불구하고 직업적 자부심과 사명감으로 버텨왔던 필수의료와 지역의료 종사자들의 자존심은 심각한 상처를 입었다. 안 그래도 인기 없는 직역이라는 오명을 감내하면서 심신을 갈아 넣으면서 일하고 있었는데… 모욕이었다. 늘어난 숫자로 빈자리를 메울 수 있다니 이 직업에 대해 더욱 정나미가 떨어지는 노릇이었다.

인턴과 레지던트들이 거의 전원 사직서를 내고 병원을 떠나자 정부는 당황하는 기색이 역력했다. 사직서 수리와 개원 및 재취업을 막고 군 미필 전공의 출국금지 조치를 취하며 압박 수위를 높여갔다. 의대 졸업 후 전공의 과정에 들어가지 않고 개원을 선택한 일반의는 놔두고 전공의만 때리는 이 상황이 필수 의료의 붕괴를 가속할 수 있다는 목소리는 들리지 않는 듯했다.

전공의들이 증원을 반대한 것은 졸속적인 처사에 대한 분노도 있었지만 병원의 착취구조에 대한 저항이기도 했다. 전문의로 채워야 할 대학병원은 수련기관이라는 명분으로 저임금 고강도 노동을 관습처럼 감내해 온 전공의에 의존하고 있는 실정이다. 대학병원에서 3년째 근무하고 있는 한 전공의는 자신의 처지를 영화 〈벤허〉에 나오는 노예선의 노잡이에 비유하기도 했다. 당직근무를 포함해서 일주일에 90시간 이상 근무를 하고도 오천만 원 이하의 연봉을 받는 그들에게 세상은 평균 4억이 넘는 고소득자라며 이기적 카르텔 집단으로 낙인찍고 있다.

전공의와 수련의들은 후배들의 운명에 대한 선배로서의 책무의식도 저버릴 수 없는 듯하다. 한꺼번에 60퍼센트 정도가 늘어나는 폭압적 증원이 강행되면 지금보다 더한 콩나물 강의실, 열악한 실습환경, 부실한 수련 프로그램은 불 보듯 뻔했다. 적당히 타협하는 것은 직무유기고 양심불량이라 여겨졌다. 법원은 이러한 저항행위를 원고부적격이라는 소송법 용어로 폄하했다. 당사자들도 아니면서 억지를 부리는 오지랖 넓은 참견으로 판결한 것이다.

지역 의료와 필수 의료 강화를 위해 추진한 의대 증원은 집단 카르텔과의 전쟁으로 비화되고 있다. 근거도 불명확한 적대감에 기반한 카르텔 깨부수기는 우리 사회의 편 가르기를 더욱 부추긴다. 고액의 수임료를 받는 법조 카르텔, 거액의 출연료와 광고수입을 올리는 연예 카르텔, 청년들의 소외감을 증폭시키는 대기업 노동자 카르텔… 이런 식의 낙인찍기는 능력과 기여도의 차이와 직업선택의 자유를 인정하는 건전한 자본주의에 심각한 적신호다.

쓸데없이 말이 길어진 것 같아 민망하고 참담하다. 아무 생각 없이 올림픽 방송이나 보면서 잠시 근심을 내려놓으면 이 또한 지나갈 일일까? 의연하게 대처하고 있는 대통령과 정부 관료들처럼 시간이 해결해 주길 기다리면 될 것인가?

어쩌면 의료대란의 쓰나미는 오지 않을지 모른다. 의과대의 학습환경은 의대생과 전공의들의 우려처럼 열악해지지 않을 수도 있다. 지금 수업에 들어오지 않고 있는 의대생들은 몇 년 쉬다가 어려운 공부를 집어치우고 다른 학과로 눈길을 돌릴지 모르기 때문이다. 내년 신입생의 상당수도 선배들의 길을 따라 수업에 들어오지 않을 수 있다. 강의실은 남아돌고 수련병원의 병상에는 평온이 깃들지 모른다. 앞으로 3~4년간 의사면허 보유자와 전문의가 배출되지 않아도 정부가 선택한 오천명의 금지옥엽들이 그 자리를 메우면 될 일이다.

사직서가 수리된 전공의들은 전문의 되기를 포기하고 생업을 찾아 동네병원이나 외국병원으로 나갈지 모른다. 수련병원은 텅텅 비어 있다가 하나둘 문을 닫을지 모른다. 교수들은 개업을 하거나 동네병원으로 돌아가고 구조조정에서 살아남을 몇몇 대형병원은 정부의 주도하에 영리 병원으로의 전환을 모색할지 모른다. 상급병원 응급실로 들이대던 성급한 환자들은 동네병원에서 느긋하게 진료를 기다리는 인내심을 발휘하고 있다. 열나는 아이를 출근길에 의사 선생님한테 못 데려가서 안달하던 워킹맘들은 해열제의 위력을 독학으로 깨우치고 있다.

학생들과 수련생들을 닦달하던 보건복지 관료들은 복지부동의 자세로 시간을 끌고 있다. 소아과 오픈런도 사라지고 응급실 뺑뺑이도 돌지 않는 의료선진국은 오고 있는 것일까? 이들 키워드를 빌미 삼아 참 쉬운 의료개혁을 꿈꾼 천진난만한 지도자는 앞으로 어떤 길을 걷게 될까? 개혁의 시나리오는 예상치도 못한 방향으로 전개되고 있다. 주동자들은 역사의 한 페이지에 길이길이 남을 것이다.

> 창작노트
>
> 2024 런던올림픽 직후인 8월 13일에 쓴 글이다. 의대 정원 확대 논란을 중심으로 정부의 정책 의도, 의료계의 반발, 그리고 그 이면에 깔린 정치적 계산을 분석하려는 시도였다. 단순히 "의사들이 기득권을 지키려 한다" 또는 "정부가 국민을 위한 개혁을 한다"는 식의 이분법적 구도가 아니라, 정책의 타이밍과 정치적 의도를 고려할 때 어떤 맥락이 있는지를 살펴보고 싶었다.
> 수련병원을 사직한 대부분의 전공의들은 이제 더 이상 전공의가 아니다. 정부의 조치에 따라, 지금 실업자이거나 다른 의료현장을 지키고 있다. 글을 쓰면서 가졌던 고민과 기록의 과정들을 Q&A 방식으로 정리해 본다.

· · ·

Q 글을 쓰게 된 계기는?

정부가 의대 정원 확대 정책을 기습적으로 발표했고, 이에 대한 의료계의 반발이 극심해지면서 사회적 논란이 커지는 걸 보면서 관심이 생겼습니다. 특히 "왜 지금인가?"라는 의문이 들었습니다. 의사 부족 문제가 어제 오늘의 일이 아닌데, 왜 선거를 앞둔 시점에서 갑자기 이슈를 띄웠을까? 단순한 정책적 판단이 아니라 정치적 요소가 작용한 건 아닐까? 이런 의문을 풀어가면서 글을 쓰게 됐죠.

Q   정치적 맥락을 강조한 이유는?

정책은 단순한 행정적 결정이 아니라, 항상 정치와 연결될 수밖에 없습니다. 특히 선거를 앞둔 시점이라면 더욱 그렇지 않을까요? 정부가 의료 시스템 개선이라는 명분을 내세웠지만, 실제로는 여론을 유리하게 가져가기 위한 카드로 활용하고 있을 가능성이 크다고 봤습니다. 예를 들면, 국민들에게 "우리는 의료 문제 해결을 위해 노력하고 있다"는 이미지를 주면서, 의사 집단을 '기득권 수호 세력'으로 몰아세우는 전략이 될 수도 있습니다.

과거에도 선거철마다 특정 이슈가 갑자기 부각되고, 여론전을 통해 정치적 이득을 얻는 사례가 많았기 때문에, 이번에도 그런 측면이 있지 않을까 싶었습니다.

Q   의사들의 반발을 어떻게 바라봐야 할까요?

의료계의 반발을 단순히 '기득권 지키기'로 몰아가는 건 너무 단순한 해석입니다. 물론 경제적 이해관계가 없는 건 아니지만, 현장에서는 인프라 부족, 수련 시스템 문제, 지역 의료 환경 개선 없이 숫자만 늘리는 것에 대한 우려도 큽니다. 특히 지방에서 의사가 부족한 근본적인 원인은 단순히 정원이 적어서가 아니라, 의료 환경이 열악하고 수익성이 낮기 때문입니다. 의사 숫자를 늘린다고 지방 병원이 살아나지 않는다는 점에서, 의료계가 주장하는 '정원 확대보다 근본적 개혁이 필요하다'는 논리도 어느 정도 일리가 있다고 봤습니다.

Q   정부의 정책 추진 방식에서 문제점은 없었을까요?

가장 큰 문제는 '속도전'이었습니다. 정부가 이해관계자들과 충분한 논의 없이 갑자기 발표를 하면서 갈등이 극대화되었죠. 보통 이런 중요한 정책은 의료계, 학계, 시민사회와 협의하면서 점진적으로 추진하는 게 일반적인데, 이번에는 선거를 앞두고 급하게 발표하면서 논란을 키웠습니다. 의료계와의 협의를 거쳤다는 증거가 부족하고, 구체적인 실행 계획 없이 '숫자'만 발표한 것도 신뢰를 떨어뜨리는 요소였지요.

Q 글을 쓰면서 가장 어려웠던 점은?

논란이 뜨거운 이슈인 만큼, 한쪽으로 치우쳐 보이지 않도록 균형을 맞추는 게 어려웠습니다. 이런 논란은 감정적으로 접근하면 쉽게 '의사 vs. 정부'의 구도로 흘러가게 됩니다. 하지만 의료계 내부에서도 정당한 문제 제기가 있을 수 있고, 정부의 발표 방식에도 전략적인 의도가 깔려 있음을 보여주고 싶었습니다.

되도록 팩트를 중심으로 글을 전개하면서도, 정부와 의료계의 입장을 균형 있게 배치하려고 했습니다. 정부 정책이 갖는 긍정적인 측면을 무시하면 안 되지만, 그 이면의 정치적 계산도 분명 존재하기 때문에 이를 적절히 조화롭게 풀어야 했죠. 의사들의 반발을 설명하면서도, 독자들이 공감을 잃지 않도록 '국민 입장에서 볼 때 왜 이 반발이 이해되지 않을 수도 있는가'라는 시각도 포함해야 했습니다.

Q 보완하고 싶은 점이 있다면?

다른 나라의 사례를 더 비교해 보면 좋았을 것 같습니다. 예를 들어, 일본이나 독일은 의료 인력 문제를 어떻게 해결했는지, 한국과는 어떤 차이가 있는지 등을 다뤘다면 더 설득력 있는 글이 되었을 것 같습니다.

또한, 단순히 정책 비판에서 그치는 게 아니라, '그렇다면 어떤 방식이 더 효과적일까?'라는 대안을 좀 더 구체적으로 제시했으면 좋았을 것 같습니다.

Q 앞으로 이런 사회적 이슈를 다룰 때, 어떤 방향성을 가져갈 생각인가요?

앞으로도 사회적 이슈를 다룰 때 단순한 흑백논리를 넘어서, 다양한 관점을 균형 있게 담아내는 글을 쓰고 싶습니다. 특히 정책과 정치가 맞물릴 때, '이 정책이 정말 필요한가?', '정책 추진 과정에 문제는 없는가?', '이해관계자들의 반응은 어떻게 볼 것인가?' 등의 질문을 던지는 방식으로 접근하려 합니다. 논란이 되는 이슈일수록 감정적인 논쟁에서 벗어나, 객관적인 팩트를 중심으로 논리를 전개하는 방식에 집중하고 싶습니다.

28 숫자의 환상
의료개혁의 허상

전공의 한 명과 마주 앉아 이야기를 나눈 적이 있다. 그는 눈 밑에 짙게 드리운 그림자를 지우지도 못한 채 말했다. "우리는 이미 가득 찬 컵이에요. 그런데 물을 더 부으면 어떻게 될까요?"

그 말 한마디가 그의 현실을 전부 설명하고 있었다. 터질 듯한 스케줄, 끝없이 이어지는 긴급 호출, 쉬지 못한 채 연속으로 서야 하는 당직. 그 속에서 그는 하루하루를 겨우 견디고 있었다.

비단 그 한 사람의 이야기가 아니다. 대한민국의 의료 현장은 이미 한계에 다다랐다. 병원 복도를 걷다 보면 느껴지는 기운이 다르다. 피로와 긴장이 섞인 공기, 지친 눈빛들이 스며드는 공간. 그 안에 '사람'은 있는데, 정작 정책에서는 이 사람들의 이야기가 잘 보이지 않는다.

사람은 떠나고 숫자만 남았다

정부는 의대 정원을 늘리겠다고 발표했다. 정부가 내놓은 의료 개혁의 중심에는 '숫자'가 있다. 10,000명.

5년 내에 의대 정원을 10,000명 늘리겠다는 계획은 얼핏 듣기에는 단순하고 명쾌하다. 부족한 것을 채우면 해결된다는 발상. 하지만 의료 현장에서 살아가는 사람들에게 그 숫자는 결코 단순하지 않다. 숫자의 뒤에는 보이지 않는 얼굴들이 있다.

전공의의 휴식 없는 손길, 밤을 지새우며 응급실을 지키는 의사들, 열악한 환경에서도 포기하지 못해 결국 떠나는 사람들. 그 숫자가 감추고 있는 것은 그들이 매일 마주하는 삶의 무게다. 숫자는 그들의 이름을 지우고, 그들의 이야기를 가린다. 정책이 인간을 다루는 데 실패한다면, 그 숫자는 차가운 계산일 뿐이다.

의대 정원이 늘어난다고 해서 필수 의료가 갑자기 살아나는 것은 아니다. 소아과 대기실이 갑자기 활기를 띠거나, 지역 병원들이 차고 넘치는 것은 아니다. 소아과 병동의 침대가 다시 채워지거나, 지역 병원의 꺼져가는 불빛이 다시 밝아지는 일도 아니다.

필수 의료는 점점 사라지고 있다. 소아청소년과는 그야말로 고사 직전이고, 응급실은 언제 끊어질지 모르는 위태로운 줄 위에 서 있다. 이는 단순히 의사들의 문제가 아니다. 환자들의 문제이고, 우리 모두의 문제다.

의대생들도 두려움을 품고 있다. 새로운 정원이 생긴다는 것은, 지금보다 더 많은 학생들이 강의실을 채우고, 실습 기회를 놓고 경쟁해야 한다는 것을 의미한다. 그리고 그들은 이미 충분히 치열하다.

이 모든 혼란 속에서, 정부와 의료진 사이의 대화는 점점 더 단절되고 있다. 양측 모두 소리를 높이지만, 그 소리는 서로를 향하지 않는다. 진짜 문제는 이 소음 속에서 점점 사라지고 있다.

지역 의료와 필수 의료의 열악함을 개선하려면, 숫자가 아닌 환경에 초점을 맞춰야 한다. 적절한 보상과 근무 조건, 그리고 무엇보다 의료진이 존중받는 문화를 만들어야 한다. 숫자는 그것을 뒷받침하는 하나의 수단일 뿐이다.

의료 개혁은 사람을 위한 것이라고 한다. 하지만 우리는 얼마나 그 '사람'을 보고 있는가? 병원에서 환자를 돌보는 의사, 진료실에 앉아 기다리는 환자, 그리고 그 환자의 가족들. 그 모든 이야기를 담아내지 못하는 정책은 공허하다.

숫자 뒤에 숨겨진 이야기

숫자로 요약되지 않는 이야기들, 우리가 놓쳐온 그들의 삶을 떠올려야 한다. 개혁은 단순히 문제를 해결하는 것이 아니다. 그것은 사람을 이해하고, 그들의 목소리에 귀 기울이는 것에서 시작된다.

셋. 진짜와 가짜 사이

우리는 언제나 숫자로 세상을 바라보는 데 익숙하다. 그러나 숫자로 채울 수 없는 빈틈이 있다. 그것은 결국 사람의 자리다. 그리고 그 자리를 메우기 위해 우리는 무엇을 할 준비가 되어 있는가?

숫자만으로는 현실에 깊게 뿌리내린 문제를 치유할 수 없다. 숫자로 문제를 메우려 하면 오히려 더 큰 공백이 생길 위험이 있다. 늘어나는 학생들이 설 자리, 배우고 익힐 기회, 나아가 그들이 실제 현장에서 기여할 환경이 없다면, 늘어난 숫자는 허울에 그칠 뿐이다.

병원에는 언제나 사람이 있다. 진료실 안에서 환자와 마주하는 의사, 그 의사의 손길을 기다리는 환자들, 그 환자를 지켜보는 가족들. 하지만 숫자로 요약된 정책은 이 사람들을 잊는다. 의사들이 떠나는 이유는 단순히 보상이 부족해서만이 아니다. 열악한 근무 환경과 끝없는 스트레스 속에서, 자신의 역할이 무의미하다고 느낄 때 사람은 떠난다. 사라지는 것은 의사가 아니라 그들의 마음이다.

숫자 뒤에 숨겨진 이야기를 들여다볼 필요가 있다. 병원의 복도에서 지친 걸음을 옮기는 사람들, 응급실 문턱에서 안도의 한숨을 내쉬는 환자들, 그리고 이 모든 장면을 지켜보며 자신의 자리를 고민하는 의료진의 고뇌. 그것이 보이지 않는 정책은 공허하다. 변화는 숫자가 아니라, 환경에서 시작된다. 의료진이 그들의 자리에서 숨 쉴 수 있는 공간, 환자들이 기다림 끝에 치료받을 수 있는 시간, 그리고 그 안에서 서로가 존중받을 수 있는 문화. 이런 것들이 핵심이다.

숫자는 중요한 도구일 뿐이다. 하지만 그 숫자가 진짜 사람들을 위해 쓰이기 위해서는, 그 도구를 다루는 손이 현실을 이해해야 한다. 정부와 의료계가 맞잡은 손이 아니라, 멀리서 각자의 언어로 소리치는 모습으로는 진정한 개혁을 이야기할 수 없다.

숫자 너머의 본질

숫자는 명확하지만, 숫자로는 얼굴을 그릴 수 없다. 우리가 진짜 바라봐야 할 것은 그 숫자 뒤에 서 있는 사람들이다. 전공의의 무거운 발걸음, 환자의 간절한 눈빛, 그리고 지역 병원에서 언제든 무너질 듯 서 있는 의료진의 어깨. 이제는 숫자 너머를 봐야 한다. 보이지 않는 곳에서 무너지고 있는 현실을, 그 속에서 살아가고 있는 사람들을. 개혁은 문제를 해결하는 것이 아니라, 문제를 이해하는 것에서 시작된다.

숫자로는 채울 수 없는 빈틈이 있다. 그 빈틈을 채우는 것은 결국 사람이다.

29 정독 불능
'도둑맞은 집중력' 탓일까?

난독증일까? 책 한 권을 온전히 정독하기가 점점 더 어려워진다. 솔직히 말하면 책을 못 읽는 것이 아니라 안 읽는 삶을 살고 있다. 책 말고도 재밌는 일이 많아서 그럴까? 한 시절 문인 행색을 내다가 무인으로 전향한 것 같기도 하다.

하루라도 책을 보지 않으면 입에 가시가 돋는? 그럴 일은 없을 것 같다. 당구나 골프 연습은 사나흘만 걸러도 근육이 굳는 느낌이 든다. 헬스클럽에 등록해 놓고 땡땡이를 치는 죄의식이 책을 읽지 않는 것에 대한 거시기함보다 더 크다. "요즘 뭐 읽고 있어?"라는 말 대신 "잘 맞고 있어?"라는 안부 인사가 입에 밴다.

노안도 한몫한다. 원시교정 안경이 없으면 글자가 어른거려서 읽는 게 불가능하다. 공원 벤치 같은 데 앉아 느긋하게 책을 펼쳐드는 낭만적 장면도 연출하기 어렵다. 안경을 일일이 챙기기 귀찮아하는 습성 때문이다.

하지만 나이가 들며 책을 읽지 않게 되는 이유는 단지 시력 문제만은 아니다. 노화는 집중력의 상실과도 직결된다. 요한 하리의

《도둑맞은 집중력》이라는 책도 이 점을 지적한다. 그는 예전엔 몇 시간씩 책에 몰입하던 자신이, 어느 순간부터 몇 페이지만 넘겨도 흐트러지는 집중력을 경험하게 됐다고 고백한다. 그리고 그것은 단지 개인의 문제가 아니라, 이 시대 전체가 겪고 있는 일이라고 말한다.

계속 울리는 알림, 끊임없이 갱신되는 SNS 피드. 뇌가 한 가지 일에 깊이 몰입하지 못하게 만든다. 우리는 여러 일을 동시에 할 수 있다고 착각하지만, 실은 주의가 분산된 상태에서 그 어떤 일에도 제대로 집중하지 못하게 되는 것이다. 독서처럼 느리고 깊은 몰입을 요하는 행위는 그 피해가 더 크다.

정보 과잉도 문제다. 너무 많은 정보가 매일 쏟아지다 보니, 긴 글보다는 짧고 자극적인 콘텐츠에 익숙해진다. 독서는 본질적으로 '느림의 예술'인데, 이 느림을 감당해 낼 힘이 점점 약해지고 있다.

그렇다고 해서 내가 나약하다는 말은 아니다. 이 책은 그런 나를 다정하게 감싸며 말해준다. "그럴 수밖에 없는 환경 속에 당신이 있다"라고.

예전에는 책을 읽으면서 포스트잇을 붙이고 형광펜을 칠하고 밑줄을 긋는 식의 아날로그 독서를 했다. 스티커에 키워드를 써서 갈피에 꽂기도 했다. 요즘은 그런 방식이 거의 사라졌다. 궁금한 건 휴대폰으로 바로 검색해서 캡처하고, 그나마도 챗GPT 덕에 검색조차 줄어들었다. 책에서 얻은 지식은 혈관 속으로 천천히 스며들지만, 검색으로 얻은 정보는 뇌하수체까지 도달할 새도 없이 휘발된다. 용도를 충족하면 즉시 사라진다.

책 한 권을 산 우리는 과연 어디까지 읽을까? 장편소설은 처음부터 끝까지 다 읽게 된다. 그래야 스토리가 연결되고 재미가 생기니까. 반면, 단편집이나 에세이는 관심 있는 제목, 끌리는 주제부터 들춰보기 마련이다. 전문서적이나 교과서도 상황에 따라 다르다. 특히 시험과 관련된 교재는 어쩔 수 없이 다 읽게 된다.

그런 점에서 보면, 내가 쓴 책에 대해 독자들에게 정독을 요구한다는 건 참 후안무치한 일이다. 일부분이라도 읽어주면 감사할 일이다. 굳이 사지 않고 도서관에서 빌려 읽는 것도 전혀 서운하지 않다.

어쩌다가 '저서'라는 글묶음을 여러 권 만들기도 했다. 하지만 그 책을 교과서로 채택해 대학생들에게 필독을 강요하는 건 스스로도 민망한 일이었다. 그런 생각 끝에 꼭 필요한 교재를 비매품 도서로 발간해 학생들에게 무상으로 제공하곤 했다. 하지만 그 책도 완독하는 학생은 많지 않았다. 수업이 끝난 뒤, 강의실 책상 위에 그대로 남겨진 책을 보고 분노와 배신감을 느낀 적도 있다. '다신 이런 산타클로스 같은 짓은 하지 말아야지' 하는 속 좁은 생각도 들었다.

책을 쓴다는 일이 '빚'처럼 느껴졌다. 나무에게도 빚지고, 한글을 만들어준 세종대왕에게도 죄송하고, 끝내 다 읽지 않을 독자에게도 뭔가 미안한 마음이 들었다. 법정스님도 그런 마음을 가지셨던 것 같다. '무소유'라는 책을 쓰셨지만, 세상에 글을 남기지 말라는 유언을 남겼다. 자신의 책이 소유의 대상이 되는 것을 원치 않으셨던 거다. 하지만 그 유언은 오히려 그분의 책에 대한 소유욕을 더 자극했다고 한다. 참 아이러니하다.

나도 스님의 뒤를 어설프게 흉내 내본 적이 있다. 정년퇴임을 앞두고, 보유했던 책들을 모두 정리하기로 마음먹었다. 요즘은 도서관도 책 기증을 반기지 않는다. 그래서 후배 교수나 제자들에게 틈틈이 나눠줬다. 그래도 남은 책들은 애물단지처럼 남았다. 집으로 가져오기도 애매했다. 부산의 아파트를 정리하고 가족들이 있는 서울로 올라와야 했기 때문이다. 좁은 집에 읽지도 않을 책을 보물처럼 들여놓을 이유도 없었다.

특히 전공 관련 책들은 이미 십여 년 전부터 관심이 멀어진 상태였다. 퇴임 후 그 책들에 다시 손이 갈 가능성은 거의 없다는 걸 스스로도 잘 알고 있었다. 하지만 남은 책들은 어쩔 수 없었다. 나눌 수 없고, 버리기도 애매한 책들이 쌓여갔다. 그러다 어느 날, 결심했다.

연구실 책장에 꽂혀있던 책들을 캐리어에 실어 캠퍼스 귀퉁이에 있는 소각장으로 옮겼다. 숨을 크게 한번 들이키고 나서 직접 불을 질렀다. 책을 태우는 일은 생각보다 쉽지 않았다. 종이가 쉽게 타들어 갈 줄 알았지만, 책은 고집이 있었다. 불꽃을 피해 똘똘 뭉친 채 타들어갔다. 연기가 자욱이 피어오르고, 한 장 한 장 검게 변해가던 그 순간, 이상하게도 마음이 후련하지 않았다.

책을 불태우며 이상한 감정이 올라왔다. 속 시원한 듯하면서도, 어딘가 찜찜했다. 뭔가를 정리했다는 안도감과 동시에, 다시는 되돌릴 수 없는 무엇을 저질렀다는 죄책감. 꼭 책이 아니라 나 자신을 태우는 기분이 들었다. 내가 과거에 써두었던 문장들, 밑줄 친 구절들, 서평을 붙였던 책들까지, 다 불 속에서 사라졌다.

그때 나는 내 안의 어떤 욕망도 함께 태운 줄 알았다. 다시는 책을 쓰지 않겠다고 다짐했고, 원고를 펼쳐보는 일도 하지 않았다. 출간의 기쁨도, 독자의 반응도, 다 지나간 일이니 놓아주자고 했다.

그런데 이상하게도, 시간이 지나고 나니 다시 쓰고 싶어졌다. 어디선가 봤던 문장이 자꾸 머릿속을 떠돈다. 가끔 서점에 들러 새로 나온 에세이집들을 훑어보다가, 누군가의 문장이 마음에 들어오면 속으로 이렇게 중얼거린다. '이런 건 나도 쓸 수 있을 것 같은데…' 물론 곧바로

'근데 안 쓰잖아, 안 되잖아' 하는 자조가 따라붙는다. 그럼에도 불구하고 그 마음은 좀처럼 사라지지 않는다.

무언가를 쓰는 사람을 보면 부럽다. 어떤 이야기를 꺼내놓고, 그 이야기를 받아줄 독자가 있다는 건 여전히 큰 기쁨일 것이다. 출간 소식을 SNS에 올린 작가들을 보면, '와 대단하다'는 생각과 동시에 '부럽다, 나도 다시 해볼 수 있을까?' 하는 감정이 스며든다.

책은 나를 괴롭히면서도, 끝내 나를 놓아주지 않는다. 한때 그렇게 불살라버렸지만, 책이라는 존재는 내 안에서 여전히 무언가를 쓰고 싶어 하는 마음을 되살려낸다. 사라진 줄 알았던 열망이 책장 한 구석에서 먼지를 털고 다시 걸어 나오는 것처럼. 요즘 다시 연필을 쥐고 메모를 시작했다. 때로는 휴대폰 메모장에 정리해 두기도 한다. 게으르게, 아주 천천히.

그런 나에게, 최근 한 권의 에세이집이 찾아왔다. 며칠 동안 그냥 훑어보고 있었다. 그러다 어느새 정독하고, 또 정독하게 되었다. 감정이 입히며, 곱씹고 또 곱씹으며 읽었다. 몇 번을 되풀이해 읽고도 또다시 펼쳐 들게 만든 그 책. 몇몇 구절이 마음을 건드렸고, 오랫동안 잠자고 있던 감정을 일깨웠다. 그 책은 나에게 다시 '정독'이라는 오래된 습성을 되살려줬다.

30 추천의 조건
나는 한 번이라도 '찐 독자'였을까?

　출간을 앞둔 책의 추천사를 부탁드렸다가 정중하게 거절당한 일이 있었다. 평소 교류가 없던 분이었기에, 실례를 무릅쓰고 조심스레 메일을 보냈다. 출판 계약은 이미 마무리된 상태였고, 추천사를 받을 수 있는 마감도 얼마 남지 않아, 용기를 내 한 번쯤 부탁해 보기로 했다.
　그분은 브런치에서 꾸준히 글을 연재하며 출간을 꿈꾸는 작가들에게 일종의 멘토처럼 여겨지는 사람이었다. 개인적인 인연이 없었기에 더 조심스러웠다. 메일을 몇 번이고 고쳐 쓰며 예의를 갖췄고, 무례하게 보이지 않기를 바라며 마음을 눌러 담았다.
　며칠 뒤 도착한 답장은 정중했지만, 한 가지 조건이 붙어 있었다. 책의 표지와 목차, 본문까지 정리된 형태로 보내달라는 것이었다. 이미 출판사에 원고를 넘긴 상태였기에 그 조건은 어렵지 않게 맞출 수 있었다. 시간을 들여 다시 파일을 만들고, 정성껏 보내드렸다.
　그다음 날, 또 하나의 답장이 왔다. 그런데 이번엔 예상치 못한 조건이 덧붙여져 있었다. 작가님의 책 두 권을 정독한 다음, 그에 대한 감상이 있는 상태에서 추천을 청한 것인지 궁금하다는 말이었다. 정독한 흔적이 있어야 기꺼이 요청에 응할 수 있다는 뜻이었다.

한참을 멍하니 있었다. 마치 미리 공지되지 않은 2차 시험을 치르라는 기분이었다. 처음부터 그런 조건이 있었다면 애초에 부탁하지 않았을 것이다. 정독을 했다고 답장을 쓰자니 양심이 허락하지 않았다. 그렇다고 그 책들을 급히 읽고 감상을 짜내어 보내는 일도 내 방식과는 어울리지 않았다.

황당했고, 솔직히 불쾌하기도 했다. 물론 그분 입장에서도 신중할 이유가 있었을 것이다. 자기애나 자신의 책에 대한 자부심 때문만은 아닐 것이다. 어쩌면 '거절'이라기보다는 '찐 독자'가 아니면 함부로 추천글을 남발해서는 안 된다는 원칙의 실천이었을지 모른다. '추천의 자격'을 구비하기 위한 탐색을 '추천의 조건'으로 오해한 나의 소심한 뒤끝부림이었을 수도 있겠다. 하지만 그때는 마치 추천을 구걸한 기분이 들어 자존심이 상했다. 결국 "그 조건이라면 추천을 정중히 사양하겠다"는 회신을 보냈다.

이런 수모를 감수하면서까지 추천사를 받아야 하나, 되묻게 되었다. 허접한 책에 마음이 담기지 않은, 그러나 거룩한 찬사를 붙여 책을 돋보이게 하려는 허영심을 들킨 것 같아 참담했고 부끄러웠다. 나 또한 한 젊은 작가의 추천사 요청에 "제가 감히 남의 책에 추천을 빙자해 이름을 올릴 만큼 대단한 사람이 아니다"는 취지로 거절한 적이 있다. 그때 내가 건넨 말도 누군가에겐 상처가 되었을까, 문득 돌아보게 되었다.

추천이란 어떤 조건의 충족이 아니라, 신뢰와 애정, 그 사람의 글을 진심으로 읽은 '시간'에서 비롯되는 게 아닐까. 문단에서 스승이나 선배의 추천이 등단의 미담처럼 전해졌던 것도, 단지 이름값 때문이 아니라 그만큼 깊은 관계와 믿음이 전제되어 있었기 때문일 것이다.

요즘처럼 추천이 입사나 채용의 필수 요소처럼 여겨지는 시대에도, 추천은 여전히 가볍지 않은 행위다. 부탁하는 사람도 조심스럽지만, 응답하는 쪽도 결코 쉽게 할 수 없는 일이다. 진심이 없으면, 추천은 결국 허언이 되기 십상이다.

주례사도 다르지 않다. 말재주가 없어서, 사람들 앞에 서는 게 부담스러워서가 아니라, 진심으로 '그 자리에 어울리는 사람은 내가 아니다'라는 마음이 들 때, 사람들은 조용히 물러서기를 선택한다. 나 역시 아직 제자나 후배의 주례를 선 적은 없다. 아들의 결혼식 때처럼, 딸의 결혼식에서 덕담 정도는 하게 되겠지만, 아마 앞으로도 내가 주례를 서는 일은 없을 것이다.

추천이란 단순한 부탁이나 호의의 표현을 넘어, 그 사람에 대한 신뢰, 작품에 대한 믿음, 그리고 무엇보다 '정성'의 증표일 수 있다는 걸 알게 되었다. 그 정성이 없다면, 추천은 허울 좋은 명함에 불과해진다. 마치 오랜 친구도, 깊은 공감도 없이 말로만 '축하한다'고 말하는 주례사처럼, 텅 빈 메아리에 불과한 것이다.

이번 일은 불쾌함이나 원망보다, 내 독서 습관을 돌아보게 만든 계기가 되었다. 불쾌함이 없었다면 거짓말이겠지만, 시간이 지나면서 마음에 남은 것은 오히려 묵직한 성찰이었다. 추천을 받지 못한 일이 아니라, 그 경험을 통해 내가 어떻게 책을 읽어왔는지를 돌아보게 된 일. 결국 내게 남은 건 자격의 문제도, 조건의 문제도 아닌, 마음의 문제였다.

혹시 추천을 부탁받을 일이 생긴다면 그 사람의 글을, 그가 쏟아부은 시간과 고뇌를 있는 그대로 마주하는 일부터 시작하고 싶다. 그래야 그 추천이 온전히 내 말이 될 수 있으니까.

나는 과연 누군가의 글을 끝까지, 진심을 다해 읽은 적이 있었을까? 책을 사랑하고 가까이해 온 삶이라 자부하면서도, 정작 나는 책을 정독하기보다, 수집하고, 훑고, 겉핥기만 하고 있었던 건 아니었을까? 책이 나에게 말을 걸기도 전에, 내가 먼저 소비해 버린 건 아니었을까?

넷

길과 길 사이

31 타력의 알고리즘
때론 외부의 힘이 인생을 만든다

　우리는 흔히 인생을 계획대로 살아야 하고 그렇게 살 수 있다고 생각합니다. 오직 자신의 노력과 열정으로 개척해 나가야 한다고 말입니다. 밤낮으로 열심히 일하고 중요한 결정을 스스로 할 때가 많습니다. 또한 주변의 기대에 부응하기 위해 끝없는 도전을 이어갑니다.

　하지만 이츠키 히로유키의 책 《타력》은 이러한 사고방식을 재고하게 만듭니다. 그가 말하는 타력(他力)은 한 마디로 인생은 혼자만의 힘으로 이룰 수 없다는 것입니다. 다른 사람의 조언과 경험, 그리고 우연한 기회와 사건이 성공의 큰 부분을 차지할 수 있음을 강조합니다. 단순히 철학적 명제로만 그치는 것이 아닙니다. 우리는 그 어떤 때보다도 외부의 영향을 많이 받으며 살아가고 있습니다. 특히 디지털 세계, 그중에서도 유튜브의 알고리즘은 우리가 콘텐츠를 소비하고, 학습하는 방식을 바꾸어 놓았습니다. 이츠키 히로유키의 타력은 바로 여기서 중요한 교훈을 제공합니다.

이츠키 히로유키, 《타력》

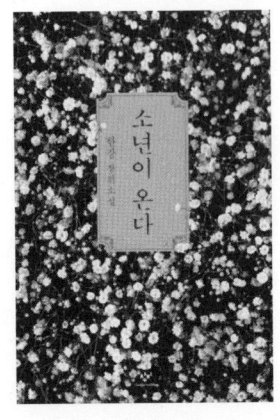
한강《소년이 온다》

어떤 문장이 인생의 터닝 포인트가 된 경험은 누구나 있을 겁니다. 그 문장의 감동을 글에 녹여내서 응모한 단편소설이 신춘문예 당선작이 될 수도 있고요. 요 며칠 사이 노벨문학상 수상이 엄청난 화제를 모으고 있는데요. 한강 작가의《채식주의자》나《소년이 온다》같은 소설을 읽고 느낀 인간의 고통과 회복에 대한 사색은 또 다른 문학이나 영화 등의 모티브로 틀림없이 진화할 것 같습니다.

한강 작가도 실제로 타력의 경험을 고백하고 있네요.《소년이 온다》를 쓸 때, 그 시작은 우연히 아버지인 한승원 작가의 5월 광주 사진첩을 보게 된 순간에서 비롯되었다고 합니다. 그 사진첩 속에는 당시의 끔찍한 상황과 광주의 거리에 쏟아진 피와 아픔이 고스란히 담겨 있었고, 한강은 그것을 통해 깊은 충격과 영감을 받았다고 합니다.

그 순간, 그녀는 그 아픔을 어떻게든 글로 풀어내야겠다고 결심했고, 그 결과《소년이 온다》라는 작품이 탄생하게 되었지요.

이 소설은 광주에서의 비극적 사건을 담담하게, 그러나 강렬하게 그려내면서, 결국 그녀를 노벨문학상의 영예로 이끌었지요. 작가가 광주 사진첩을 통해 얻은 영감은 단순한 개인의 감동을 넘어, 한국 현대사의 상처와 그 회복의 가능성을 세계에 알리는 작품으로 거듭났다고 전해집니다.

유튜브 알고리즘을 생각해 보면, 우리는 처음부터 정확히 어떤 영상을 볼지 정하지 않고 들어갑니다. 우연히 추천되는 영상을 클릭해 가며 새로운 정보를 얻고, 예상치 못한 관심사에 몰입하게 되죠. 이것이야

넷. 길과 길 사이

말로 타력의 사례가 아닐까요?

유튜브가 아니더라도 영화 〈기생충〉을 보고 나서, 고급 주택가와 서민들이 살아가는 공간의 간극을 더 선명하게 느낄 수도 있을 겁니다. 그 영화에서처럼 도시생활의 이중적인 면모가 우리의 삶에 어떻게 스며들어 있는지, 그 속에서 우리는 어떻게 공존하고 있는지 다시 생각하는 계기가 되기도 하고요. 길거리에서 들려오는 가야금 곡조를 들으면서, 그 음악이 전하는 고요한 울림 속에서 마음이 차분해지기도 합니다. 동시에 그 깊은 역사적 배경이 내 삶에 어떻게 연결되는지 새삼 느낄 수도 있을 겁니다.

북촌동 골목을 거닐다 보면, 마치 〈응답하라 1988〉의 등장인물들이 살아가는 동네의 분위기처럼, 따뜻하고 친근한 사람들의 모습이 떠오르기도 합니다. 그곳의 작은 가게들과 사람들의 웃음소리가 스쳐 지나치기 쉬운 일상 속의 소중함을 일깨우지요. "드라마 속에서 느꼈던 그 작은 행복이, 실제 서울의 골목에서 다시 살아나는 순간처럼 느껴졌다" 정도로 마무리되는 에세이로 거듭날 수도 있을 것 같아요.

강연에서 얻은 '행복'에 대한 통찰도 일상의 기록과 연결될 수 있습니다. "어떤 TED 강연에서 들었던 '행복은 순간의 선택'이라는 말이 내 마음에 깊이 남았다. 서울의 분주한 거리에서 잠시 멈추고 나면, 그 강연이 말한 대로, 우리가 행복을 찾을 수 있는 순간들이 실제로 존재한다는 걸 깨닫게 된다. 그 순간이 바로 지금, 이 길을 걷고 있는 나의 발걸음과 그 속에 스며 있는 모든 것들이었음을 알게 된다"처럼요.

혼자만의 힘으로 모든 것을 이룰 수는 없다

인생을 자신의 계획대로만 살아가고자 하는 사람은 수없이 많은 시행착오와 스트레스를 겪습니다. 그 과정에서 우리는 내가 계획한 것이 늘 옳지 않다는 사실을 마주하게 되죠. 반대로, 유튜브의 알고리즘은 우리의 기존 계획에 맞추기보다는 우리의 행동 패턴, 관심사, 그리고 심지어 순간의 기분까지 반영해 관련 콘텐츠를 추천해 줍니다. 이것이 바로 탄력적인 삶의 비유가 될 수 있습니다. 마치 인생에서 만나는 우연한 조언이나 사건처럼, 우리는 때때로 나의 의도와 상관없는 영상에 깊이 빠져들기도 합니다. 그리고 그 과정에서 새로운 시각을 얻고, 삶에 대한 더 깊은 통찰을 얻게 되죠.

물론, 인생에서 계획이 중요하지 않다는 말은 아닙니다. 유튜브 알고리즘을 기반으로만 살 수 없는 것처럼, 우리 삶에도 스스로 세운 방향성과 목표가 필요합니다. 하지만, 그 계획은 언제나 변화할 준비가 되어 있어야 합니다. 유튜브 알고리즘처럼, 인생의 여러 사건과 타인의 조언, 경험을 바탕으로 우리의 계획은 수정되고 보완될 수 있습니다.

예를 들어, 먹자골목에 간다고 치면 처음에는 단순히 마라탕을 먹으러 갔다가, 옆 가게에서 우연히 만난 아저씨의 추천으로 떡볶이집에 들르거나, 낙원상가에서 악기를 보려다가 예상치 못하게 고풍스러운 인사동 골목길을 걷게 될 수도 있습니다. 이 과정에서 우리는 원래 계획했던 것보다 더 풍부한 경험을 얻게 됩니다.

넷. 길과 길 사이

똑 부러지기보다는 유연하게!

유튜브에서 내가 설정한 관심사만 고집한다면, 그 이상의 발전을 기대하기 어려울 수 있습니다. 하지만 때때로 예상치 못한 영상, 추천 콘텐츠를 수용하면서 우리는 더 넓은 세계를 만나고, 새로운 아이디어를 얻게 됩니다. 인생에서도 마찬가지입니다. 처음부터 모든 것을 완벽하게 계획하고자 하기보다는, 주위의 소리와 경험을 유연하게 받아들이는 것이 필요합니다. 그 속에서 얻은 통찰력과 지혜가 때로는 스스로의 노력보다 더 큰 결과를 가져다줄 수 있기 때문이죠.

결국, 이츠키 히로유키가 말하는 타력은 우리가 한 걸음 물러서서 인생을 바라보게 합니다. 유튜브 알고리즘처럼 때로는 외부의 영향을 받아들이고, 그 속에서 나만의 길을 만들어가는 지혜가 필요합니다. 때로는 우연이 가져다주는 기회가 나의 예상보다 훨씬 더 큰 가치를 가질 수 있으니까요.

・・・

Q 이 글을 쓰게 된 계기는 무엇인가요?

이츠키 히로의 《타력》을 읽으며, 개인의 노력만으로 인생이 결정되는 것이 아니라는 그의 주장이 흥미로웠습니다. 우리가 흔히 '내 힘으로 개척해야 한다'고 생각합니다. 실은 주변의 조언, 우연한 만남, 예상치 못한 경험들이 삶의 큰 변곡점이 되는 경우가 많습니다. 특히, 유튜브 알고리즘처럼 우리가 의도하지 않은 방향으로 흘러가는 경험이 삶에도 많다는 점을 떠올리게 되었습니다.

한강 작가의 《소년이 온다》가 노벨문학상 수상과 연결되면서, 그의 창작 과정에도 '타력'이 작용했음을 알게 되었습니다. 아버지의 5월 광주 사진첩이 없었다면 이 작품은 탄생하지 않았을지도 모릅니다. 이런 사례들을 정리하면서, 현대인의 삶과 연결되는 흥미로운 글을 써볼 수 있겠다고 생각했습니다.

Q 유튜브 알고리즘을 '타력'과 연결한 것이 독특한데, 어떤 과정에서 떠오른 발상인가요?

이츠키 히로가 말하는 타력은 기본적으로 "외부의 힘이 나를 이끌어준다"는 개념입니다. 그런데 문득, 우리가 유튜브를 사용할 때도 비슷한 경험을 한다는 점을 깨달았습니다. 처음에는 내가 원하는 영상을 찾지만 점점 추천 영상에 이끌려 들어가지요. 때로는 의외의 콘텐츠에서 예상치 못한 영감을 얻기도 합니다.

저 역시 유튜브에서 전혀 예상하지 못한 강연 영상을 보고 생각이 깊어진 적이 있습니다. 다큐멘터리를 보다가 관련된 문학 작품을 읽고, 그 경험이 글을 쓰는 데 영향을 주기도 했습니다. 이것이야말로 현대적인 '타력'이 아닐까요? 이 개념이 흥미로워서 유튜브 알고리즘을 활용해 설명해 보았습니다.

Q 한강 작가의 사례를 글에 포함한 이유는?

한강 작가의 《소년이 온다》가 노벨문학상을 수상하면서, 그의 창작 과정에 대한 이야기들이 다시 조명되었죠. 이 소설을 쓰게 된 계기가 아버지의 5월 광주 사진첩이었다는 점이 강하게 와닿았습니다.

직접 경험하지 않은 사건을 기록하기 위해서는 외부의 자료나 타인의 경험이 필수적입니다. 사진첩을 통해 받은 충격과 감정이 작품을 탄생시키는 원동력이 되었다는 점이야말로 타력의 개념을 잘 보여줍니다. 단순히 작가 개인의 노력만이 아니라 역사적 기록, 가족의 기억, 그리고 시대적 분위기가 어우러지며 만들어진 작품이죠. 그래서 글의 주제와 잘 맞아떨어진다고 생각했습니다.

Q 먹자골목이나 북촌 골목 같은 장소를 예시로 든 이유는?

이 글이 너무 철학적이거나 개념적이지 않게 실제 일상의 경험과 연결되도록 하고 싶었습니다. 먹자골목에서 원래는 마라탕을 먹으러 갔다가 예상치 못한 추천으로 떡볶이를 먹게 되는 일처럼요, 우리는 계획한 대로만 살지 않죠. 이런 작은 사례들이 '타력'이라는 개념을 더 쉽게 이해할 수 있도록 도와준다고 생각했습니다.

북촌이나 인사동 같은 공간은 사람들이 우연히 방문해서 새로운 경험을 하는 곳입니다. 골목을 걷다가 예상치 못한 가게를 발견하고 뜻밖의 감동을 받는 경험이 흔하죠. 그런 장소적 특성을 활용하면 독자들도 공감하면서 글을 읽을 수 있겠다고 판단했습니다.

Q 이 글을 통해 독자들에게 전하고 싶었던 메시지는 무엇인가요?

우리는 종종 '내가 모든 걸 계획해야 한다'는 강박을 가집니다. 하지만, 인생은 의외로 예상치 못한 방향으로 흘러가면서 더 풍부해지죠. 때로는 내 힘이 아니라, 주변에서 다가오는 기회, 조언, 혹은 작은 우연들이 더 큰 변화를 만들어내기도 합니다.

유튜브 알고리즘처럼, 처음에는 생각지도 않았던 콘텐츠에 빠져들며 새로운 지식을 얻기도 합니다. 인생도 그렇게 열린 마음으로 받아들일 때 더 흥미롭고 다채로워지지 않을까요? 계획도 중요하지만 그 계획은 바뀔 수도 있습니다. 그런 유연함을 갖는 것이야말로 더 만족스러운 삶을 만드는 길이라는 점을 전달하고 싶었습니다.

32 제주 명랑운동회
고교동창 네 친구의 이박삼일 골프투어

2월 13일 (첫째 날) 아침 8시 15분. 김포공항에서 상배를 만나 도란도란 이야기를 나누며 제주항공 비행기에 올랐다. 경주신라 cc 회원님 진국이 자주 초대하는 절친 5인회 라운딩 때 기획된 2박 3일 투어 이벤트다. 아덴힐 리조트 회원 특전을 함께 누리자는 상배의 특별 배려다.

대구와 부산에서 오는 진국, 광수는 제주공항에서 합류하기로 했다. 50년 지기 고교동창 친구들과의 오랜만의 여행이라 시작부터 설렘이 가득하다. 비행기는 약 한 시간 정도 걸려 제주에 도착했다.

9시 30분쯤 우리 네 명은 드디어 완전체로 뭉쳤다. 함께 캐리어를 끌고 렌터카 셔틀 정류장으로 향하며 시작부터 웃음이 끊이질 않는다.

차는 최신형 싼타페로, 구정이 지난 비수기 할인 덕에 반값에 예약할 수 있었다. 하얀색 SUV가 반짝이며 우리를 기다리고 있었다. 쌩쌩한 하얀 차를 보자마자 서로 감탄하며 사진도 찍고 신나게 떠들었다.

베테랑 드라이버지만 술 안 마시는 상배가 운전대를 잡고 첫날 여정을 시작했다. 원래 호주가였던 상배는 봉화에서 농장을 하면서 술을 끊었단다. 옻나무도 가꾸고 참깨 들깨를 짜는 방앗간을 하면서 인생의 새 장을 열고 있다.

　첫 번째 목적지는 인터넷에서 검색한 제주 명물 갈치조림 식당이었다. 아점을 하기 위해 아담한 식당 문을 열고 들어섰다. 반갑게 맞아주는 주인아줌마와 싹싹한 종업원 아가씨가 우리를 안내했다.
　갈치조림의 매콤하고 구수한 냄새에 다들 군침을 삼켰다. 운전을 맡은 상배를 빼고는 모두 막걸리 한 잔씩을 기울이며 여행 시작을 자축했다. 제주 감귤의 그윽한 향이 제주의 정취를 그대로 전해준다.

2월 14일 (둘째 날) 아덴힐 리조트에서의 상쾌한 아침. 기대에 부푼 마음으로 티샷을 향해 첫 발을 내디뎠다. 골프장엔 사람이 적어 우리만의 여유로운 시간이 이어졌다. 아덴힐 cc의 한적한 풍경 속에서 여유롭게 라운딩을 즐기며, 우린 서로를 놀리기도 하고 간만의 회포를 풀기도 했다.
　각자의 장난스러운 기질이 발동했다. 광수의 티샷이 페어웨이를 훌쩍 벗어나자 "고등학교 때 도망갈 때 속도가 이 정도였나?" 하며 낄낄댔다. 코스를 돌며 오랜 세월 함께 쌓아온 추억과 정이 다시금 가슴에 맴돌았다.
　상배의 티샷이 호쾌하게 멀리 뻗어나가자 모두가 박수와 환호를 보내며 웃음꽃이 피었다. 진국의 샷은 홈구장 경주신라 cc 에서만큼 위용을 발하지 못했지만 숏게임은 그 어느 때보다 정교했다. 어릴 적 순수했던 모습이 그대로 묻어나는 이 순간들이 오래도록 마음에 남을 듯하다.

　코스 중간에 자리 잡은 클럽하우스에서 제주 흑돼지 바비큐로 새참을 해결했다. 묵직하고 고소한 흑돼지 특유의 맛에 감탄하며 맥주 한

아덴힐 리조트

잔씩 나눠 마셨다.

    점심은 제주의 별미 보말칼국수를 찾기로 했다. 검색을 해서 가긴 했는데 도로 하나를 잘못 들어서서 그 마을을 세 바퀴쯤 돌았다. 끝내 칼국수 집을 찾았을 때 모두 "이제야 먹는구나" 하며 안도하며 웃었다. 보말칼국수는 깔끔하면서도 진한 맛이 일품이었다. 한 숟가락 떠서 입에 넣자마자 다들 "그래 이거야!" 하며 만족감을 표했다.

넷. 길과 길 사이

저녁 식사로 다시 제주 흑돼지 구이를 먹으러 갔다. 기름진 흑돼지에 제주특산 막걸리를 종류별로 다 시켜 맛을 봤다. 특히 세종 조껍데기 막걸리는 그 자리에 끼지 못한 세종이를 소환하게 했다. 굳이 전화를 걸어 "네가 보내준 조껍데기 막걸리 잘 마시고 있다!"라면서 키득거리기도 했다. 하지만 발음에는 살짝 신경을 썼다.

각 한통씩을 기울이니 하루의 피로가 말끔히 씻기는 기분이었다. 옆에서 지켜보던 종업원도 대화에 맞장구치면서 살갑게 챙겨줘서 더없이 흥겨운 분위기였다.

2월 15일 (셋째 날) 마지막 날 아침이다. 화창한 제주의 하늘과 포근한 날씨 속에 마무리 라운딩을 나섰다. 우리 네 명은 언제 다시 이 순간을 맞이할 수 있을까 싶어 한층 애틋한 마음으로 서로를 바라봤다. 50년 세월이 지나도 변치 않는 우정, 이제는 가족과도 같은 정이 오롯이 느껴졌다.

라운딩을 마치고 나서는 제주의 유명한 해산물 식당을 찾아갔다. 손맛 좋은 주인아줌마가 갈치조림을 푸짐하게 내주셨다. 종업원 아가씨도 싹싹하게 우리 이야기에 귀를 기울이며 웃음을 터뜨려 주었다.

공항으로 돌아갈 시간이 다가왔다. 하지만 출발 시간까지 여유가 있어 가까운 용두암을 잠시 들렀다. 겨울바람이 차갑게 부는 와중에도 우리는 오랜만에 놀러 온 기분으로 기념촬영을 하며 웃음소리가 끊이질 않았다. 매서운 바람을 맞으며, 서로 장난을 치고 찍어준 사진을 보며 또 한 번 크게 웃었다.

아쉬운 마음을 뒤로한 채 공항으로 향했다. 차 안에서 돌아가는 아쉬움을 씻어내려는 듯, 또다시 제주에서의 에피소드가 계속 이어졌다. 돌아가는 비행기에서의 아쉬운 침묵과 마음 깊은 곳에 쌓인 추억들. 평생 간직할 우정과 제주에서 보낸 소중한 시간들을 마음에 담고 우리는 다시 일상으로 돌아왔다.

33 운수 좋은 하루
서울 촌놈의 서울 도심 탐방기

오늘 아침은 유난히 기분이 좋았다. 자고 일어나니 평소처럼 어깨가 뻐근하지도 않고, 어쩐지 몸이 가뿐했다. 간밤에 뒤숭숭한 꿈도 없이 단잠을 잔 덕분일까. 흥얼흥얼 콧노래를 부르며, 아내에게 툭 던졌다. "오늘 왜 이리 기분이 좋지? 복권이라도 하나 살까?" 아내는 나를 힐끔 보며 웃음 지었다.

아침 일찍 당구 동호회에 나가서도 모든 일이 술술 풀렸다. 평소에 그리 잘 맞지 않던 공도 딱딱 맞아떨어졌다. 네 시간 동안 네 번의 게임을 했는데, 그중 세 번을 이겼다. 대박 기운이 마음속에서 스멀스멀 올라왔다.

12시 가까이 되어서 게임이 마무리될 무렵에 카톡이 왔다. 광고회사에서 일할 때부터 정이 든 귀염둥이 후배다. 늘 생글생글 밝은 얼굴, 재치 넘치는 말솜씨, 호쾌한 웃음이 행복을 전염시키는 전직 교수이자 지금은 시인이다.

"형님, 오늘 점심 아시죠?"

맞아, 어머니 장례 때 부의한 사례로 한글날 점심 쏜다고 했었지.

우리 어머니 장례 때 발인 전날 새벽까지 빈소에 머물면서 우리 가족들을 과도하게 위로했던 아우이기도 하다. 굳이 답례가 필요 없는 사이이긴 했지만 딱히 미룰 이유도 없었다. 게임도 잘 끝났겠다, 오늘같이 기분 좋은 날엔 초대에 흔쾌히 응하는 게 답일 것 같았다. 잠시 후 나는 한 시간 거리인 종로3가역으로 향하고 있었다.

약속 장소는 탑골공원 근처. 단골 돼지국밥집에서 이교수의 토크쇼가 시작되었다. 특유의 쾌활함으로 너털웃음 사이사이로 호기를 뿜어낸다. "형님, 이 집은 수육에 국밥이 좋습니다. 막걸리도 한잔 하시고!"라며 너스레를 떨었다. 수육을 한 점 입에 넣고 한 잔 딱 걸치니 벌써 기분이 확 올라온다. 아무말 대잔치의 서막이 열린다.

막걸리의 취흥을 느끼며 이교수의 가이드로 서울 중심가 투어에 올랐다. 서울에 살면서도 이런 기회가 아니면 엄두가 나지 않는 곳들. 일상 속에 숨어 있는 역사와 문화의 흔적들, 그리고 복잡한 도시 속 조용히 숨 쉬고 있는 공간들. 익숙하면서도 왠지 모르게 멀게 느껴졌던 곳들이 머릿속에 떠올랐다. 인사동, 탑골공원, 익선동, 피맛골, 운현궁, 경인미술관, 광장시장까지. 서울 중심가의 여행이 시작되었다.

햇살은 아직 따끈했지만 바람은 제법 선선했다. 길을 걷다 보니 빌딩 사이로 가을의 냄새가 묻어났다. 시간이 많지 않을 때면 쉽게 지나쳤을 법한 길들이 특별하게 다가왔다. 평소 같았으면 복잡한 인파 속에서 놓쳐버릴 만한 것들도 천천히 걸으니 자연스럽게 눈에 들어왔다. 여유로운 시간을 함께 할 동행자가 있어 더욱 그랬다.

시작은 낙원상가. 음악의 아우라 가득한 낙원상가는 여전히 그 독특한 매력을 간직하고 있었다. 오래된 건물 안에는 수십 년의 역사를 간직한 악기 가게들이 줄지어 있었다. 뮤즈의 숨결이 느껴졌다. 예전처럼

넷. 길과 길 사이

거리 한켠에서 연주하는 버스커들과 자신만의 악기를 찾으려 발품을 파는 사람들의 모습은 쉽게 눈에 띄지 않는다. 그래도 낙원상가만의 오래된 감성과 여전히 젊은 예술가들의 활기가 교차하는 여기는 여전히 살아 숨 쉬는 문화의 공간이다.

이층으로 발길을 돌려 실버존으로 들어서니 또 다른 서울의 모습을 만날 수 있었다. 어르신들이 모여드는 이곳은 세대의 시간이 쌓여 있는 공간이다. 퇴색한 시네마스코프 영화들을 상영하는 극장도 있고 차를 마시는 장소도 있었다. 편안하게 담소를 나누는 어르신들이 있었다. 그들은 저마다의 이야기를 풀어내며 시간을 보내고 있었다. 실버존의 정겨운 분위기는 바쁘게 돌아가는 서울의 일상 속에서 흔히 볼 수 없는 평온함을 선사했다.

낙원상가를 지나 인사동의 화랑들을 구경했다. 예전에 일했던 광고회사 대홍기획에서 가까운 곳이라 익숙한 장소였지만 30년 세월 동안 너무 변한 모습이었다. 대학에서 흥사단 아카데미 활동을 하던 동기들과 함께 가이드 기분을 내면서 둘러본 지도 10년이 더 지난 것 같다. 친구들의 정겨운 모습들이 스쳐간다. 그때로 거슬러 함께 머물렀던 장소를 되짚어 보고 싶었다.

길목 꿀타래 가게에서 과자 만드는 퍼포먼스에 홀려 한 상자를 사서 골목을 따라 걷기 시작했다. 여전히 특유의 예술적인 감성을 자아내는 인사동은 골목마다 작은 화랑과 찻집들이 자리하고 있다. 골목을 돌아서면 마주치는 여러 갤러리들, 그리고 그곳에서 여유롭게 작품을 감상하는 사람들. 잠시 발걸음을 멈추어 애니메이션 작가와 늑대를 그리는 화가, 다관을 빚는 도예가의 설명을 들으면서 질문을 섞어 아는 체도 한다.

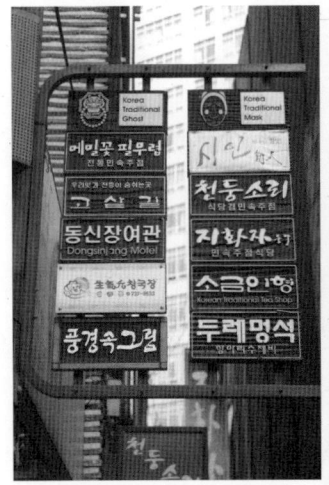

경인미술관은 한적하게 차를 마시며 여유를 즐기는 풍경보다는 제빵소와 카페의 분위기로 변모했다. 사람들은 정원을 둘러보며 도란도란 대화하기보다는 먹고 마시는 식탐에 도취해 있는 듯했다.

익선동으로 발길을 돌리자 전혀 다른 분위기가 펼쳐졌다. 최근 몇 년 사이에 핫플레이스로 떠오른 익선동은, 옛 한옥과 현대적인 카페, 식당들이 묘하게 어우러져 있었다. 익선동은 새롭게 변모하는 공간이었다. 옛 한옥의 정취를 간직한 골목길 속에는 세련된 카페와 가게들이 들어서 있어, 과거와 현재가 독특하게 공존하고 있었다. 과거와 현재의 절묘한 만남, 따스한 감성이 우리를 감싸며 자연스럽게 대화를 이끌어냈

다. 익선동의 골목길을 헤매며 시간의 흐름을 잊고, 소금빵 가게와 토스트 카페, 바비큐 골목의 풍미에 스며들었다.

    사람들은 오랜 시간 줄을 서서 소문난 소금빵 가게에서 고소한 빵을 사서 걸으며 행복한 표정으로 먹고 있었다. 바삭한 빵의 소금 알갱이가 입안에서 사르르 녹는 느낌은 이곳에서만 느낄 수 있는 소확행 아닐까? 외국인들의 표정에서도 그런 느낌은 확연했다. 곳곳에는 독특한 소품 가게와 감각적인 인테리어의 카페들이 익선동 특유의 아기자기한 매력을 발산하고 있었다.

    어느새 운현궁에 도착했다. 서울의 도심에 이런 공간이 남아있다니? 복작복작한 인사동 거리와 경인미술관보다는 더 운치가 느껴졌다. 말 그대로 역사의 숨결을 그대로 간직한 공간이었다. 현대적인 도시의 풍경 속에서도 옛 모습을 그대로 간직한 이곳에서 서울의 진짜 모습을 찾을 수 있었다. 흥선 대원군의 기개와 오기가 서려있는 장소라는 사실을 애써 상기하는 것은 오히려 아이러니다. 운현궁의 고즈넉한 아름다

움은 바쁜 일상 속에 잊고 지낸 나를 잠시 멈추게 했다. 툇마루에 걸터 앉아 가이드가 대접하는 아이스아메리카노를 홀짝거렸다. 늦여름과 초가을이 교차하는 맑은 하늘 아래에서 아무 말 대잔치를 한 시간 정도 이어갔던 듯하다.

탑골공원에 도착하니 과거와 현재가 교차하는 순간들이 보였다. 고요한 공원의 한가운데 서 있는 원각사지 십층탑과 우물터, 독립선언 기념비를 둘러보았다. 한때는 나라의 운명을 결정짓던 역사적 사건들이 있었던 곳이다. 잠시 머물며 시간을 되새기게 되었다. 오래된 나무들 사이로 비치는 햇살은 마치 시간이 멈춘 듯했다. 벤치에 앉아 쉴 때마다 서울의 과거가 겹쳐 보이는 듯했다.

시간이 흘러 늦은 오후가 되자 우리는 다시 길을 떠났다. 피맛골을 따라 걷다 오래된 단성사와 피카디리 극장이 있던 자리에 도착했다. 이제는 그 자취조차 찾기 힘들어졌다. 옛 추억이 서려 있는 그곳을 지나면서 세월의 무상함을 느꼈다. 종로 4가의 금은방 거리를 지나면서 문득 '돈이 지배하는 세상'이라는 생각이 스쳐 갔다.

종묘의 광활한 공간과 그 안에 서린 고요함은 도시 한가운데에서

넷. 길과 길 사이

느끼기 어려운 감정이었다. 늘 바삐 오가는 사람들로 가득한 서울이지만, 종묘의 고즈넉한 정원 안에서는 시간조차 느리게 흐르는 듯했다. 느릿느릿 걸으며 자연스럽게 서울의 오래된 역사를 되짚어 보았다. 정제된 나무들 사이로 스며드는 가을빛은 그 풍경을 더욱 깊이 있게 만들어 주었다. 고요한 공간은 마음을 차분하게 해 주었다.

종묘를 지나 동대문광장으로 향하니 분위기는 완전히 달라졌다. 현대적이고 거대한 건물들이 주변을 감싸고 있었고, 활기찬 사람들이 넘쳐난다. 역사적인 장소에서 현대의 동대문 디자인 플라자로 넘어오면 서울의 다양한 얼굴이 자연스럽게 대비된다.

동대문광장으로 향하던 발걸음은 잠시 옆길로 샜다. 배가 슬슬 꺼질 때쯤이어서 그랬을까? 광장시장의 먹자골목이 떠올랐다. 빈대떡 냄새가 진동하는 골목을 지나가다 보니 자연스럽게 발걸음이 그쪽으로 향했다. 후배는 오랜 단골이라는 전집으로 나를 데려갔다. "형님, 여기 전집에서 나오는 빈대떡은 이모님이 직접 해 주시는 건데, 무슨 요리든 다 맡겨보세요." 그렇게 우리는 이모카세 기분을 만끽하며 빈대떡과 함께 지평막걸리 두 통을 더 비웠다. 빈대떡과 막걸리에 취해 흐릿해진 정신 속에서도 대화는 점점 깊어졌다.

카톡이 울렸다. 아내였다.
"저녁 시간인데 아직 안 와?"
아차 벌써? 얼떨결에 한마디 날린다.
"여기 광장시장인데, 혹시 뭐 사갈까?"
번개처럼 답이 왔다.
"육회비빔밥!"

흔쾌히 육회비빔밥을 포장주문해서 뿌듯한 마음으로 받아 들고 지하철을 탔다. 유난히 지하철도 제때제때 도착해 줬다. 땀과 술에 전 몸은 녹진녹진했지만 가벼운 마음으로 집에 도착했다. 아직 온기가 남아 있는 비빔밥을 펼쳤다. 아내는 비빔밥을 먹으며 웃음을 지었다. "오늘 왜 이렇게 맛있지?" 행복해하는 모습을 보니, 나도 그저 흐뭇했다.

오늘 하루는 정말 모든 것이 술술 풀렸다. 컨디션도, 당구도, 후배와의 만남도, 길 위의 여행도, 지하철 시간도. 육회비빔밥을 싹싹 비우는 아내의 모습을 보면서 혼자 중얼거렸다.

"째지게 운수 좋은 날이었어."

● ● ●

넷. 길과 길 사이

Q 이 글의 제목이 〈운수 좋은 날〉이 아니라 〈운수 좋은 하루〉인 이유가 있을까요?

작품을 쓸 때, 제목은 독자가 글의 분위기를 한눈에 파악하는 중요한 요소라고 생각합니다. 〈운수 좋은 날〉이라는 제목은 너무 강한 고전적 느낌이 있어서, 독자들이 소설가 현진건의 단편소설과 연관 짓거나, 반전이 있을 거라고 기대할 수도 있습니다. 하지만 제 이야기는 단순한 하루의 기분 좋은 흐름을 따라가기 때문에, 그 무게를 조금 덜어내고 싶었습니다. 그래서 '날' 대신 '하루'로 바꿔, 일상의 가벼운 기쁨과 행운이 쌓이는 느낌을 강조했습니다.

Q 이 글의 출발점은 무엇이었나요? 특별한 계기가 있었나요?

사실, 글을 쓰기 전에 '운수 좋은 날'을 보내본 기억이 떠올랐어요. 뭔가 기분이 좋은 날에는 작은 일도 술술 풀리는 느낌이 들잖아요. 당구도 잘 맞고, 좋은 사람과의 만남도 이어지고, 길 위의 우연한 순간들도 다 특별하게 다가오고. 마치 보이지 않는 손이 내 하루를 매끄럽게 정리해 주는 듯한 그런 느낌 말이죠. 그래서 '정말 하루 종일 운이 좋은 날을 한번 글로 풀어보면 어떨까?'라는 생각으로 시작했습니다.

Q 초반부에 '복권이라도 하나 살까?'라는 말이 나오는데, 실제로 복권을 샀나요?

아뇨, 사지는 않았습니다. 오히려 복권을 사면 '운을 시험하는' 느낌이 들어서 그날의 흐름을 깨트릴 것 같았어요. 정말 운이 좋은 날은, 굳이 행운을 사려고 하지 않아도 삶 속에서 자연스럽게 흘러나오는 순간들이 아닐까 싶었습니다. 복권보다는 사람들과 함께한 시간이 제게 더 큰 '당첨'이었죠.

Q 후배와의 점심 장면이 유독 생생한데, 실제로 있었던 일인가요?

네, 실제 있었던 일이 그대로 묘사되어 있어요. 후배가 전직 교수이자 시인이라는 설정도 전혀 윤색되지 않은 이야기입니다. 평소에도 후배들과 만나면 대화가 술술 풀리고, 막걸리 한 잔에 아무말 대잔치가 펼쳐지는 경우가 많아요. 후배의 호쾌한 성격과 너스레 떠는 모습도 실제 인물을 반영한 거죠.

Q 서울 중심가를 여행하는 묘사가 굉장히 세밀한데, 직접 걸으면서 기록했나요?

네, 서울의 이런 장소들을 직접 걸으며 관찰하고, 예전 기억도 떠올리며 썼습니다. 익숙하지만 새롭게 느껴지는 공간들, 예전과 달라진 풍경들, 그리고 오랜 세월 동안 그대로 남아 있는 곳들까지 모두 담고 싶었어요. 특히 인사동과 익선동의 변화는 저도 놀랄 정도였어요.

Q 후반부에 '광장시장 육회비빔밥'을 포장해 가는 장면이 특히 따뜻한 느낌인데, 왜 이 장면을 마지막에 넣었나요?

결국, 운이 좋은 하루란 혼자서만 누리는 것이 아니라, 가까운 사람들과 나누면서 완성된다고 생각했습니다. 아무리 기분 좋은 하루를 보내도, 집에 돌아왔을 때 아내가 뿌듯하게 비빔밥을 먹는 모습을 보면서 '정말 좋은 하루였다'는 확신이 들었죠. 육회비빔밥은 단순한 음식이 아니라, 하루의 행복이 집까지 이어지는 상징 같은 느낌이었습니다.

Q 이 글을 통해 독자들이 어떤 감정을 느끼길 바랐나요?

우리가 사는 날들 중에는 그냥 지나쳐 버리지만, 곱씹어 보면 뜻깊은 순간들이 많잖아요. 저는 그런 작은 행복들이 쌓여가는 과정을 그리고 싶었습니다. 특별한 사건이 없어도, 소소한 기쁨들이 모이면 하루가 꽉 찬 느낌이 든다는 걸 독자들도 공감할 수 있으면 좋겠어요. 그리고, 글을 읽고 나서 "오늘은 나도 운수 좋은 하루를 보내볼까?" 하는 생각이 들었으면 합니다.

Q 혹시 이 글을 확장해서 더 길게 써볼 계획이 있나요?

네, 서울의 골목길을 따라가는 하루를 좀 더 깊이 있게 탐구하는 글을 써볼까 고민 중입니다. 익선동, 낙원상가, 탑골공원, 광장시장 등 서울 도심 속 '걷기 좋은 코스'를 중심으로, 장소마다의 역사와 정취, 거기서 만나는 사람들, 음식까지 더 풍성하게 담아볼 수도 있겠죠. 운수 좋은 하루를 넘어 '운수 좋은 서울 산책' 같은 이야기로 확장하면 재미있을 것 같습니다.

Q 마지막으로, 이 글을 쓸 때 가장 즐거웠던 순간은 언제였나요?

마지막 문장을 쓸 때요. "오늘은 째지게 운수 좋은 날이었어."라고 마무리하는 순간, 저도 모르게 미소가 지어졌어요. 하루를 잘 마무리했다는 기분과 함께, 독자들도 이 긍정적인 기운을 함께 가져가길 바라는 마음이 들었습니다.

34 크로아티아 세렌디피티
아드리아해에 남겨둔 특별한 추억들

1. 두브로브니크

인구 3만 명도 안 되는 중세풍의 소도시 두브로브니크는 지중해의 땅끝마을입니다.

주황색 슬래브 지붕과 하얀 흙벽돌의 정갈한 집들이 코발트 색 바다에 떠있는 그림 같은 도시마을.

시간마다 세르비아 정교회 성당에서 울리는 종소리가 천상의 음악을 연주합니다.

광장의 뚱뚱보 비둘기들은 지구촌에서 몰려든 관광객들이 흘린 음식들을 포식하고 있었지요.

성벽 곳곳에 늘어져 자고 있는 개와 고양이들은 이곳의 권태와 안일을 보여주는 시그니처 풍경.

오전 내내 요새의 성벽을 가쁜 숨을 몰아쉬며 오르내렸어요. 9월의 폭양은 트래킹을 하는 여행객을 쉽사리 지치게 만드는 폭군의 위세를 부리고 있었습니다.

쾌청해서 더 뜨거운 초가을 햇빛에 얼굴을 그을린 나그네들은 마치 순례길에 나선 비장한 모습을 보이기도 했습니다.

　힘겨움이 역력한 행로 속에서도 간간이 성자와 같이 평화로운 표정으로 인증샷을 찍기도 했습니다.

　고된 보행을 완수한 보상으로 찾아드는 해변의 부자(Buza) 카페는 오아시스였습니다.

　인터넷에서 여행 후일담을 검색해서 세심하게 찾아낸 힐링 포인트였지요.

　지중해의 윤슬 위에서 요트와 카약을 즐기는 사람들을 내려다보며 물멍에 빠져들기 좋은 최적의 휴식처였습니다.

젤라토 한 컵과 레몬 비어 한 병이면 더 이상 아무것도 생각나지 않는 한 시간의 만찬이었어요.

유모차를 끌고 다니는 젊은 엄마들은 세상에서 가장 행복한 얼굴을 하고 있었습니다.

히잡 속에 수줍은 얼굴을 감춘 이슬람 아가씨들도 낯선 도시의 정경에 한껏 들떠 있었지요.

허니문 여행을 왔다는 신혼부부는 한시도 손을 놓지 않고 연신 입맞춤을 해대고 있었습니다.

올리브 나무와 사이프러스가 길 따라 서있는 숙소 근처의 언덕길을 오르다 잠깐 발걸음을 멈추어 섰습니다.

지중해 바다로 빠져드는 석양을 배웅하는 최소한의 예의와 의식이었지요.

2. 플리트비체

간밤에 잠을 설친 것치고는 머리가 맑고 몸도 개운하네요. 악몽이 꾸어질 만한 고단한 하루였는데 이 또한 지나가네요. 플리트비체 국립공원의 장엄한 폭포소리에 파란만장한 하루가 씻겨 내려간 듯합니다.

조금 쌀쌀한 공기에 잔뜩 흐린 날씨가 오히려 걷기에 좋았지요. 6시간 보행의 출발은 그랬는데 중반 무렵에 번개와 천둥이 치면서 상황이 급반전했지요. 세 시간 정도는 세찬 빗줄기 속에서 걷다가 마지막엔 부슬비로 변하더군요.

그래도 좋았어요.

영화 아바타의 배경으로 선정된 이유가 충분한 에메랄드빛 호수에 드리워진 푸른 산과 파란 하늘, 세찬 폭포소리는 궂은 날씨 속에 오들오

넷. 길과 길 사이

플리트비체 국립공원

들 떨면서 강행한 트래킹의 충분한 보상이었지요.

　인근 소도시에 미리 잡아놓은 에어비엔비로 돌아오는 길에 느닷없이 들이닥친 자동차 사고만 없었다면 마지막 스케줄까지 완벽했을 텐데….

　모든 게 그렇지만 지나가고 나면 예기치 못한 해프닝은 세렌디피티가 되고 특별한 추억이 되는 법.

　딸이 운전하는 렌터카 뒷좌석에서 잠시 졸고 있는데 쾅 하는 소리와 함께 뒤쪽에서 엄청난 충격이 가해졌어요. 운전하는 딸과 조수석에 앉은 아내의 비명 소리에 정신을 차려보니 추돌사고였어요. 이마와 어깨가 앞 좌석 등받이를 들이받은 다음에야 간신히 팔을 뻗어 튀어나가는 몸을 붙들었어요. 앞자리에 앉은 식구들이 걱정되었는데 다행히 시트벨트 덕분에 다들 큰 불상사는 없었던 듯. 반사적으로 차 문을 열고 뛰쳐나가니 우리 차를 기습한 뒤차의 보닛은 찌그러져서 들려 있고 라디에이터에서는 연기가 풀풀 나고 있었지요. 다시 정신을 가다듬어 뒷차 안을 보니 운전석과 조수석 에어백이 다 터져 있더군요.

　운전석에 앉은 여성은 혼비백산해서 핸들에 머리를 박고 정신이 나가 있고 중동계 동유럽인으로 보이는 건장한 사내가 뛰쳐나와 무조건 큰 소릴 지르더군요. 갑자기 차를 멈추면 어떡하냐는 소리 같았어요. 어이가 없더군요. 나도 맞대응을 했지요. 무슨 소리냐고. 일단 큰 소리로 기선제압을 하는 건 만국 공통의 교통사고 대처법일까요?

　딸과 아내의 얘긴즉슨, 우리 앞에 가는 차가 비보호 좌회전을 하느라 깜빡이를 넣고 멈춰 서 있어서 우리 차도 멈출 수밖에 없었대요. 뒤따라 오던 여성 운전자가 미숙인지 부주의인지 속도를 제어하지 못하고 우리 차를 때린 상황이었던 것 같더군요. 사고현장에서 가까운 곳에 살고 있다는 상대가 기세 좋게 경찰을 부르는 사이 우리는 영사관과 대사관에 전화를 걸어 도움을 요청했지요.

현지인과 외국인과의 분쟁에서 입을 수밖에 없을 불이익에 생각이 미치자 엄청난 불안이 압박했지만 나보다 영어를 더 잘하고 성격도 침착한 딸이 해결을 주도했어요. 의사로 일하는 딸은 대학 다닐 때 친구들과의 유럽여행에서 친구가 심장발작을 일으켜 쓰러졌을 때 실습으로 배운 심폐소생술로 응급조치하고 현지 영사관에 연락해서 앰뷸런스를 불러 병원 응급실로 옮겨 위기를 넘긴 경험이 있었어요. 경험보다 더 확실한 자기효능감의 근거가 없음을 평소에 확신하고 있어 내심 든든하긴 했지요. 하지만 이번 케이스에서 크로아티아에 나가 있는 대사관과 영사관 직원이 낯선 외국에서 교통사고를 당해 난감해하고 있는 재외 한국인에게 정확하게 어떤 도움을 주었는지는 잘 모르겠어요.

그래도 크로아티아 경찰은 공정하더군요. 먼저 운전자들의 음주여부 측정을 한 다음 동영상과 사진을 보고 양쪽 얘기를 다 듣고 주변 사람들의 목격증언을 듣더니 100퍼센트 상대방 운전자의 과실을 판정하더군요. "We are one hundredpercent guilty"라는 가해 상대방의 승복을 받아내기까지 족히 한 시간은 걸렸던 것 같네요. 우여곡절 끝에 부슬비가 내리는 이국의 도로에서 사건수습은 마무리되었어요.

물론 렌터카 수리비와 새 렌터카 비용은 상대방 보험으로 해결될 거고. 치료비도 청구할 수 있겠지만 딸의 만류와 다음 날 출국 스케줄도 있고 해서 병원행은 포기했지요. 거의 폐차 직전의 렌터카를 인근 레스토랑 주차구역에 옮겨놓고 우리는 픽업 나온 에어비엔비의 차를 타고 숙소로 돌아왔지요.

너무 춥고 배고프다는 나의 엄살에 웰컴 드링크로 마티니 세잔을 내준 주인아줌마는 천사였어요. 방 두 개와 거실, 욕실이 정갈하게 정돈

된 숙소는 세상에서 가장 안락한 궁전이었고요. 지끈지끈 아픈 머리와 욱신욱신 쑤시는 어깨를 달래느라 진통해열제를 한알 삼키고 자리에 누웠지만 쉽게 잠이 오지 않았어요. 빗길에 우리 일행을 남겨두고 끝내 미안하다는 말 한마디 없이 택시를 불러 떠난 가해차량 남녀의 무례함에도 뒤늦게 화가 치밀었어요. 다음 날 아침에 일어나도 식구들이 아프다면 치료는 어떻게 받아야 하나? 귀국을 연기하고 입원이라도 해야 하나? 차량 충돌이 야기한 법적 충돌과 문명 충돌로 생각이 번져가기 전에 잠이 들어야 했는데⋯.

이런저런 생각으로 잠은 좀 설쳤지만 아침이 밝아오자 정신은 씻은 듯이 개운하더군요.

문 밖에선 도란도란 주인장 부부의 대화가 들리고 창 밖에선 짹짹짹 크로아티아의 새소리가 들려왔습니다. 서울에서 챙겨 온 카누 커피를 끓여서 홀짝거리는 그 시간은 여느 아침보다 평화롭고 여유로웠지요.

∙∙∙

Q 크로아티아 여행에서 가장 기억에 남는 순간은 무엇인가요?

가장 잊히지 않는 순간은 플리트비체에서 에어비엔비로 돌아오는 길에 벌어진 교통사고입니다. 여행의 하이라이트였던 폭포 트래킹으로 땀에 젖고 비에 흠뻑 젖은 채였지만, 갑작스러운 사고는 모든 피로를 잊게 만들었습니다. 차에서 내린 순간 보닛에서 연기가 올라오고 가해자와의 고성과 충돌까지 이어지는 긴장감 넘치는 상황은 비현실적으로 느껴졌죠. 하지만 이 사건이 오히려 저희 가족의 결속력을 확인하는 계기가 되었습니다. 딸이 보여준 침착한 대처와 크로아티아 경찰의 공정함은 예상치 못한 안도감과 고마움을 선사했거든요. 이런 뜻밖의 일들이 훗날 여행을 떠올릴 때 특별한 추억으로 자리 잡는다는 걸 다시 한 번 느꼈습니다.

Q 부자(Buza) 카페는 정말 힐링 포인트였나요?

부자 카페는 진정한 힐링이 무엇인지 알려준 장소였습니다. 성벽을 돌며 지친 몸을 끌고 들어간 이곳은 말 그대로 오아시스였죠. 코발트 빛 바다를 내려다보며 느긋하게 젤라토와 레몬 비어를 마시는 한 시간은 모든 고된 기억을 잊게 만들었습니다. 카페 이름 자체가 크로아티아어로 '구멍'이라는 뜻인데, 마치 이 세상과 연결된 비밀스러운 구멍 같은 공간처럼 느껴졌어요. 관광지로 유명하지만, 그 순간만큼은 개인적인 시간 속에 온전히 몰입할 수 있었습니다.

부자 카페는 단순히 음료를 마시는 공간이 아니라, 두브로브니크의 특별한 순간을 오롯이 느낄 수 있는 무대 같았어요. 그곳에선 바다와 하늘이 하나가 되고, 도시의 풍경은 자연 속에 녹아드는 기묘한 조화를 경험했죠.

Q 플리트비체 폭포의 진면목은 무엇인가요?

플리트비체 폭포는 말로는 표현하기 힘든 압도적인 장관이었습니다. 수많은 폭포가 다양한 높이에서 떨어져 내리며 하나의 거대한 자연 오케스트라를 연주하는 듯했죠. 특히 비가 내리는 날씨 속에서 보았던 폭포는 더 강렬했습니다. 물안개가 피어오르는 에메랄드 빛 호수와 우거진 숲은 영화 속 한 장면처럼 비현실적이었어요. 비록 중간에 천둥과 번개로 난관을 겪었지만, 자연 속에 녹아드는 감각은 그 모든 고생을 보상해 주었습니다.

트래킹은 물론 쉽진 않았죠. 번개와 천둥 속 빗길을 걷는 건 예상 밖이었어요. 하지만 그 속에서 자연의 경이로움과 자신감이 솟아나는 경험을 했어요. 힘들어도 그 아름다움을 놓칠 수 없다는 마음이 계속 발걸음을 움직이게 했던 것 같아요.

Q **여행에서 겪은 뜻밖의 세렌디피티는 무엇인가요?**

뜻밖의 세렌디피티는 부자 카페에서 만난 한 유모차를 끌고 있던 젊은 엄마였습니다. 아이를 재우며 자신도 고단해 보였지만, 카페의 평화로운 분위기 때문인지 그녀는 세상에서 가장 행복한 표정을 짓고 있었죠. 자연스럽게 이야기를 나누게 되었고, 그가 로컬 주민이라는 사실을 알게 되었어요. 그녀의 추천으로 이튿날 방문한 숨겨진 해변은 정말 최고의 힐링 장소였습니다. 여행에서 만나는 뜻밖의 인연들이 주는 즐거움은 돈으로도 살 수 없는 소중한 경험입니다.

두브로브니크 성벽 위를 걷는 시간도 당시엔 힘들었지만 특별한 추억이었어요. 여행의 중심을 잡아주는 순간이었지요. 그 성벽 위에서 내려다본 바다와 도시 풍경은 마치 시간의 경계를 허물고 과거와 현재를 연결해 주는 듯한 느낌이었어요. 조금 힘들었지만 그만큼 보람도 컸던 시간이에요.

숙소로 돌아오는 언덕길에서 석양을 보며 잠시 멈춰 섰던 순간도 떠오르네요. 의도하지 않은 순간이었지만, 그 장면은 제게 여행이 주는 예기치 못한 아름다움을 선물처럼 느끼게 했어요.

Q **여행 중 가장 힘들었던 순간은 언제인가요?**

힘들었던 순간은 폭우 속에서의 플리트비체 트래킹이었습니다. 빗속을 세 시간 넘게 걷는 동안 발이 젖고 몸이 차가워지며 체력이 급격히 떨어졌죠. 하지만 딸이 계속해서 힘내라고 농담을 던지고 함께 웃으면서 그 순간을 버틸 수 있었습니다. 힘들었던 시간이 끝나고 에어비앤비 숙소에서 마티니를 마시며 몸을 녹이던 순간은 감동적이기까지 했습니다.

또 예상치 못한 교통사고 당시엔 솔직히 상당히 당황스러웠고, 가족의 안전이 무엇보다 걱정됐어요. 하지만 사고를 겪으면서도 딸과 함께 문제를 차근차근 해결해 나가는 과정은 묘한 연대감과 믿음을 쌓는 시간이 되었죠. 결국엔 이 경험이 '특별한 추억'으로 남게 됐다는 사실에 감사할 뿐이에요.

Q 크로아티아 사람들의 인상은 어땠나요?

크로아티아 사람들은 대체로 느긋하고 친절한 인상을 주었습니다. 특히 사고가 난 뒤 경찰의 공정한 태도와 사고 현장에서 주차 공간을 제공해 준 레스토랑 주인의 배려가 인상적이었습니다. 하지만 가해자였던 현지인 커플의 무례한 태도는 다소 실망스럽기도 했어요. 상대방의 실수를 인정받기까지 다소 시간이 걸렸지만, 그런 과정을 겪으며 서로의 문화적 차이와 시스템을 경험할 수 있었던 점은 값진 배움이었어요. 숙소 주인아주머니도 떠올라요. 사고로 지친 저희를 따뜻하게 맞아주며 마티니를 건네주던 순간은 마치 천사가 내려온 것 같았어요. 그녀의 배려가 이국의 긴장을 녹여주는 큰 위로가 되었답니다.

여행지에서 만난 대부분의 사람들은 평화로운 미소를 지으며 도움을 아끼지 않았습니다.

Q 여행을 통해 배운 점이 있다면 무엇인가요?

여행은 준비된 계획이 아닌, 즉흥적이고 예기치 못한 순간들을 통해 진짜 배움을 주는 것 같아요. 이번 여행에서는 가족 간의 협력이 얼마나 중요한지, 그리고 자연의 위대함과 인간의 작은 실수를 통해 배우는 겸손함이 무엇인지 깨달았습니다. 또한 해외에서 발생하는 돌발 상황에서 평정을 유지하는 것이 얼마나 중요한지도 다시금 확인했죠.

여행 중 예상치 못한 사건도 지나고 나니 '지금 이 순간이 가장 소중하다'는 단순한 진리를 상기시켜 주는 것 같아요.

Q 크로아티아 여행을 추천한다면 이유는 무엇인가요?

크로아티아는 풍경, 문화, 음식, 모든 면에서 다채로운 매력을 가진 나라입니다. 특히 두브로브니크의 중세적인 풍경은 다른 곳에서는 쉽게 경험할 수 없는 독특함이었죠. 플리트비체 국립공원은 자연의 신비로움 그 자체였습니다. 여기에 부드러운 지중해의 햇살과 느긋한 현지인의 삶은 여행자에게 특별한 휴식과 감동을 선사합니다.

35 브루나이 메모리
엠파이어 호텔에서의 힐링 추억담

일상의 고단함에 치이는 당신께는 염장 지르는 얘기겠지만 반년 전으로 되돌아가 본다.

아니! 어쩌면 자존감이 점점 떨어지는 나를 위안하는 힐링 추억담일 수 있겠다. 찌질한 백수생활의 현실도피일 수도 있겠다.

브루나이의 엠파이어 호텔. 별 기대 없이 관광지 중의 한 곳을 생각하고 가족과 동행했다. 딸의 통 큰 배포가 서려있는 야심 찬 투어플랜에 무임승차한 것이다. 두바이의 버즈알아랍 호텔과 더불어 세계에서 단 두 곳밖에 없는 칠성급 호텔이란 것도 가서야 알았다. 그야말로 상상을 초월하는 공간이었고 진정한 럭셔리의 정수를 보여 주었다.

브루나이는 보르네오 섬 북쪽에 자리 잡은 작은 왕국이다. 울창한 숲과 평화로운 풍경, 그리고 따뜻하고 낙천적인 사람들이 아직도 떠오른다. 절대왕정을 유지하고 있지만, 술탄의 현명한 통치 덕분에 국민들은 높은 삶의 질을 누리며 안락하게 살아간다. 세금은 낮고, 석유와 천연가스 같은 풍부한 자원과 광활한 삼림 덕분에 경제적으로도 번영

하고 있다. 사람들의 미소 속에서 이 평화와 번영이 자연스럽게 느껴진다.

왕국의 중심에는 부드러운 힘과 품위로 국민을 이끄는 왕실이 있다. 왕궁은 단순한 건축물이 아니라 그 자체로 나라의 상징이다. 왕실의 장엄함과 절제된 우아함이 나라 전체에 스며들어 있고, 그 영향은 국민의 일상 속에도 자연스럽게 배어 있다. 술탄이라 불리는 왕은 단지 통치자가 아니라, 국민들의 평온한 삶을 보장하는 존재다. 그래서 국민들은 술탄에 대한 깊은 존경과 신뢰를 가지고 있다. 이곳에서는 왕실을 존중하는 것이 곧 자신을 존중하는 것처럼 느껴진다.

호텔에 도착하자마자 황금빛 대리석과 빛나는 샹들리에로 가득한 로비는 마치 다른 세상에 온 듯한 느낌을 주었다. 웅장함 속에서도 묘하

게 친밀한 분위기를 자아냈다. 느릿하게 걸어 다니는 투숙객들은 마치 에덴동산에 들어온 듯 천천히 주변을 음미했다. 직원들은 한결같은 미소로 맞아주었다. 하나같이 깔끔하게 차려입은 모습에서 왕실 전용으로 탄생했던 이 호텔이 지향하는 높은 품격이 배어 나왔다.

    엠파이어 호텔에서의 시간은 그야말로 꿈결 같았다. 창밖으로 코발트색 바다가 한눈에 보이는 객실에서 아침을 맞이하며, 나시 레막 같은 현지 요리부터 유럽식 미식까지 아우르는 풍성한 조식을 즐겼다. 느긋하게 시간을 보내고 싶으면, 호출만 하면 제시간에 맞춰 찾아오는 버기가 준비되어 있었다. 친절한 기사들은 늘 여유로운 미소로 맞이했고 손님을 편안하게 만드는 데 일가견이 있었다.

호텔 곳곳에서 만나는 직원들의 서비스는 단순한 응대가 아니었다. 마치 오랜 친구가 내 집에 초대해 주는 듯한 따뜻함이 묻어났다. 풀사이드에서 시원한 칵테일을 건네주는 웨이터부터, 도시에서 숨겨진 명소를 추천해 주는 컨시어지까지, 모든 상호작용이 진정성으로 가득 차 있었다.

저녁이 되면 호텔의 잘 가꿔진 잔디밭을 천천히 산책했다. 바다와 하늘이 맞닿은 지점에서 발길을 멈추고 하루가 저무는 시간에 심신을 맡겼다. 시원한 바람과 함께 저녁 하늘은 점점 연보랏빛과 분홍빛으로 물들어 갔다. 브루나이의 매력은 화려한 부나 재물이 아니라, 평화롭고 고요한 자연 속에서 오는 지극한 평온에 있었다.

넷. 길과 길 사이

　건물에 딸린 수영장마다 다른 풍경이 보이고 눈길 닿는 곳에는 늘 새로운 놀라움이 기다리고 있었다. 가장 기억에 남는 순간은 저녁 무렵 호텔 야외 정원에서 가족과 함께 시간을 보낸 것이었다. 수평선 너머로 해가 서서히 넘어가면 남중국해가 핑크빛 하늘을 반사하며 끝없는 평화를 안겨주었다. 그 순간, 가족들과 나눈 아무 말 잔치는 일상에서의 그것과는 뭔지 모르지만 결이 달랐다.
　호텔 레스토랑에서는 미슐랭급 식사를 하면서 브루나이 전통 음식과 이국적인 향신료에 대해 이야기를 나눴다. 마치 영화 〈음식남녀〉의 한 장면 속에 있는 것 같았다. 요리가 단순히 먹는 것을 넘어 삶과 사람을 연결하는 매개체로 다가왔다. 특히 예상치 못한 호텔 셰프의 환대는 감동을 주었다. 투숙객을 위해 특별히 준비한 이벤트 메뉴를 서빙하면서 "이건 브루나이에서만 맛볼 수 있어요"라고 미소 지을 때 느낀 따뜻함은 오랫동안 기억에 남는다.

마치 〈화양연화〉처럼 특별한 사건 없이도 서서히 마음에 스며드는 감정들이 쌓여갔다. 호텔에서 만난 사람들과의 작은 대화, 가족과 해변을 걷던 중 나눈 소소한 이야기… 이 모든 것이 하나로 어우러져 브루나이에서의 시간을 더욱 특별하게 만들었다. 호텔의 화려함에 압도되기보다는 그 속에서 느낀 따뜻함과 사람들의 진심이 이 여행을 더욱 기억에 남도록 해주었다.

5일 동안의 편안함과 안락함에 빠져들면서 마치 시간이 멈춘 것 같은 착각이 들기도 했다. 브루나이는 단순한 관광지가 아니었다. 엠파이어 호텔은 단순한 숙소 그 이상이었다. 시간과 장소가 마치 맞춤처럼 완벽하게 맞아떨어졌다. 매 끼니, 매 대화, 그리고 고요히 흐르는 그 순간들이 모여 인생에서 잊지 못할 여행의 조각조각들이었다.

소풍을 떠난 듯한 기분도 느꼈다. 모든 순간이 힐링이었다.

...

Q 단순한 여행기는 아닌 듯한데 왜 이런 글을 쓰게 되었죠?

사실 처음엔 이 여행을 글로 남길 생각이 없었어요. 단순히 가족과 좋은 시간을 보내고 온 추억이었죠. 그런데 시간이 지나면서, 문득 그곳에서 느낀 감정과 순간들이 점점 더 선명해지는 걸 깨달았어요. 단순히 럭셔리한 호텔에서의 경험이 아니라, 마음 한구석을 편안하게 해주었던 그 시간들을 기록해두고 싶었죠. 여행지에서의 감정은 시간이 지나면 흐려지기 마련인데, 브루나이의 엠파이어 호텔에서의 기억은 오히려 더 선명해지더라고요.

게다가 요즘 현실이 꽤 삭막하잖아요. 치열한 경쟁, 바쁜 일상, 쉴 새 없는 SNS 속 정보 홍수. 이런 환경 속에서 '멍 때리는' 순간조차 사치처럼 느껴질 때가 많죠. 그런데 브루나이에서는 그런 강박이 저절로 사라졌어요. 자연 속에서, 혹은 호텔의 한적한 정원에서, 아무것도 하지 않고 있어도 괜찮은 곳. 그 여유로움이 지금의 저에게 다시 위안이 될 것 같아 글을 쓰기 시작했습니다.

Q 글을 쓰는 과정에서 가장 신경 쓴 부분은 무엇인가요?

'단순한 여행 기록이 되지 않도록' 하는 게 가장 신경 쓴 부분이었어요. 보통 여행 후기를 쓰다 보면, 어디를 갔고, 뭘 먹었고, 어떤 시설이 좋았는지 나열하기 쉬운데, 그런 정보는 검색하면 쉽게 찾을 수 있잖아요. 저는 그보다는 이곳이 왜 특별했는지, 그리고 그곳에서 어떤 감정들을 느꼈는지에 집중하려고 했어요.

또 하나 신경 쓴 건, '힐링'이라는 키워드였어요. 엠파이어 호텔은 단순한 럭셔리 호텔이 아니라, 진정한 휴식과 평온함을 주는 공간이었어요. 그 분위기를 글 속에서도 최대한 살리고 싶었죠. 단순히 화려함을 나열하기보다는, 공간이 주는 따뜻함, 직원들의 태도에서 느껴지는 여유, 그리고 조용히 시간을 음미하는 순간들을 강조하려고 했습니다.

Q 왕실과 브루나이의 분위기를 자세히 묘사한 이유는?

엠파이어 호텔을 이해하려면 브루나이라는 나라 자체를 이해해야 한다고 생각했어요. 이곳은 단순히 부유한 나라가 아니라, '왕이 곧 나라의 품격을 결정하는 곳'이에요. 절대왕정이지만, 국민들은 왕을 존경하고, 왕 또한 국민을 아낀다는 느낌을 곳곳에서 받을 수 있었어요.

이 호텔 역시 단순한 숙박시설이 아니라, 브루나이 왕실과 깊은 연관이 있어요. 원래는 왕족과 귀빈을 위한 궁전으로 설계된 곳이니까요. 그래서인지 호텔의 서비스나 분위기도 단순히 '비싸고 좋은 호텔'이라는 느낌이 아니라, '왕실의 품격을 체험할 수 있는 곳'이라는 느낌이 강했어요.

브루나이를 처음 알게 된 분들도 이 글을 통해 이 나라의 매력을 조금이라도 느낄 수 있기를 바랐어요.

Q 호텔에서의 기억 중 가장 특별했던 순간이 있다면?

여러 순간들이 기억에 남지만, 특히 해 질 녘 가족들과 나눈 대화가 가장 인상적이었어요.

평소에는 각자 바쁘다 보니 가족끼리도 깊은 대화를 나눌 시간이 많지 않잖아요. 그런데 이곳에서는 별다른 말이 필요 없을 정도로 평온했어요. 바닷가에 앉아 해가 지는 걸 보면서, 그저 아무 말이나 던져도 괜찮았어요.

"그런데 말이야, 우리 가족 여행 중에 이곳이 최고 아니야?"

"인정. 솔직히 기대 안 했는데, 진짜 좋네."

"그냥 멍하니 앉아 있는 것도 너무 좋다."

그렇게 소소한 이야기를 나누는 동안, 삶의 속도가 조금씩 느려지는 게 느껴졌어요.

Q 이런 여행기, 그때마다 써두면 작품이 될 것 같군요?

여행을 갈 때마다 그곳에서 느낀 감정을 글로 남기고 싶어요. 단순한 여행 정보나 후기보다는, '그곳에서 나에게 어떤 변화가 있었는지'를 중심으로 이야기하고 싶고요.

특히, 앞으로는 여행 속에서 만난 사람들의 이야기도 더 담아보려

해요. 이번 브루나이 여행에서도 호텔 직원, 레스토랑 셰프, 버기 기사 등 여러 사람을 만났는데, 그들의 태도나 작은 친절이 여행의 큰 부분을 차지했거든요. 그런 사람들과의 소소한 이야기를 풀어가는 것도 흥미로울 것 같아요.

브루나이에서의 경험을 글로 정리하면서 다시 한번 그 순간들을 떠올릴 수 있어서 좋았어요. 이 글을 읽은 독자들에게도 잠시나마 '마음의 여행'이 되었길 바랍니다.

36 어떤 어부의 노래
윤선도의 섬, 그리고 바다

보길도는 신이 남겨둔 마지막 비경이었지요. 그런 생각을 한 게 저뿐만은 아니었어요. 400여 년 전 고산 윤선도도 그렇지 않았겠어요?

서울의 폭염을 견디다 못해 낚시 장비를 트렁크에 싣고 남쪽으로 무작정 향했습니다.

500킬로미터쯤 내리 달려 해남을 거쳐 보길도에 도착했어요. 윤선도를 생각하면서 그 섬에 간 것은 어찌 보면 당연한 일 아닐까요? 섬길을 따라 드라이브를 하는 동안, 마치 섬 전체를 전세 낸 기분을 만끽했습니다. 귓가에는 온통 '지국총지국총' 배가 물결을 가르는 소리가 가득했지요.

보길도는 전라도 땅끝 마을에서 보이는 황원포라는 포구에서 바라볼 수 있는 외딴섬입니다. 그 섬 어딘가에 구름 속에 연꽃을 덮어놓은 듯한 풍경이 펼쳐져 있었고, 윤선도는 그곳에서 마음을 뺏겨버린 것이지요. '부용동' — 연꽃이 떠있는 동네라는 이름도 그렇게 붙었고요.

그는 병자호란의 포화를 피해 스스로 귀양을 자처하며 제주도를 향해 내려가다가, 남해의 어느 섬에서 우연히 절경을 마주쳤다는 이야

보길도 세연정

기가 전해지잖아요. 제주도로 가던 그의 발걸음은 거기서 멈춰버렸습니다. 전쟁의 혼란 속에서 이토록 아름다운 무릉도원을 만나는 아이러니라니. 그곳에서 그는 낙서재, 동천석실, 세연정 등을 지어 신선처럼 낚시를 즐기며 은둔 생활을 시작했습니다.

어부사시사는 바로 그 절경 속에서 길어 올린 샘물 같은 작품입니다. 윤선도는 과연 방랑객이었을까요? 당시 정적들은 그를 '사치스러운 권력의 도피자'라며 폄하하기도 했잖아요. 정말로 그가 향락을 일상으로 삼은 권력자의 삶을 살았던 걸까요?

어찌 됐든, 보길도는 정쟁의 포화를 피하며 얻게 된 또 하나의 오아시스였던 것은 분명해요. 노복과 여종의 시중을 받으며 자식, 손주들과 함께 화락을 나누고, 권태와 흥취를 탐닉하는 삶이 과연 귀양살이였을까요?

필자미상의 '가장유사'라는 글에 보면 이런 대목이 나오네요.

"부용동에 있을 때 닭 울음소리에 일어나 경옥주 한잔을 마시고 자제들에게 강의를 했다. 조반 후에는 사륜마차에 올라타 악기를 수행시키며 동천석실에 가서 놀았다.

가끔은 홀로 죽장을 짚고 노래하거나, 날씨가 좋을 때면 반드시 세연정에 올랐다. 이때 노비들에게 술과 안주를 준비시켜 작은 수레에 사람을 태우고 뒤를 따르게 했다. 자제를 시종으로, 어여쁜 계집아이들을 줄지어 세웠다.

작은 배를 연못에 띄워 동남녀들의 찬란한 채복이 수면에 비치는 것을 보며 어부사시사를 부르게 하였다."

보길도는 그야말로 신선의 땅이었지요. 모든 것이 구비된, 인간의 경계를 넘어선 삶의 공간이었습니다. 이토록 호화롭고 사치스러운 은둔처를 또 어디서 찾을 수 있을까요?

고산은 결코 소박하고 담백한 전원생활을 하지 않았다고 봐야 할 것 같아요. 조선조 사대부들 가운데 이만한 풍류와 호사를 누린 사람이 또 있었나요? 안빈낙도, 고고청빈과는 거리가 멀어도 한참 먼 것 같네요.

대지주 출신답게 보길도의 제왕이라고 불릴 정도로 화려하고 호사스러운 생활에 젖어 있었고 그것이 그의 작품 도처에 배어 나오지 않나요? 자연 속에서 유유자적하는 것이 아니라 그는 퍼포먼스에도 능란한 사람이었던 것 같아요. 감정의 흥취를 절제하기보다는 멋지고 세련된 방식으로 표출하는데 익숙한 엔터테이너라고나 할까요?

"보길도에 가을이 드니 고기마다 살쪄 있다
닻 올려라 닻 올려라
넓고 맑은 물에서 마음껏 놀아보자
찌거덩 찌거덩 어기여차
인간세상을 돌아보니 멀수록 더욱 좋구나"

윤선도의 어부사시사는 그가 65세에 보길도에 들어와 지은작품입니다. 매 계절마다 10수씩 총 40수로 이루어진 어부의 노래입니다. 그런데 이 노래, 과연 '진짜 어부'의 노래일까요? 임진왜란과 병자호란을 겪은 당시 어부들의 삶은 생존을 위한 고된 싸움이었을 겁니다. 바다는 놀이와 여유가 아닌, 생존의 장이자 죽음의 무대였겠지요. 그런데 어부사시사 어디에서 그런 현실의 무게가 느껴지나요?

윤선도의 어부사시사는 어쩌면 '가짜 어부'의 노래일지 모릅니다. 그가 보길도에서 누린 호사로운 일상의 일부였을 뿐, 진짜 어부들의 현실과는 거리가 멀었던 것이죠.

이렇게 다시 보니, 윤선도의 보길도는 단순한 은둔지가 아니라, 그가 만든 또 하나의 무대였던 듯합니다.

Q 여행 중 가장 인상 깊었던 장소는 어디였나요?

단연 세연정(洗然亭)입니다. '세상의 때를 씻는다'는 의미를 지닌 이곳은, 자연과 조화를 이룬 조선 시대 최고의 정원 중 하나예요. 연못을 조성하고 수량을 조절하는 시스템까지 갖춘 모습에서 윤선도의 심미안과 실용성을 동시에 엿볼 수 있었죠. 무엇보다 이곳에서 윤선도가 오우가와 어부사시사를 썼다는 사실이 주는 감흥이 컸어요.

Q 보길도에서 경험한 자연 경관 중 가장 기억에 남는 것은?

예송리 갯돌해변과 상록수림이었어요. 물결에 따라 자갈이 구르는 소리가 운치 있었고, 천연기념물로 지정된 상록수림은 그 자체로 한 폭의 풍경화 같았죠. 적자봉과 수리봉을 배경으로 펼쳐지는 이 장면은 한동안 잊기 어려운 풍경이었어요.

Q 윤선도의 흔적을 따라가며 어떤 생각이 들었나요?

그가 단순히 은둔한 것이 아니라, 적극적으로 이곳을 가꾸고 즐겼다는 점이 인상적이었어요. 자연과 조화를 이루는 공간을 만들고, 그 속에서 시문을 창작하며 풍류를 즐겼죠. 그러나 한편으로는, 노비들에게 술과 안주를 마련하게 하고 기생들과 어우러진 모습에서 조선 양반가의 풍류가 가진 이면도 떠올랐어요.

Q 보길도에서 낚시는 어땠나요?

사실 낚시는 기대했던 것만큼 하지 못했어요. 자연에 압도되어 낚싯대보다 풍경을 더 오래 바라보게 되더군요. 그래도 세연정 앞 소류지에서는 '이곳에서 낚시를 한다면 어떤 기분일까'라는 상상을 하며 한참 머물렀어요.

Q 보길도에서의 하루를 어떻게 보냈나요?

청별항에서 출발해 섬을 둘러보면서 자연스럽게 고산 윤선도의 행적을 따라가는 루트가 되더군요.

- 세연정에서 연못과 정자를 둘러보며 산책
- 부용리 방향으로 이동해 낙서재와 곡수당 탐방
- 동천석실까지 올라 절경 감상
- 예송리 갯돌해변에서 해안 풍경 감상
- 해 질 녘 낚시터 탐색

Q 보길도 여행을 통해 얻은 가장 큰 깨달음은?

자연 속에서 잠시라도 숨을 고를 공간을 찾는 것의 중요성을 다시금 느꼈어요. 도시에서 책을 읽고 글을 쓰며 강의하는 일상도 좋지만, 가끔은 이런 '은둔지'를 찾아 머리를 비우고 몸을 쉬어주는 게 얼마나 중요한지 실감했죠. 윤선도가 보길도에 머문 이유도 이런 감각적인 충만함 때문이 아니었을까요?

Q 여행 중 아쉬웠던 점이 있다면?

해가 지기 전에 일몰을 제대로 감상하지 못한 것이 가장 아쉬웠어요. 보길도의 일몰이 아름답다고 들었는데, 낚시터를 찾느라 정신이 팔려 놓치고 말았죠. 다음에는 시간 여유를 가지고 꼭 보고 싶어요.

Q 이 여행을 글로 남기게 된 계기는?

여행의 순간들을 기록해 두고 싶었어요. 특히 보길도라는 장소가 단순한 관광지가 아니라, 자연과 역사, 문학이 함께 흐르는 공간이라는 점을 공유하고 싶었죠. 윤선도의 발자취를 따라가며 저도 잠시 '고산'이 되어보는 듯한 기분이 들었거든요. 이 경험을 독자들과 나누고 싶었습니다.

37 보길도에 다시 스며들다
낚시는 핑계였을 뿐…

올여름, 낚시를 핑계로 다시 보길도에 다녀왔습니다.
바다낚시보다는 강과 호수에서 조용히 기다리며 낚시를 즐기는 저로선, 섬을 찾은 이유가 다소 허세일 수도 있겠죠. 하지만 실리를 따지기보다 어쩌면 마음이 더 이끄는 쪽을 택한 것인지도 모르겠습니다. 강이나 호수와 달리 바다에 둘러싸인 섬에서 낚시를 하는 건 또 다른 감각을 자극하니까요. 물고기를 잡는 것보다는 어부의 넉넉한 기운과 조사(釣師)의 무위자연을 만끽하고 싶었던 게 아닐까요.

섬은 아무도 방해하지 않는 고요함 속에서 자연과 하나가 될 수 있는 최적의 장소였습니다. 물속 깊은 곳에서 전해오는 물고기들의 미세한 움직임을 느끼며 그들과 소통하는 시간. 마치 처음 늪에서 낚시터를 발견했을 때처럼 말입니다.
한강 이남의 늪 중에서도 가장 아름다운 곳은 우포늪이었지만, 낚시 금지 구역이라는 이유로 진정한 즐거움을 누리기에는 아쉬움이 있었습니다. 창녕의 주남저수지 역시 수려한 명당이었으나, 본류가 자연경관 보존 구역으로 지정된 뒤로는 하류 일부만 낚시가 허용되는 상황이었습니다. 그에 비해 함안의 취무늪은 마치 신이 숨겨놓은 낚시꾼들의 보물 창고 같았죠. 갈대와 마름이 무성한 그곳에서 텐트를 치고 낚싯대를 드리우면, 마치 중국의 동정호나 베트남의 하롱베이에 와 있는 듯한 기분이 들곤 했습니다.

　옛날에는 해남의 황원포에서 배를 타고 하루가 걸려 보길도에 도착했다고 합니다. 이제는 노화도까지 차를 싣고 배를 타면 보길대교를 통해 쉽게 들어갈 수 있지요. 고산 윤선도는 제주로 가던 길, 풍랑을 만나 우연히 보길도에 머물렀고, 그 아름다운 풍광에 반해 이곳에 눌러앉았다고 합니다. 이후 그는 이곳을 10여 년간 18번이나 찾으며 세연정과 낙서재를 포함한 건물 25동을 짓고, 은둔하며 자연 속에서의 삶을 즐겼다고 합니다. 그의 작품 오우가와 어부사시사도 이곳에서 탄생했다고 전해집니다.

　보길도에서 가장 먼저 향한 곳은 부용동의 세연정 앞 고즈넉한 소류지였습니다. 웅덩이인지, 연못인지, 아니면 늪 같은 느낌까지 더해지는 그곳은, 조용히 물고기와의 대화를 나누기에 더없이 적합한 장소라고 생각했습니다. 윤선도의 발자취를 따라가고 싶었던 마음도 컸습니다.
　도착하자마자 섬을 일주하려던 마음을 잠시 접고, 안내판에 적힌 네 갈래의 길을 따르기로 했습니다. 윤선도 원림과 곡수당, 낙서재가 있는 부황리에서 시작해 부용리로 이어지는 길. 서쪽 뾰족산을 따라가는 해안길. 남쪽 예송리 해안길은 작은 자갈로 가득한 갯돌해변이 인상적이었습니다. 자갈들이 파도에 밀려 데굴데굴 구르며 내는 소리가 마치 섬의 오래된 노래 같았습니다. 마지막으로 동쪽 송시열 글씐바위로 가는 길도 있었습니다.

넷. 길과 길 사이

예송리 갯돌해변

　청별항을 지나 예송리로 넘어가는 언덕에서, 수리봉과 적자봉 아래 활처럼 휘어진 예송리 갯돌해변을 마주했습니다. 그 위로 상록수림이 길게 펼쳐져 있었는데, 이곳은 천연기념물로 지정된 방풍림입니다. 낙서재는 윤선도가 글을 지으며 은둔했던 곳이었고, 그 맞은편에는 곡수당이 자리하고 있었습니다. 윤선도의 아들이 지은 이 건물은 개울가에 돌다리와 연못이 어우러져 있었습니다.
　길이 사방으로 뚫려 있지 않아 들어간 길을 다시 되돌아 나와야 했으므로 나머지는 천천히 둘러보기로 하고 우선 방향을 세연정으로 잡

낙서재

앉아요. 세연정은 담양 소쇄원과 더불어 조선시대 최고의 정원으로 손 꼽히지요. 고산이 인공 연못을 파고 정자를 세웠지요. 세연지에 단을 조성해 3칸짜리 정자를 짓고 세연정(洗然亭)이라 명명했던 거지요. '오우가'와 '어부사시사'의 산실이기도 하고요.

연못 위로 물이 빙글빙글 도는 회수담, 개구리처럼 생긴 바위, 그리고 물이 흐르는 굴뚝다리까지. 이 모든 것이 절묘하게 어우러져 있었습니다. '세상의 때를 씻는다'는 세연지는 산에서 흘러내리는 개울에 판석으로 만든 보를 설치해 둑을 조성하고 자연적으로 수위조절이 되도록 조성한 연못이지요. 자신이 즐기려고 만든 세연정에서 날씨가 좋은 날이면 노비들에게 술과 안주를 마차에 가득 싣게 하고 기생들을 거느린 채 술 한 잔을 걸치고는 어부사시사를 읊조리는 모습을 상상해 봤습니다. 조선 최고의 풍류가인 고산 윤선도였지만 당시 양반가의 풍류와 더불어 도탄에 빠진 민생과는 동떨어진 타락상도 엿볼 수 있는 대목 아닐까요?

세연정에서 부용리 방향으로 2.3km 가다보니 적자봉 아래에 '낙서재'와 '곡수당'이 눈에 들어오더군요. 곡수당 위쪽에 지은 낙서재는 윤선도가 살았던 집으로 처음 이곳에 집을 지을 때는 수목이 울창해 산맥이 보이지 않았다는군요. 그래서 사람을 시켜 장대에 깃발을 달고 적자봉을 오르내리게 하면서 그 높이와 향배를 헤아려 집터를 잡았다고 해요. 고산은 이곳 낙서재에서 시문을 창작하고 독서를 하면서 은둔생활을 했던 거지요.

낙서재 건너편 산 중턱 절벽 위에는 부용동에서 가장 경치가 아름답다는 '동천석실'이 위태롭게 걸려 있었어요. 마을에서 20분쯤 산을 타고 올라가야 만날 수 있었는데, 동천(洞天)이란 산천이 아름답다는 뜻

넷. 길과 길 사이

보길도 원경

부황리 해안길

과 신선이 사는 곳 또는 하늘로 통한다는 의미를 가지고 있어요. 고산은 이곳을 부용동 제일의 절경이라 했고 절벽에 세운 한 칸짜리 정자에서 여유롭게 책을 읽으며 신선처럼 살았다고 해요.

윤선도 원림이 있는 부황리 해안길을 따라 차를 달리다 보니까 몇몇 자그마한 마을이 나타났어요. 대부분 양식업을 하는 어촌 마을이었지요. 남해의 풍경이 오른쪽으로 넓게 펼쳐졌어요. 정동리 방파제 옆에 소나무가 제법 보이는 '솔섬'은 수반 위에다 소나무를 식재한 것처럼 그 자태가 수려했어요. 정동리를 지나면 바로 정자리였어요. 고산이 이곳에 정자를 지었다 해서 붙여진 이름이라더군요.

추자도와 갈도, 옥매도, 미역섬, 상도 등 다도해의 수많은 섬을 먼 발치에서 눈에 넣었지만 해가 넘어가기 전에 낚시터에 안착해야 한다는 조급함에 일몰을 보지 못한 것이 아쉬움으로 남더군요. 보길도는 모든 도로가 산뜻하게 포장되어 있어 섬을 일주하는 묘미가 제법 쏠쏠했어요.

퇴락한 선비가 자연경관에 심취해 연못을 파고 정자를 세워 선유를 즐겼던 비경 속으로 나는 그렇게 숨어들고 있었지요. 책 읽고 글 쓰고 강의하느라 지친 심신에 휴식을 선사한다는 구실을 달았지요. 400여 년 전 고산의 행적을 따라서 고물 자동차 트렁크에 놀이도구를 가득 싣고 나름대로의 만행에 빠져 들어갔지요.

길고 지루한 장마를 앞둔 여름날 해거름한 시각이었지요.

38 설렘, 불안, 찰나의 행복
미리 써본 홍콩·마카오 3박 4일 여행기

공부는 늘 자기 주도적 학습이었다. 요즘이야 뭐 엄마 주도적이겠지. 우리 세대는 별수 없이 그래왔다. 그런데 여행은 그게 안 된다. 친구들과 떠나는 해외 골프여행 빼고는 늘 자녀 주도적 투어다. 기획에서 코스 탐색, 숙소와 식당, 교통편 예약까지 내가 할 일은 거의 없다.

아니! 안 하다 보니 못 하게 됐다. 내가 설계한 투어플랜이 아들이나 딸의 그것을 능가할 자신이 없다. 그래서 가족여행은 늘 덩달이다.

괜히 아는 체하느라 아이디어를 내봐도 거의 채택이 안된다. 정보력과 실행력이 신세대를 따라갈 수가 있나? 잘 모르면서 쓸데없이 나섰다간 괜히 코스가 중복되고 계획이 헝클어질 우려가 크다. 재력이라도 앞서야 하는데 이제 그럴 나이도 지났다.

그래도 인터넷을 뒤적거려 공부는 해둔다. 항공편 예약은 아예 접고, 숙소와 식당은 서칭을 해본다. 6성급 호텔이나 미슐랭급 레스토랑을 알아보는 건 허세일 순 있지만 유죄는 아닐 것이다. '츤데레' 딸은 여행 때마다 자기가 다 알아서 하면서 번번이 투덜댄다. 한 번이라도 아빠가 이끄는 여행을 해보고 싶다고.

솔직히 여행을 앞두곤 설렘보다 미안함이 먼저다. 이번에도 별 수 없이 곁불을 쬔다. 나홀로 집은 처량하고 더 불편하다. 그래서 조금 덜 불편한 덩달이 여행을 따라다닐 수밖에.

　　심심풀이로 탐색해 본 정보를 엮어서 여행예상기를 끄적여 봤다. 여행후기와 일치할 비율은 높지 않을 것이다. 그래도 상상과 공상의 여행은 순전히 나의 자유다. 이왕 내친김에 이번 여행은 내가 주도하는 것으로 뻥을 쳐봤다.

・・・

홍콩·마카오 여행 예상기

▶ 1일 차

<mark>인천국제공항</mark>　이른 아침 공항 특유의 분주함 속에서도 아내와 나는 어딘가 모르게 붕 뜬 기분이었다. 일본 나고야 여행을 마치고 바로 홍콩으로 오는 딸을 만난다는 설렘 때문이었다. 아내는 이른 새벽부터 옷을 몇 번이나 갈아입고, 공연히 가방 속을 다시 열어보며 "여권 잘 챙겼지?"라고 묻는 걸 잊지 않았다. 이미 세 번째 확인인데도 말이다.

　　그 설렘 속에는 약간의 불안감도 함께였다. 딸과의 여행이 처음은 아니지만, 이번엔 일정부터 숙소까지 우리가 주도한 여행이라 더 신경이 쓰였다. 딸이 '이런 일정은 좀 별로'라고 할까 봐. 또는 홍콩 공항에서 만나는 과정이 꼬이면 어쩌나 하는 사소한 걱정들.

넷. 길과 길 사이

홍콩 국제공항 아내와 나는 도착 게이트 앞에서 서성이며 딸을 기다렸다. 일본에서 바로 오는 딸, 오랜만에 마주할 생각에 심장이 쿵쾅거렸다.

"비행기 착륙했대?"

아내가 휴대폰을 들여다보며 묻는다.

"응, 도착했어. 근데 왜 이렇게 안 나와?"

괜히 시계를 한 번 더 본다. 이 작은 기다림에도 쓸데없는 걱정이 밀려왔다. 혹시 길을 잃은 건 아닐까, 공항이 너무 복잡해서 헤매는 건 아닐까?

입국장 한복판에서 아내는 휴대폰을 들고 빙빙 돌기 시작했다. "여기야, 여기!"라고 손을 흔들었는데, 그건 딸이 아닌 누군가의 민망한 시선을 끌었을 뿐. 잠시 후, 딸이 짐을 끌고 나타났을 때, 아내는 마치 오래 잃어버렸던 무언가를 찾은 사람처럼 환한 얼굴이 되었다. 나도 모르게 웃음이 났다. 걱정은 이렇게 허무하게 끝나버리는 거구나.

10분이 한 시간처럼 느껴질 즈음, 저 멀리서 딸의 모습이 보였다.

"어머, 저기 있다!"

아내가 손을 흔들며 먼저 달려간다. 딸은 캐리어를 끌며 걸어오다가 우리를 발견하곤, 한 손을 번쩍 들어 반갑게 흔들었다. 순간, 공항의 소음이 멀어지고 딸의 미소만이 선명하게 다가왔다. 그렇게 간단한 재회인데도, 마음 한켠이 뭉클했다.

"아빠, 엄마!"

가볍게 안아주며 온기가 번진다.

"왜 이렇게 늦었어?"

괜히 툴툴거렸지만 목소리 끝에 묻어나는 반가움은 숨길 수 없었다.

"아, 일본 공항에서 출국심사가 좀 길었어."

딸은 짐을 내려놓고 한 손으로 땀을 훔치며 대답했다. 아내는 벌써 딸의 팔짱을 끼고 가방을 대신 들어주겠다고 나섰다.

공항 밖으로 나오니 홍콩의 따뜻하고 습한 공기가 후욱 밀려왔다. 겨울 옷을 입고 있다가 한순간에 초여름으로 날아온 기분이었다. Airport Express를 타고 홍콩 도심으로 향했다. 공항철도를 타기 전, 옥토퍼스 카드 충전 문제로 잠시 우왕좌왕했다. 자동판매기는 카드만 받는데, 우리는 현금을 꺼내들고 "왜 안 되지?" 하고 있었던 것. 결국 옆에 있던 친절한 현지인이 "카드요, 카드!"라고 알려줘 해결. 여행의 첫 실수치고는 귀엽지 않아?

창밖으로 스치는 풍경은 낯설고도 익숙했다.

"여기 진짜 홍콩 같아!"

딸의 말에 피식 웃음이 나왔다. 당연히 홍콩이지, 어디겠어. 하지만 그 말 속엔 여행의 설렘과 기대가 가득했다.

숙소로 향하는 택시 안. 창밖으로 스치는 홍콩의 풍경은 익숙한 듯하면서도 낯설었다. 빨간색의 택시들이 바쁘게 오가고 있었다. 텔레비전에서 수없이 봤던 빼곡한 고층 아파트 사이로 각양각색의 간판들이 촘촘하게 걸려 있었다. 그런데 이 택시, 뭔가 이상했다. GPS가 이상한 건지 기사님이 길을 헤매기 시작한 것이다.

"이 근처 맞는 거 같은데…."

기사님의 중국어 독백과 구글 지도의 어설픈 번역기를 오가며 결국 숙소를 찾았다. 도착한 순간, 세 사람 모두 동시에 웃음이 터졌다. '역시 여행은 이런 해프닝이 있어야 제맛이지.'

호텔에 도착한 후, 잠시 짐을 풀고 나니 벌써 해가 뉘엿뉘엿 지기 시작했다.

숙소는 완차이의 작은 호텔. 번쩍이는 네온사인과 복잡한 거리 속에서도 숙소 간판은 또렷했다. 캐리어를 끌고 올라가서 딸이 창밖을 보며 말했다.

"와, 진짜 홍콩 영화 같아."

그 말에 웃음이 나왔다. 맞다. 홍콩은 늘 영화 같은 배경이니까.

완차이는 홍콩에서 가장 번화한 상업 지구다. 홍콩 반환식으로 유명한 컨벤션 센터, 뱃사람들의 무사함을 기원했던 홍성 사원, 홍콩에서 가장 오래된 우체국, 360도 라운드뷰로 잘 알려진 호프웰 센터, 헤네시 로드에서 존스턴 로드로 이어지는 타이윤 재래시장을 둘러볼 예정이다. 완차이 로드에서 등가구와 중국 고가구가 수두룩 빽빽한 인테리어 가구점도 빼놓을 순 없지.

밤엔 침사추이 스타의 거리를 어슬렁댔다. 빅토리아 하버를 따라 걸으며 보는 야경은 '홍콩에 왔다'는 실감을 주기에 충분했다. 레이저 쇼가 시작되자 셋이 나란히 서서 하늘을 바라봤다.

"생각보다 별거 없네?"

딸의 솔직한 한마디에 미소로 화답했다. 그래, 별거 아니어도 행복하면 됐지.

그 순간, 문득 깨달았다.

이번 여행의 주도권 따위는 중요하지 않다는 걸. 우리가 함께 걷고, 보고, 웃는 이 시간이야말로 가장 큰 선물이라는 걸 말이다.

그리고 그렇게, 첫날의 설렘과 불안은 찰나의 행복으로 바뀌어 있었다.

▶ **2일 차**

빅토리아 피크로 향하는 길 호텔 조식은 여행의 시작을 알리는 작은 의식 같다. 아내는 토스트 위에 잼을 바르고, 딸은 신중하게 계란을 고르며, 나는 커피잔을 들고 창밖으로 고개를 돌렸다. 홍콩의 아침 공기는 여전히 후텁지근했지만, 마음만큼은 맑고 상쾌했다.

"오늘은 어디부터 가?"

딸이 물었을 때, 나는 미리 짜둔 일정을 펼쳤다. 그래, 이번 여행은 내가 주도한다고 했으니까. 자신 있게 말했다.

"빅토리아 피크! 홍콩의 하이라이트지."

아내와 딸이 미묘한 눈빛을 교환했다. 그 표정, 뭐랄까. '과연 얼마나 준비했을까?' 하는 듯한. 그래도 모른 척, 당당하게 티켓 예약 앱을 확인했다.

조식 디저트는 현지인들로 가득한 차찬탱(茶餐廳)에서. 바삭한 파인애플 번에 밀크티를 곁들여 마시며 딸이 감탄사를 쏟다.

"와, 이거 진짜 맛있다!"

말없이 고개를 끄덕였다. 여행 중 최고의 수사는 '진짜 맛있다' 아니겠나?

피크 트램, 설렘과 불안의 경계

여행의 첫 일정은 빅토리아 피크였다. 빅토리아 피크에 오르려면 피크 트램은 이곳의 국룰이다. 그런데 줄이 너무 길다. 뜨거운 햇살 아래서 기다리며 아내가 슬쩍 물었다.

"혹시 온라인 예약했어?"

순간, 심장이 살짝 철렁. '예약?' 아, 거기까진 생각 못 했다.

"음… 오늘은 현장 분위기를 느껴보려고."

그럴듯하게 둘러댔지만, 딸은 눈을 가늘게 뜨고 웃었다.

"이렇게 오래 기다릴 바엔 걷자!"는 아내의 결단으로 등산로를 따라 걷기 시작했다.

성큼성큼, 터벅터벅, 비틀비틀, 터덜터덜, 쌔근쌔근, 10분쯤 걸었을까?

넷. 길과 길 사이

"이거… 잘못한 거 같은데?"

이미 땀 범벅. 돌아가기엔 애매한 거리였지만 결단은 빠를수록 좋지. 결국 원점으로 돌아가서 트램을 타는 쪽을 선택했다.

피크 트램은 상상 이상으로 가파르고 아찔했다. 언덕을 오르는 동안, 우리는 앞뒤로 흔들리는 트램 속에서 아이처럼 들떠 있었다. 마치 놀이기구를 타는 기분. 딸은 "와, 이거 거의 롤러코스터 아냐?"라며 웃었고, 아내는 "그래도 알프스 트램보다 무섭진 않네"라며 은근 경쟁심을 불태웠다.

피크 전망대에 도착하자 홍콩의 야경이 우리를 기다리고 있었다. 정상에서 내려다본 홍콩 섬의 전경은 그 모든 고생을 잊게 했다. 반짝이는 빛의 바다, 빼곡한 빌딩들, 그리고 그 사이로 흐르는 빅토리아 하버.

"이걸 보려고 여기 온 거네."

아내가 나지막이 말했다.

딸은 사진을 몇 장 찍고는, 카메라를 내려놓고 야경을 바라봤다. 그 모습이 어쩐지 더 아름다워 보였다. 여행의 진짜 순간은 카메라에 담기는 게 아니라, 이렇게 마음에 새겨지는 거겠지.

빽빽한 고층 빌딩과 반짝이는 바다, 그리고 저 멀리 마카오까지 어렴풋이 보였다. 잠시 아무 말 없이 풍경을 바라보다가, 셋이 나란히 인증샷을 찍었다. 셀카 각도를 잡느라 팔이 조금 아팠지만 이 순간은 영원히 기억될 것이다.

소호 거리의 작은 발견 빅토리아 피크에서 내려와 점심 무렵 우리는 소호 거리의 작은 딤섬 가게 안에 있었다. 원래 가려던 식당이 예상치 못한 휴업이었지만, 골목길을 걷다가 우연히 발견한 작은 현지식 레스토랑이 오히려 더 매력적이었다.

메뉴는 한자 투성이었지만, 사진만 보고 대충 주문했다. 그런데 뜻밖의 대박. 완탕면의 담백함, 새우 딤섬의 쫄깃함, 그리고 홍콩식 레몬티의 상큼함이 완벽한 조화를 이루었다.

"이런 데를 어떻게 찾았어?"

딸이 묻자, 나는 가볍게 웃었다.

"계획된 우연이지."

사실은 그냥 길 잃고 들어간 거였지만.

샤오롱바오를 한입 베어 문다. 육즙이 톡 터지며 혀를 감싼다. 어김없이 딸은 인증샷으로 음식에 대한 경배를 했다. 이번엔 아내의 샤우팅, "이 맛이야!" 진정한 여행자는 음식으로 기억을 남긴다더니, 딱 그랬다.

스타의 거리, 찰나의 행복 홍콩의 스카이라인과 빽빽한 고층 빌딩 사이로 반짝이는 빅토리아 하버.

"와, 진짜 멋지다!"

딸의 감탄에 아내와 나는 슬쩍 눈을 마주쳤다. 그래, 이 순간만으로도 충분하다.

빅토리아 하버를 따라 걷다 보니 스타의 거리에 도착했다. 이소룡 동상 앞에서 딸은 장난스럽게 포즈를 취했고, 아내는 그 모습을 사진으로 남겼다.

"아빠도 해봐!"

딸의 성화에 못 이겨 어색한 자세로 따라 해봤다.

"아빠, 팔이 너무 뻣뻣해!"

딸의 웃음소리에 나도 배시시 웃었다. 어색함도 여행의 일부니까.

넷. 길과 길 사이

심포니 오브 라이트　해가 지고, 심포니 오브 라이트 쇼를 보기 위해 하버 앞에 자리를 잡았다. 빛과 음악이 어우러진 쇼는 예상보다 더 화려했고, 사람들은 모두 고개를 들고 하늘을 바라봤다.

딸이 조용히 말했다.

"아빠, 이런 여행도 나쁘지 않네."

그 한마디가 오늘 하루의 하이라이트였다. 마치 계획한 모든 것들이 그 말 한 줄로 완성된 듯한 기분.

아내는 살짝 미소 지으며 내 손을 가볍게 잡았다. 바람은 여전히 따뜻했고, 하늘의 불빛은 찰나의 행복을 반짝였다.

숙소로 돌아오는 길, 지친 걸음에도 마음은 가벼웠다. 아내와 딸은 하루의 이야기를 나누며 웃었고, 나는 그 웃음소리를 배경음처럼 듣고 있었다.

'그래, 오늘은 나름 성공적이었어.'

조용히 속으로 되뇌며 창밖으로 스치는 홍콩의 야경을 바라봤다.

이렇게 여행은, 설렘과 불안, 그리고 찰나의 행복이 어우러진 작은 이야기들이 쌓여가는 거구나.

▶ **3일 차**

바다 위를 달리는 시간, 마카오로 가는 길　홍콩의 바쁜 아침 공기를 가르며 터미널로 향했다. 오늘은 페리를 타고 마카오로 가는 날. 선착장에 도착하니 바다 내음과 함께 설렘이 밀려왔다.

"이래 봬도 우린 국경을 넘는 거야!"

딸은 여권을 들고 신기한 듯 말했다. 같은 여행 안에서 또 다른 나라로 들어가는 기분이 새로웠다.

페리의 선상에서 맞는 바닷바람이 상쾌했다. 창밖으로 펼쳐진 바다는 은빛으로 반짝였고, 물결 위를 미끄러지듯 달리는 느낌이 경쾌했다. 배 안에서 아내와 딸은 창가에 기대어 서로의 머리를 맞댄 채 이야기를 나눴다. 나는 그 모습을 바라보며, 이 순간 자체가 하나의 풍경이라는 생각이 들었다.

세나도 광장, 시간의 결을 걷다 저녁에는 세나도 광장에서 석양을 바라보며 걸었다. 거리의 불빛이 하나둘 켜지고, 아내와 딸은 서로 팔짱을 끼고 있었다. 두어 발자국 뒤에서 스마트폰에 투샷을 담았다.

세나도 광장에 들어서니 딸이 감탄했다.

"여긴 유럽 같아!"

포르투갈풍 타일 바닥은 울퉁불퉁했지만 묘하게 발마사지 느낌을 주기도 했다. 그래서 그런지 걸음걸음이 한결 가볍다. 돌바닥 위에 반사되는 햇살이 반짝였고, 분수대 근처에서는 현지 아이들이 물놀이를 하고 있었다.

거리에는 에그타르트와 육포 가게가 줄지어 있었다. 아내가 작은 베이커리에서 에그타르트를 사 왔다. 우리는 벤치에 앉아 따끈한 느낌을 나누었다. 겉은 바삭하고 속은 부드러운 그 맛. 정말 마카오에 오길 잘했다는 생각이 절로 들었다.

바삭한 파이 사이로 부드럽고 달콤한 커스터드가 퍼지며, 입안 가득 행복이 번졌다.

"이 맛은 못 잊을 것 같아."

딸이 말하자, 아내도 고개를 끄덕였다.

"그래서 여행은 맛있는 기억으로 남는 거야."

넷. 길과 길 사이

타이파 빌리지, 골목 속의 작은 발견 점심은 뭔가 특별한 현지 음식을 먹고 싶었다. 타이파 빌리지에서 해결하기로 했다. 좁은 골목 사이로 이어진 색색의 가게들, 벽을 가득 채운 스트리트 아트, 그리고 코끝을 자극하는 고소한 향기.

작은 로컬 식당에 들어가 마카오식 포르투갈 치킨과 씨푸드 라이스를 주문했다. 바삭한 치킨 위로 뿌려진 매콤한 소스가 입맛을 돋웠고, 해산물 라이스의 풍미는 바다를 그대로 옮겨놓은 듯했다.

그런데 메뉴판이 온통 포르투갈어와 중국어 일색이다. 이럴 땐 영어가 모국어다.

"이거 뭐야? 닭 같기도 하고, 생선 같기도 한데…."

딸이 가리킨 메뉴를 일단 시켰다. 예상 밖으로 맛있었다. 이름도 모르는 음식이 이렇게 맛있을 줄이야.

"이런 거 자주 먹으면 살찔 것 같지 않아?"

딸의 말에 모두 웃음이 터졌다.

"그래서 여행 끝나면 다시 다이어트하는 거지."

아내의 농담에 웃음이 이어졌다. 여행의 맛은 늘 약간의 죄책감을 동반하는 법이다.

성 바울 성당 유적과 마카오 타워 성 바울 성당 유적지도 기억에 남을 만한 볼거리와 스토리를 간직한 명소였다. 계단을 오르며 뒤를 돌아보니, 도시가 한눈에 내려다보였다.

"이런 풍경은 사진보다 눈으로 보는 게 더 좋아."

딸이 말하자, 우리는 말없이 그 풍경을 눈에 담았다. 여행지의 기억은 결국 마음속에 더 선명히 남는 법이니까.

마카오 타워에 올라서 바라본 풍경은 더욱 압도적이었다. 유리 바닥 위에 서서 아래를 내려다보니 살짝 아찔했지만, 딸은 용감하게 걸어갔다.
"아빠, 무서워? 나 안 무서운데!"
나는 겁먹은 척하며 일부러 뒤로 물러섰고, 딸은 승리한 듯 웃었다. 이런 장난도 여행의 소중한 한 조각이었다.

코타이 스트립, 빛으로 물든 밤 해가 지고, 마지막 코스는 코타이 스트립. 카지노와 호텔들이 빛으로 물든 거리였다. 카지노 구경 삼아 잠시 들렀다. 딸이 "한 번 해볼까?" 하며 가볍게 시도. 결과는?
"어? 이겼어!"
작은 금액이지만 뜻밖의 승리에 셋이 동시에 파안대소. 돈보다 순간의 짜릿함이 더 값졌다.

분수 쇼가 시작되자 물줄기가 음악에 맞춰 춤을 추듯 솟아올랐다. 빛과 물이 어우러지는 그 장관에 모두 숨을 멈췄다.
"이 순간은 영화 같아."
아내의 말처럼, 정말 그랬다. 낯선 도시의 밤, 사랑하는 사람들과 함께라면 어디든 영화가 된다.

페리를 타고 다시 홍콩으로 돌아오는 길. 창밖으로 지나가는 불빛들은 점점 멀어졌지만, 마음속에는 하루의 따뜻한 여운이 남았다.
"오늘 어땠어?"
나는 물었고, 딸은 졸린 눈으로 말했다.
"오늘은 최고의 하루였어."
아내는 딸의 머리를 살짝 쓰다듬었다.
"여행은 끝나도, 이 기억은 계속될 거야."
그 말에 고개를 끄덕이며 창밖을 바라봤다. 어둠 속에서도 여전히 바다는 잔잔히 출렁이고 있었다.

▶ 4일 차

느긋한 시작, 따뜻한 여운 홍콩에서의 마지막 아침. 커튼 사이로 스며드는 햇살이 방 안을 부드럽게 감쌌다. 평소 같으면 분주히 움직였겠지만, 오늘은 느긋하게 시작하기로 했다. 창밖으로 보이는 빅토리아 하버는 어제보다 더 맑고 선명했다.

"오늘은 어디 가?"

딸이 물었을 때, 나는 웃으며 말했다.

"오늘은 그냥 천천히 걸어보자."

계획이 빼곡하지 않아도 괜찮았다. 여행의 끝에는 언제나 여유라는 선물이 따라오니까.

센트럴 마켓, 오래된 것들의 매력 조식 후 향한 곳은 센트럴 마켓. 복원된 근대식 시장의 분위기가 어딘가 아날로그적이고 따뜻했다. 아내는 작은 수공예 상점들을 구경하며 관심을 보였고, 딸은 오래된 카메라를 전시한 가게 앞에서 한참을 서 있었다.

"이런 게 왜 좋아?"

나는 물었고, 딸은 씩 웃으며 대답했다.

"시간이 담겨 있어서."

그 말이 이상하게 마음에 남았다. 시간이라는 건 정말 물건에도 스며드는 걸까?

작은 기념품 가게에서 아내는 예쁜 손거울을 고르고, 나는 홍콩 지도 모양의 냉장고 자석을 하나 샀다. 특별할 것 없는 물건이지만, 나중에 문을 열 때마다 이 순간이 떠오를 것 같았다.

딤섬, 마지막 한 입의 아쉬움　여행의 마지막 식사는 특별해야 했다. 그래서 찾은 곳은 홍콩의 유명한 딤섬 전문점. 대기줄은 길었지만, 기다림마저도 여행의 일부였다.

테이블에 앉자 딸이 말했다.

"아빠, 이거 아마 홍콩에서 먹는 마지막 딤섬일 거야."

순간, 사소한 사실이 마음 한켠을 찡하게 했다. 그러자 모든 음식이 더 특별하게 느껴졌다. 하가우의 쫄깃함, 차슈바오의 달콤한 풍미, 그리고 뜨거운 차 한 잔.

"다음엔 더 오래 머물까?"

아내가 말했다.

"아니야, 이렇게 짧은 게 더 기억에 남는 것 같아."

딸의 말에 고개를 끄덕였다. 아쉬움이야말로 여행의 맛이니까.

미드레벨 에스컬레이터, 남겨둔 풍경　소화를 위해 미드레벨 에스컬레이터를 따라 천천히 걸었다. 도시의 골목과 뒷골목이 스쳐 지나갔고, 일상과 여행이 엷게 겹치는 풍경이 펼쳐졌다.

"아빠, 저기 봐!"

딸이 가리킨 작은 벽화. 이름 모를 거리 예술이었지만, 우리는 그 앞에서 마지막 사진을 남겼다. 웃으며 찍은 사진 속 우리는 조금 더 가까워진 것 같았다.

에스컬레이터 위에서 내려다본 홍콩의 거리는 여전히 바쁘고 분주했지만, 우리 셋의 걸음은 한결 가벼웠다.

공항으로 가는 길, 여행의 끝자락　호텔로 돌아와 짐을 챙기고, 택시에 올랐다. 창밖으로 스쳐가는 풍경은 어제보다 익숙해 보였고, 마음속에는

넷. 길과 길 사이

작은 아쉬움과 따뜻한 여운이 남아 있었다.

택시 안에서 딸이 창밖을 내다보며 말했다.

"금방 끝나버렸네."

"여행은 원래 그래. 그래서 또 오고 싶어지잖아."

나의 말에 딸이 웃으며 고개를 끄덕였다.

공항으로 향하는 길은 항상 아쉽다. 셋 다 말이 줄어들었다. 그 순간 아내가 입을 뗐다.

"우리 다음엔 어디로 갈까?"

딸과 나는 동시에 웃었다. 여행은 끝났지만, 다음 여행의 설렘은 이미 시작된 것이다.

공항 대합실에서 딸이 말했다.

"아빠, 이번 여행은 좀 괜찮았던 것 같아."

아내는 미소 지으며 덧붙였다.

"다음엔 어디로 갈까?"

출발 전 마지막으로 같이 찍은 셀카. 사진 속 우리는 모두 환하게 웃고 있었다. 비행기가 이륙했다. 창밖으로 보이는 홍콩의 불빛이 서서히 멀어졌다. 짧았지만 진한 3박 4일. 소소한 해프닝, 예상치 못한 서프라이즈. 함께한 시간들이 어우러져 더 특별했다.

● ● ●

Q 이 글을 쓰게 된 계기는 무엇인가요?

가족 여행은 누구나 한 번쯤 겪는 익숙한 소재이지만, 그 안에 담긴 미묘한 감정 변화들이 저를 끌어당겼습니다. 특히 '부모가 자녀에게 의존하는 순간'이라는 인생의 전환점을 글로 남기고 싶었어요. 여행은 단순한 장소 이동이 아니라, 관계의 변화와 감정의 이동을 담아내기에 좋은 배경이거든요. 공항이라는 공간 자체가 이별과 만남, 기대와 불안이 교차하는 장소라서 자연스럽게 이야기를 풀어낼 수 있었습니다.

Q '설렘, 불안, 행복'이라는 감정은 어떻게 구체화했나요?

이 글은 여행이라는 일상적 사건 속에서 '설렘, 불안, 행복'이 어떻게 교차하는지를 보여줍니다. 여행은 본래 기대와 흥분을 동반하지만, 그 뒤에는 미묘한 불안과 어색함이 숨어 있죠. 특히 가족 여행에서는 '주도권'이라는 보이지 않는 심리적 요소가 이 감정들을 더 진하게 만듭니다. 저는 이 세 가지 감정을 시간의 흐름에 따라 배치해 봤습니다.

- 설렘은 공항으로 가는 길, 딸과의 만남을 기대하며 피어나는 감정입니다.
- 불안은 기다림 속에서 고개를 들죠. '혹시 우리가 딸을 찾지 못하면 어쩌지?' 같은 사소한 걱정이 현실감 있게 스며듭니다.
- 찰나의 행복은 딸이 등장하는 순간, 모든 감정이 하나로 녹아드는 지점입니다.

이 감정들은 격렬한 것이 아니라, 잔잔하지만 확실한 파동입니다. 가능하면 독자에게 고스란히 전달되길 바랐습니다.

Q 가족 간의 역할 변화가 인상 깊었어요. 의도한 부분인가요?

네, 의도적으로 그렸습니다. '부모가 자녀를 이끄는' 전통적인 구도가 아니라, 이제는 자녀가 부모를 리드하는 시대가 됐다는 걸 보여주고 싶었어요. 딸이 여행 계획을 주도하는 모습은 단순한 상황이 아니라, 세대 간의 역할이 변화하는 한 단면입니다.

이야기에서는 부모와 자녀의 역할이 흥미롭게 뒤바뀝니다. 자녀 주도형 여행이라는 설정은 단순한 여행의 방식이 아니라, 부모가 자녀에게 점점 의존하게 되는 인생의 어느 지점을 은유합니다. 딸은 든든한 가이드이자, 부모의 새로운 안전지대가 되었죠. 그러나 그 안에는 "한 번쯤 아빠가 이끄는 여행을 해보고 싶다"는 딸의 말처럼 여전히 아빠의 든든한 존재감을 기대하는 마음도 숨어 있습니다.

Q 글 속의 유머 요소는 자연스럽게 나온 건가요, 아니면 의도적으로 넣은 건가요?

어느 정도 의도적으로 넣었습니다. 일상적인 이야기는 자칫 무겁거나 밋밋해질 수 있기 때문에 소소한 유머로 리듬을 조절하려 했어요. 아내가 공항에서 딸을 찾겠다고 빙빙 도는 모습이나, 쓸데없는 걱정이 허무하게 끝나는 순간들 같은 부분이죠. 이런 디테일은 이야기를 더 살아있게 하고, 독자가 '우리 가족도 저랬지' 하고 공감할 수 있게 만들 것 같습니다. 이야기를 더 친근하고 생생하게 만들어 주죠.

Q 공항, 도심 등의 배경은 어떤 의미인가요?

공항은 물리적으로는 단순한 환승 장소지만, 감정적으로는 '이별과 만남', '기대와 불안'이 교차하는 특별한 공간입니다. 이 글에서는 공항이 '기다림'이라는 감정의 압축된 무대 역할을 합니다. 떠나는 사람과 남는 사람, 만나는 사람과 기다리는 사람의 시선이 엇갈리는 곳이기 때문에 이 공간이 가진 상징성을 최대한 활용하고자 했습니다.

이야기의 핵심은 홍콩과 마카오라는 장소가 아닙니다. 그곳은 감정이 오가는 배경일뿐이죠. 진짜 여행은 '기다림' 속에서 이루어지고, '만남'이라는 순간에 절정을 맞습니다. 이 과정에서 주인공은 자신의 불안이 쓸데없는 것이었음을 깨닫고, 딸과 함께 있는 지금 이 순간이 가장 큰 행복임을 느끼게 됩니다.

Q 글을 쓰면서 가장 어려웠던 점은 무엇인가요?

작은 감정의 결을 놓치지 않고 담아내는 것이 가장 어려웠습니다. 대단한 사건 없이도 독자의 공감을 끌어내야 했기 때문에, 미세한 감정의 변화나 인물 간의 눈빛, 말투 같은 디테일에 신경을 많이 썼어요. 과장하면 오히려 진정성이 떨어지고, 담백하게만 그리면 밋밋할 수 있는 균형을 맞추는 게 쉽지 않았습니다.

Q 이 글에서 가장 신경 썼던 장면은 무엇인가요?

딸과 처음 눈이 마주치는 순간입니다. 그 짧은 순간에 모든 감정이 해소되는 장면이죠. '아, 별거 아니었구나'라는 깨달음이 드는 그 순간이야말로, 우리가 인생에서 자주 경험하는 찰나의 행복 아닐까요? 기다림과 불안이 한순간에 무너지는 그 장면이 저에게도 가장 큰 울림으로 남았습니다.

Q 글 속 '불안'은 일상적인 걱정과 어떻게 다른가요?

이 글의 불안은 실제 위험에 대한 두려움이 아니라, '괜한 걱정'에 가깝습니다. 가족 여행에서 흔히 겪는 사소한 불안들(비행기 시간, 길 찾기, 누군가를 놓칠까 봐 생기는 걱정 등)이죠. 그런데 이 불안은 사실 감정의 장치일 뿐, 결국 독자에게 '이 모든 걱정이 사소한 것이었음'을 깨닫게 해 주기 위한 장치로 작용합니다. 진짜 중요한 건 '누군가를 기다리는 마음'이라는 걸 보여주기 위해서요.

39 오십 년 지기들의 봄나들이
경북고 재경 '58 동기 야유회 후기

#0. 프롤로그 경북고등학교는 1916년 개교 이래 110여 회차의 졸업생을 배출해 왔다. 1901년생이 1회 졸업생이니까 58년 개띠들은 대부분 58회 동기들이다. 베이비부머의 상징으로 입에 오르내리는 우리들은 경북고등학교를 시험으로 들어간 마지막 입시 세대이기도 하다.

치열한 경쟁을 뚫고 입학해서 시험이란 시험은 다 치뤄봤다. 요즘은 출생시험도 있다. 그 시절 우린 시험관으로 출생의 난관을 뚫을 필요는 없었다. 대학입학 예비시험, 자격시험, 입사시험, 승진시험… 지질이도 고단한 승부사의 삶을 살면서 역사의 변곡점마다 항상 시험대에 올랐다.

그런 58회 동기들 720여 명 중에서 재경 동기 톡방에 250명 정도가 옹기옹기 모여 있다. 그중 몇몇 열혈 전사들이 아옹다옹, 웅성웅성, 옹알옹알, 주저리주저리 썰전을 펼치고 있다.

거기에 공지된 동기 춘계야유회. 4월 13일 일요일이었다. 참가신청한 친구가 50명. 16분의 귀부인들이 원플러스원 행사로 특별히 모셔졌다.

#1. 신사역 5번 출구　8시 20분. 3호선 신사역 5번 출구에서 2대의 럭셔리 투어버스가 출발을 기다리고 있었다. 화사한 벚꽃을 시샘한 꽃샘추위로 제법 쌀쌀했지만 때마침 봄볕이 들었고 대기는 청량했다.

　원래는 선재도, 영흥도, 제부도 등 케이블카 아일랜드 투어가 계획되어 있었다. 강풍과 추위를 우려한 변영삼 동기회장, 주영배 총장, 집행부 임원들의 세심한 배려와 기민한 대응으로 플랜 B가 가동되었다. 특별 프로그램인 대부도 동춘서커스는 원안을 능가하는 서프라이징 코스였고 세런디피티의 기대감을 끌어올렸다.
　개인적으로 상하이 국제 기예단의 공연의 감동을 다시 한번 경험할 찬스였다. 도가니가 다소 부실할 수 있는 다른 친구들도 섬 트래킹, 농원관람보다 실내에서의 서커스 관람을 오히려 반색하는 분위기였다.
　십분 정도 일찍 신사역에 도착하니 부지런한 친구들이 먼저 나와서 반갑게 맞아준다. 골프 모임에서 만난 친구들도 많았지만 실로 반세기 만에 조우한 얼굴들도 서른 명이 넘었다. 부산에서 오랜 직장 생활하고 올라온 사이에 친구들은 이미 막역지기가 되어 있는 듯했다. 이번 기회에 서먹함을 일거에 싹 다 척결해야지. 후훗^^

#2. VIP 버스 2호차　출구에서 조금 떨어진 도로변에 두대의 삐까한 버스가 기다리고 있었다. '경북고 재경 58 춘계야유회'라는 디지털 전광판이 차창에 깜박이고 있다. 버스 옆구리에 쓰여있는 VIP라는 글자에 우쭐해지는 기분도 살짝 스친다. 1호차는 혼성 승객들, 2호차는 수컷 전용으로 배정되었다.
　그래서 각 차에서 벌어지는 풍경과 언어들은 엄청난 차이가 있을 것이었다. 1호차는 누가 어떤 분위기를 이끌었을지 궁금하다.

넷. 길과 길 사이

　친구들을 기다리는 사이에 차내 MC를 맡은 황정영의 토크쇼가 시작되었다. 여성이 타고 있지 않은 이점을 마음껏 살린 할배 개그와 쪼매 야한 만담과 만행들이 질펀하게 펼쳐지기 시작한다. 넉살과 재치가 넘치는 최고의 진행이었다. 송해 할배나 뽀빠이 이상용을 능가하는 개그 감각을 방출했다.
　2호차 꼬래비 탑승자는 변호사 정연상이었다. 정영이가 그냥 넘어가지 않는다. 정시 도착이 틀림없었지만 마치 지각생 때문에 버스출발이 늦은 것처럼 밉지 않은 타박.
　입으로 끊임없이 일을 하면서 정영은 빵셔틀을 시작했다. 사업가 김대연의 통 큰 기부로 마련된 아침 식사용 빵과 두유, 집행부에서 정성껏 포장한 김밥과 간식 패키지를 일일이 배달한다.
　아침부터 맥주도 빠지지 않았다. 한술 더 떠 소주를 종이컵에 일일이 따르기까지. 자기 소개시간의 서막이다. 우즈베키스탄에서 누구보다 재미있는 교수생활을 한 설원태가 지명되어 인사를 시작했다. 정년이 없는 직장생활이나 사업을 하는 능력자 친구들도 꽤 있어 부러움을 사기도 했다. 대부분 백수가 되어 있는 나이에 일을 한다는 건 경이롭긴 하지만 애써 정년은 고마운 제도라고 위안해 본다. 이거 없으면 마누라 등쌀에 아직도 월급지옥에서 못 헤어났을 거 아닐까?
　기억력이 딸려 주옥같은 말씀들을 일일이 다 소개하지 못해 미안한 마음이다. 전직 탓일까? 대학에 재직했던 친구들과 총장들의 근황이 유독 귀에 쏙쏙 들어왔다. 5년 뒤까지 대학원 강의가 보장된 장명학, 출생신고가 늦어서 아직 대학 정년퇴임을 한 학기 남겨둔 권춘우. 사랑하기 딱 좋은 나이가 아니라 사기당하기 딱 좋은 나이라고 운을 뗀 안양대 총장 장광수는 얼마 전 58 동기를 사칭한 건달에게 오만 원을 강제 기부한 사연을 구수하게 풀었다. 프레지던트 스피치의 품격이 느껴진다. 삼수회와 정와회 회장 겸 사무 총장을 맡아 모임을 헌신적으로 이끌고 있는 김홍목은 골프동호회 활동에 참여를 독려했다.

변호사들의 입담은 역시 클래스가 달랐다. 얼마 전 로고스 대표 변호사에서 로펌 대륙으로 옮겨 배짱 편한 월급쟁이 생활을 하게 됐다는 여상원. 경북고 나와서 대구의 2차 입시 명문교였던 대륜교와 이름이 같은 로펌으로 옮기게 된 아이러니한 행로를 차분하게 유머로 승화시킨다. 자기소개의 대미는 '마지막 탑승자' 정연상 변호사가 장식했다. 지하철역에서부터 열나게 뛰어와 안착했는데 정작 버스는 정시보다 십분 더 있다가 출발했다고 투덜댔다. 이럴 줄 알았으면 헐떡이면서 뛰어올 필요 없었잖나! 이게 우리 세대의 인정미 넘치는 정시출발 시스템 아니겠는가?

우리 58 베이비부머들은 늘 그래왔다. 커트라인 턱걸이에 허덕대는 세대였다. 하지만 지나고 보면 언제나 우리들의 성취와 실적은 커트라인을 여유 있게 넘기고 있었다. 미리 알 수만 있었다면 그 선에 맞출 정도로만 애쓰고 나머지 열정은 노는데 투자할 걸… 쓸데없이 열심히 노력한 게 억울하지만 그래도 덕분에 여기까지 왔지 않을까? 《하마터면 열심히 살 뻔했다》라는 책 제목에 탄복한 경험이 다시 한번 떠오르는 순간이었다.

황정영의 너스레는 점입가경. 취중토크로 업그레이드되었다. 친구들의 건강이슈 발언 중간에 추임새 삼아 장년의 건강비법을 전수한다. 양파 사분의 일 쪽, 마늘 반쪽을 장복하면 고혈압 고지혈 고혈당, 이른바 쓰리고도 끄떡없다는 영업비밀. 단체톡방에서는 가끔 열혈 발언도 올려서 쪼매 무섭게 느껴졌는데 한마디 한마디가 명언이고 어록이로다. 낮술에 취해 혀가 살짝 꼬부라지고 눈이 풀린 듯한 얼굴은 어느덧 알라딘의 캐릭터 지니요정과 겹쳐보인다.

#3. 대부도 동춘서커스   동춘서커스는 대부도 갯벌 한켠에 설치된 천막 극장이었다. 1925년 초연 이래 100년 역사란다. 대한민국 최초의 곡예단이자 최후까지 살아남은 국내유일의 서커스를 우리가 보게 됐다.

공연 내내 박경애의 노래 〈곡예사의 첫사랑〉이 귓전에 맴돌았다.

"공 굴리면 신이 났지
줄을 타며 행복했지~"

열두어 살 무렵 동춘서커스를 처음 만났다. 도시마다 순회 공연을 했는데 이제 이곳 안산시 대부도에서만 볼 수 있는 진귀한 구경거리가 되었다. 하늘과 땅 사이, 줄 하나에 모든 것을 건 사람. 육체와 영혼, 생명까지… 곡예사들이 눈앞에 있었다.

그들의 몸은 깃털같이 가벼웠지만 단단했다. 두 발로 공을 굴릴 땐 간간이 웃음을 흩날렸고 두려움도 언뜻언뜻 느껴졌다.

어느 날, 천막은 사라졌고 곡예사도, 노래도, 공도 모두 사라졌다. 한수산의 소설 《부초》에도 곡예사가 있었다. 부평초처럼 떠도는 사람들. 이름 없이 흘러가는 존재들. 대학시절엔 조세희의 《난쏘공》을 읽고 토론을 하기도 했다. 도시의 틈바구니 속에서 소외당한 사람들, 그리고 그 속에서 겨우 숨 쉬는 존재들. 곡예사는 무대 위의 꽃이 아니라 생존의 끝단에 서 있던 사람이었다는 걸 그제야 알았다.

이곳 서커스 단원들의 헤어스타일, 패션, 메이크업도 시대의 트렌드를 담고 있었다. 조선족과 혼혈의 풍모도 보였지만 이들도 어쩔 수 없이 MZ세대로 보였다. 그들의 근육은 강인했고 눈빛은 비장했다. 동작은 기민했고 섬세했다. 상호작용과 반응은 예민했다.

혹독한 긴장과 날렵한 연결동작, 섬세한 배려와 상대에 대한 배려와 협업이 없으면 살아남을 수 없는 극한의 기예. 우상혁의 해맑은 미소는 없었다. 관객의 탄성은 끝없이 이어지지만 한순간의 방심은 치명적인 실수로 이어지고 불구의 비극으로 끝난다.

그런 극한의 몸짓을 푹신한 쿠션과 팔걸이가 있는 안락의자에 앉아 감상했다. 외국인 노동자가 많은 이곳 안산에서 동춘서커스가 명맥을 유지하는 것은 우연이 아닐지 모른다.

생각해 보면 우리 모두는 곡예사였다. 시험과 도전의 굽이굽이마다 아슬아슬하게 턱걸이를 한 친구도 있고 여유 있게 합격한 친구도 있었다. 저마다 로프를 잡고 철봉에 매달려 평생 치열한 경쟁을 뚫은 마술사였다. 부모와 기성세대의 기대에 맞춰 공을 굴리고 춤을 추는 어릿광대였다.

#4. 일번지 현정이네 횟집   부산에 있을 때 청사포 수민이네 조개구이에 가끔 갔었다. 그 집과는 비교할 수 없을 만큼 다양한 조개찜이 산더미처럼 나왔다. 석화굴, 피조개, 키조개, 새조개, 맛조개, 백합조개, 가리비, 소라, 고둥, 전복, 도다리, 광어 회가 낮술을 불렀다.

변영삼 회장은 부지런히 테이블을 돌며 술을 따르고 건배를 하느라 바빴다. 금용조는 괴산에서 몸에 밴 주도를 여사님들에게 발휘하고 있었다. 주영배 총장도 목청이 터져라 안내멘트를 하고 출장촬영 서비스를 하는 모습이 보였다.

그런데 이때까지만 해도 백종일의 핸드폰 실종사건은 아무도 몰랐던 것 같다. 테이블 한 구석에 놓인 핸드폰은 우리가 버스에 오른 다음 밀물이 길을 덮을 무렵에 자리를 정리하던 종업원의 눈에 뜨였다고 한다.

#5. 바다향기 수목원   산해진미와 낮술로 혼미해진 정신을 해풍에 씻어낼 시간이 왔다. 버스를 타고 반시간 정도 이동해서 바다향기 수목원을 둘러보았다.

진달래와 천리홍, 라일락과 목련, 벚꽃과 복사꽃, 이팝나무 조팝나무, 수양버들과 억새… 새들의 지저귐도 노래로 들려왔다. 참새 박새 뻐꾸기 노고지리 곤줄박이 직박구리….

간간이 흩뿌리던 비도 개이고 바닷바람이 기분 좋게 불어왔다. 정원을 밝게 비추는 봄빛에 여사님들의 표정은 행복해 보였다. 수목원 초

입의 몸매 테스트 나무기둥도 잠시의 즐거움을 주었다. 정자에 앉아 환담하고 사진도 찍고, 한가로운 산책에 피로가 씻겨지는 시간이었다.

#6. 서울행 노래방 제부도를 벗어날 무렵 버스 안은 노래방 모드가 되었다. 진행은 정석표가 맡아서 유쾌한 분위기를 이끌어 냈다. 가끔 톡방에 올린 글을 보고 과격하고 똑 부러지는 스타일인 줄 알았는데 쾌활한 성격이었다. 육십대로 믿기 힘든 해맑은 얼굴의 홍안이었다. 열심히 종이컵에 술을 따르고 간식과 안주를 배달하는 궂은 일도 도맡아 했다. 노래방 콘서트도 부드럽게 진행했다. 리스트 북을 보여주고 번호를 기계에 입력하느라 버스 안을 비틀거리며 뛰어다녔다.

친구들이 무슨 노래를 했는지 누가 노래를 잘했는지는 평가도 못하겠고 기억도 안 난다. 한 가지 특이한 건 백종일 어부인께서 특별히 동승했다는 것이다. 제부도 횟집에 두고 온 핸드폰을 수거해 오느라 버스에 타지 못한 종일의 빈자리를 채워주셨다. 뒤늦게 버스에 올라와서 상봉한 어부인께 종일이가 대뜸 던진 말은 기억난다. "니가 왜 여 있노?" 아직도 이러고 사는 남자가 있었구나.

궁금하다. 1호차도 노래방을 돌렸는지?

#7. 에필로그 서울에 도착, 영자이모의 전주콩나물국밥집에 다시 둘러앉았다. 아침부터 마신 술을 해장하기엔 콩나물국 만한 메뉴가 없지. 그런데 맛보기로 시킨 수육이 또다시 술을 댕겼다. 소주파, 맥주파, 소맥파, 막걸리파… 주종 만큼이나 풍성한 이야기꽃이 만발했다. 어부인들도 오늘 하루를 같이 보내면서 무척이나 친해진 듯 보였다. 깔깔깔깔, 으흐흐흐, 가가대소 건배와 대화가 끝날 기미가 안보였다.

한 시간 정도의 화기애애, 요란뻑적한 저녁자리를 영삼회장이 정리했다. 다음 달 모교에서 있을 체육대회 '경맥제'와 가을 동기야유회 계획을 안내하고 영배총무가 보충설명 하는 것으로 긴 하루의 공식행사는 대단원의 막을 내렸다.

#8. 끝날 때까지는 끝이 아니었다. 가락시장 인근의 생맥주집. 용조와 명학, 수표, 정환과 현우의 뒷풀이가 두 시간 넘게 이어졌다. 괴산과 순천을 오가는 화제는 정환의 연애담 말고는 기억도 안 나고 감동도 없었고, 밑도 끝도 주제도 소재도 없는 잡담이고 변죽이었다.

어제 아침 7시에 집을 나서서 오늘 새벽 한시쯤 집에 도착해서 뻗어버렸다. 찐한 하루였다. 50년 지기 징한 친구들!

40 톡굴에서 탈출하기
스마트폰을 벗어나 더 큰 세상으로!

스마트폰의 연락처를 정리하고 있다. 최근 십 년 가까이 한 번도 통화나 문자를 주고받지 않은 전화번호부터 과감히 지운다. 생각해 보면, 그들 대부분은 지금도 안부를 묻지 않을 사람들이고, 나 역시 그랬다. 앞으로도 별일 없으면 아마 계속 그럴 것이다.

이런 연락처 정리는 마음 한구석에서 은근한 결단력을 요구한다. 매번 그 번호들을 지울 때마다 묘하게 떨리는 손가락, 조금은 미련을 남긴 나와의 눈 맞춤이 있었다.

단체톡방의 존재도 그리 다르지 않다. 무려 스무 개쯤 되는 단톡방이 눈앞에 펼쳐진다. 일종의 사회적 잔상처럼 각 방의 소리와 이미지가 귀에 들리는 듯하다. 수없이 쌓여 있는 대화 창 사이에서 '꼭 필요한가?'라는 질문을 던지며 각 방을 하나하나 다시 들여다본다.

가족 톡방은 다르다. 매일 몇 번이고 오가는 사진과 이야기들 속에서 느끼는 웃음과 안도감. 어쩌면 이런 무해한 정서는 이 톡방에서나 느낄 수 있는 것일지도 모른다.

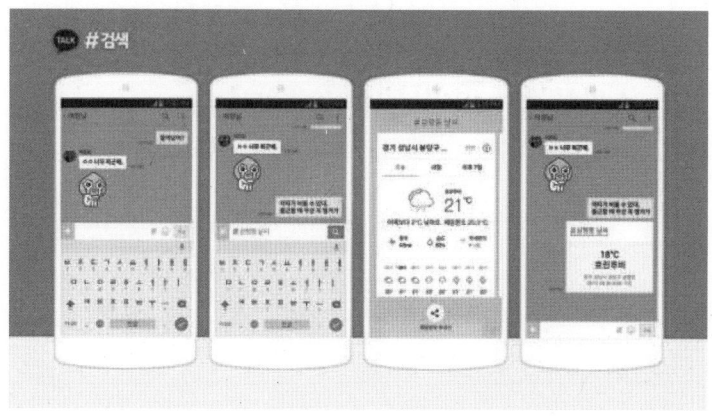

친구들과의 채팅방도 사정은 다르지 않다. 어느 날은 친밀하고 소소한 얘기들로 가득 채워진다. 또 어느 날은 그저 스쳐 지나가는 담소가 될 때가 많다. 그 속에서 나는 어떤 위치일까? 생각해 보니 내가 먼저 톡을 보내는 경우가 더 많았다.

흥미로운 사진이나 짧은 글귀를 올리며, 친구들의 반응을 기다린다. 나름 의욕적으로 던진 이야기가 하루가 지나도 읽음 표시만 남아 있다면… 그럴 때 느껴지는 미묘한 서운함이 있다. 어쩌면 그들은 내 말에 큰 흥미가 없을지도 모른다. 아니면 그냥 바쁜 일상 속에 묻힌 이야기일 뿐인지도 모르겠다.

나는 다른 사람들의 메시지에 반응이 빠른 편이다. 가족과 친구들, 심지어 학생들의 질문에도 빛의 속도로 답을 한다. 예전에는 내가 이렇게 빠르게 반응하는 것이 단순한 예의라고 생각했다. 학생들이 고마워하는 모습을 보면서 어느새 나 자신도 이 빠른 반응에 중독된 건 아닐까 싶다.

그러다 보니 휴대폰을 손에서 놓지 않는 자신을 발견할 때가 많다. 내가 정말 관계에 대한 기대와 관심이 이렇게나 큰 사람이었나? 아니면 단순히 이 관심에 대한 갈망을 넘어서 관계 속에서 존재를 확인하고 싶은 걸까?

스마트폰을 내려놓고 세상의 소음에서 벗어나고 싶은 충동이 드는 순간이 온다. 그럴 때 나는 천천히 숨을 고르고, 그동안 쌓아온 단톡방을 하나씩 닫는다. 차단하지 않더라도 과감히 톡방에서 나와본다. 요즘은 조용히 나가기 기능도 있어서 티 나지 않게 사라질 수 있다.

어떨 땐 금방 눈치챈 듯 쪽지나 재초대 요청이 날아오곤 한다. 그리고는 나간 이유를 물으며 은근한 핀잔을 주기도 한다. 그럴 때면, 어쩌면 나는 관계에 대한 단순한 결단을 내리기조차 힘든 사람으로 여겨진다. 속 좁고 복잡한 사람이라는 생각이 더 커진다.

살면서 가장 큰 교훈 중 하나는 '나와 맞는 사람만 곁에 두는 것이 꼭 이기적인 일은 아니다'라는 사실이다. SNS와 스마트폰으로 끊임없이 연결된 세상에서는 특히 그렇다. 관계를 정리하는 것은 단순히 연락처나 단체톡방을 비우는 걸 넘는다. 나 자신을 존중하고 내 시간과 마음의 평화를 지키려는 노력이다.

SNS의 매력은 즉각적인 반응에 있다. 짧은 시간 안에 관심과 피드백을 받을 수 있다. 그로 인해 일종의 소속감도 느낄 수 있다. 나 역시 누구나 그러하듯 톡을 올리고 친구들의 반응을 기대하곤 한다. 그런데 이렇게 타인의 반응에 민감해질수록 내가 보내는 톡과 그들이 보내는 반응 사이에서 마음이 흔들리는 걸 자주 느낀다. 내가 정말 그 반응들을 필요로 하는 걸까? 아니면 단지 외로움을 달래기 위해 반응을 갈망하는 걸까?

SNS와 단톡방에서 벗어나려면 작은 실천이 중요하다. 그래서 그동안 꽤 오랜 시간 동안 연락하지 않았던 연락처부터 정리한 것이다. 다음으로는 하루에도 수차례 확인하게 되는 단톡방 목록을 줄였다. 이러한 단순한 정리가 자극을 줄여 주는 걸 느낄 수 있었다.

한 번의 큰 결단으로 다 해결되진 않는다. 하지만 이건 분명한 첫걸음이다. SNS 속에서 주고받는 겉치레 같은 반응을 줄이자는 것이다. 진짜 필요한 관계만 유지하고 더 깊고 진실한 소통에 집중할 수 있는 환경을 만드는 과정이다.

이런 과정에서 나를 자유롭게 하고, 관계중독의 굴레에서 조금씩 벗어날 수 있게 되기를 기대해 본다. 결단과 실천을 통해 꾸준히 이어 나간다면 SNS 과몰입에서 비롯된 피로감과 관계에 대한 부담은 점차 줄어들 것이다. 나와 내 주변 사람들에게 더 건강한 연결을 제공하는 계기가 될 수 있을 것이다.

SNS 과몰입과 관계중독에서 벗어나려는 내 실천은 과연 제대로 효과가 있을까? 시간만 나면 핸드폰을 들여다보는 습관은 쉽게 바뀌지 않는다. 때론 별다른 이유 없이 톡을 보내고 싶은 충동에 휩싸이곤 한다. 그러다 보면 반응을 기다리는 자신을 발견한다. 상대방의 무반응에 서운함을 느끼고, 관계에서 늘 무언가를 주고받는 데에 얽매이는 나 자신을 보게 된다.

어느새 그동안 내가 자주 못마땅해하던 '톡질러'가 되어 있진 않을까 하는 자기반성이 밀려온다. 내가 피하고 싶었던 사람들 속에 내가 스스로 들어가 있다. 그들이 나를 피하게 만들고 있는지도 모른다. 아이러니다. 가만히 있는 시간을 못 견뎌 톡방을 기웃대는 버릇. 그게 싫어서 톡의 굴을 스스로 탈출하는 극단적 선택을 하는 것이다.

암튼 나는 새로운 삶의 방식을 찾고 있다. 휴대폰을 멀리하고 물리적인 공간에서 내게 소중한 사람들과 시간을 보내려 애쓴다. 읽어야 할 책과 그동안 해보지 않았던 취미 활동에도 시간을 쏟아본다. 그 덕에 스마트폰과 SNS를 통해서가 아닌, 진정한 소통과 활동을 통해 얻는 만족감을 찾는 중이다. 내면에 집중하고 정리해 나가려고 노력 중이다.

• • •

Q 제목을 '톡굴에서 탈출하기'라고 한 이유는?

'굴'이라는 단어가 주는 이미지 때문이죠. 채팅방과 SNS는 어쩌면 편리한 소통의 공간이지만, 때때로 나 자신을 가두는 굴 같은 느낌이 들 때가 있어요. 처음엔 가볍게 들어갔다가, 어느새 그 안에서 헤어나오지 못하고 반응을 기다리는 나를 발견하는 순간이 있잖아요.

'탈출하기'라는 표현을 쓴 건, SNS와 단톡방을 아예 부정하는 것이 아니라, 적절한 거리 두기를 통해 나 자신을 지키고 싶다는 의지를 담기 위해서예요. 무조건 단절하는 것이 아니라, 내가 원할 때 오갈 수 있는 자유를 되찾고 싶다는 의미죠.

Q '톡질러'라는 표현이 나오는데, 이 단어를 선택한 이유가 있나요?

'톡질러'라는 단어는 실제로 널리 쓰이는 표현은 아니지만, '카톡질'이라는 말을 응용해서 만든 표현이에요. 본래 '카톡질'은 가벼운 농담처럼 쓰이지만, 여기서는 약간의 자기반성이 섞여 있죠.

한때 저는 타인의 톡이 부담스럽다고 생각했지만, 돌아보니 저 역시 습관처럼 SNS에 접속하고 있더군요. 의미 없는 메시지를 보내고 상대방의 반응을 기다리고 있더라고요. 결국 제가 피하고 싶었던 행동을 제가 하고 있었다는 걸 깨달았어요. 그래서 자조적인 의미를 담아 '톡질러'라는 표현을 넣었어요.

Q 단톡방을 정리하는 과정이 자세히 나오는데, 가장 어려웠던 순간은 언제였나요?

가족이나 아주 친한 친구들의 채팅방은 고민할 필요가 없었어요. 하지만 애매한 관계의 방들은 쉽게 나가기 어려웠죠.

특히 몇 년 동안 말 한마디 섞지 않았지만, '혹시 나가면 섭섭해할까?'라는 생각이 드는 방들이 있었어요. 정작 그 방에서는 나를 찾지도 않는데, 내가 먼저 관계를 끊는 것 같아 미안한 마음이 들었거든요.

하지만 결국은 정리해야 마음이 편해졌어요. 나간다고 해서 누구도 크게 신경 쓰지 않았고, 오히려 불필요한 대화에서 자유로워졌다는 해방감이 컸어요.

Q SNS에서 벗어나려는 실천 중 가장 효과적이었던 것은 무엇인가요?

제일 효과적이었던 건 '바로 답장하지 않기'였어요. 저는 원래 메시지를 받으면 거의 즉각적으로 답장을 했어요. 예의라고 생각했죠. 그런데 그러다 보니 늘 스마트폰을 손에 쥐고 있어야 했고, 내 시간도 점점 갉아먹히는 느낌이었어요.

그래서 일부러 답장을 늦추기 시작했어요. 몇 시간 뒤에 답하거나, 급하지 않으면 아예 다음 날로 미뤘죠. 그랬더니 신기하게도 상대방도 크게 신경 쓰지 않더라고요. 오히려 내가 먼저 반응을 줄이면, 상대방도 자연스럽게 거리를 조절하는 느낌이었어요.

Q '나와 맞는 사람만 곁에 두는 것이 꼭 이기적인 일은 아니다'라고 했는데, 이 부분을 더 설명해줄 수 있을까요?

우리는 관계를 맺을 때 '착한 사람'이고 싶어 하는 경향이 있어요. 그래서 연락이 뜸해진 사람과도 어색하지 않으려고 애를 쓰고, 단톡방에서 나가는 걸 미안해하기도 하죠. 하지만 결국 그런 관계들이 쌓이면 정작 나 자신이 힘들어져요.

이기적이라는 것은 자기중심적으로만 행동하는 것이지만, 건강한 거리 두기는 오히려 관계를 더 오래 지속하는 방법이기도 해요. 억지로 유지하는 관계는 언젠가 부담이 되고, 피로감을 주니까요.

내가 진짜 편안하게 대할 수 있는 사람들과의 관계에 집중하면, 그 안에서 더 깊은 유대감을 느낄 수 있어요. SNS에서 벗어나려는 것도 그런 의미에서예요. 보여주기식 관계가 아니라, 진짜 의미 있는 관계에 집중하고 싶었던 거죠.

Q SNS와 단톡방에서 완전히 벗어날 수 있다고 생각하나요?

솔직히 말하면, 완전히 벗어나긴 어렵다고 생각해요. SNS는 이제 우리의 일상과 너무 깊숙이 연결되어 있고, 단톡방도 사회생활에서 필수적인 도구가 됐으니까요.

다만, 그 속에서 균형을 찾는 것이 중요하다고 생각해요. SNS가 필요할 때만 쓰고, 단톡방에서도 꼭 필요한 대화만 하며, '연결되지 않음'에 대한 불안을 줄이는 것이죠.

저도 여전히 스마트폰을 자주 들여다보곤 해요. 가끔은 SNS에 접속하고 싶은 충동이 들기도 하고요. 하지만 예전처럼 즉각적으로 반응하거나, 무의미한 관계에 시간을 쓰지는 않으려 노력하고 있어요. 결국 중요한 건 '내가 주도권을 쥐고 있는가?'라는 문제 같아요. 내가 SNS와 단톡방을 사용하는 것이지, 그것들이 나를 지배하도록 두지는 않겠다는 의지가 필요하죠.

Q 특별히 전하고 싶은 메시지는?

　SNS와 단톡방에서 우리가 얼마나 많은 감정을 소모하고 있는지를 돌아보자는 거예요. 그렇다고 당장 모든 걸 정리하고 떠나야 한다는 건 아니에요. 우리가 더 건강한 관계를 맺고, 나 자신을 지키기 위해 어떻게 SNS를 사용할지 고민해보자는 거죠.

　그 과정에서 우리가 더 자유로워질 수 있기를 기대해 봅니다. SNS에서 벗어나 소중한 사람들과의 진짜 대화에 더 집중할 수 있기를!